Glaube unter der Lupe

*Meiner Frau in Liebe und
Dankbarkeit zugeeignet.*

Hans-Heinrich Stricker

Glaube
unter der Lupe

Wiederentdeckung
einer Existenzgrundlage

HANS-HERBERT MÖNNIG VERLAG · ISERLOHN

ISBN 3-933 519-03-9
© Hans-Herbert Mönnig Verlag, Iserlohn, 1998

Gestaltung, Fotosatz, Lithos und Druck: Mönnig-Druck, Iserlohn
Titelbild: „Die Geburt der Farbe",
Glasbild des Iserlohner Künstlers Günther Tomczak

Anstatt eines Vorwortes:
Der notfallmäßige Anlaß

Die meisten Leser dieses Buches werden sich mit Recht die Frage stellen: „Wie kommt ein Klinikarzt dazu, ein Buch über den Glauben zu schreiben?" Ist doch der Glaube in säkularer wie religiöser Hinsicht eher eine Domäne der Philosophen, Theologen, Psychologen und allenfalls noch der Soziologen, kaum jedoch der klinisch oder praktisch tätigen Ärzte.

Darauf muß ich aus langjähriger klinischer und schlichter menschlicher Erfahrung entgegnen, daß Fragen des Glaubens zumeist Fragen des Lebens sind. Und wo spielt sich das Leben freudiger wie leidvoller, gelassener wie dramatischer, himmelhoch jauchzender wie zu Tode getrübter, mit einem Wort „praller" ab als in der Klinik. Jeder weiß, daß hier täglich neben den Problemen der nüchternen Wissenschaftlichkeit auch die zu Herzen gehenden menschlichen Schicksale eine Rolle spielen.

Die in all den Jahren bei mittelschweren und vor allem bei schweren Krankheiten viele hundert Male an mich gerichtete Frage war immer die gleiche: „Was soll denn nun mit mir werden?" Bei einer Stellungnahme dazu, die sicher nicht wie ein Rezept aus dem Ärmel gezaubert werden kann, wird dann auch der in sich ruhende, gelassene, fast „durchdachte" Glaube auf den Plan gerufen – der säkulare wie der religiöse. Und für den „Glauben an sich" ist zunächst einmal nicht der Fachwissenschaftler zuständig, sondern der Mensch „als solcher" – so er denn glaubt. Da auch ein Arzt in erster Linie Mensch ist, darf er – bei bestehender Neigung – sich wie jeder andere die Freiheit nehmen, über den Glauben nachzudenken. Gerade in Klinik und Praxis wird angesichts so vieler schwer verständlicher menschlicher Schicksale der Glaube gefordert, ja zuweilen auf eine harte Probe gestellt.

Der konkrete – sozusagen notfallmäßige – Anlaß war aber nun keine akute Erkrankung, sondern die Tatsache, daß ich in meiner Buchhandlung ein bemerkenswertes Werk mittleren Umfangs entdeckte.[1] Besonders sein erster Teil erregte beim Lesen meine gespannte Aufmerksamkeit. Ich fühlte mich so, als sei ich geradezu mit einem medizinischen Notfall konfrontiert, bei dem man umgehend aktiv werden muß. Es handelt sich um ein außerordentlich fundiertes und sachlich (fast wissenschaftlich) geschriebenes Studien-Buch, das sich mit der Rock- und Popmusik in ihrer religiösen und auch profanen Dimension auseinandersetzt. Der Aufbau ist sehr interessant, und zwar so, daß der erste Teil Informationen und Analysen enthält, die im Grunde sozusagen die beiden „Magdeburger Halbkugeln", also den inneren Kern des Menschen betreffen, nämlich Identifikation und Identität.

Identifikation heißt ja, daß Vorbilder, Ansichten, Einstellungen oder Verhaltensweisen, denen man begegnet, von außen nach innen verlagert, also dem eigenen Ich zugeordnet werden. Besser noch: das eigene Ich richtet sich nach ihnen aus, wodurch sich die innere Person „verdichtet".
Identität bedeutet die in sich und in der Zeit als beständig erlebte Kontinuität und Gleichheit des Ich (Übereinstimmung mit sich selbst)[2]. An diesen beiden Halbkugeln wird vonseiten des Lebens permanent gezerrt, aber sie müssen entsprechend der physikalischen Gesetzmäßigkeit der Evakuation (Luftleere) aneinander „kleben bleiben". Im übertragenen Sinn: Identifikation und Identität halten den inne-

ren Menschen zusammen. Das „Auseinanderweichen"
oder die Trennung dieser beiden Halbkugeln (und erst
recht ihre Deformierung) – sei es auf schleichendem, sei es
auf direktem Wege – läßt den Menschen zu einem konzep-
tionslosen Irrgänger in dieser Welt werden.

Nun ist es typisch für die Identifikation und die Identität,
daß sie nicht nur auf rechtlichen Absicherungen und Richtigkeiten, sondern sehr wesentlich auch auf dem Phänomen
Glauben beruhen. Mit dem, was ich im Glauben als existenztragend, wahr und verläßlich erfahren habe, identifiziere
ich mich. Der Glaube, der in sich und in der Zeit den kon-
tinuierlichen „roten Faden" meines Lebens bildet, ist ein
wesentlicher Garant meiner Identität. Er sorgt dafür, daß
ich „Ich" bleibe und nicht plötzlich eine andere Rolle über-
nehme oder in meiner inneren Person auseinanderfalle
(dissoziiere).

Mit dem Glauben, der ein solches innerpersonales Auseinanderfallen in der Regel zu verhindern vermag und auf
den sich Identifikation und Identität zu einem wesentlichen
Teil gründen, verbindet sich das tiefe Bedürfnis des Menschen nach einem Ort der Geborgenheit und Verwurzelung.
Diesen Punkt fester innerer Verbundenheit – die Stelle innerhalb unserer geistig-seelischen Geographie sozusagen –
nennt der Genfer Psychotherapeut Paul Tournier in seiner
französischen Sprache „lieu", was in diesem Kontext soviel bedeutet wie Ort (Standort), Heimat, Zugehörigkeit,
Stütze.[3] Das heißt: der Mensch sollte wissen, „wo er steht",
bzw. „wohin er gehört".

Identifikation und Identität bilden sich insbesondere in
der Kindheit und in der Jugend heraus. In dieser Zeit festigt
sich der innere Kern des Menschen und wird von Vorbil-

dern, aber auch von Meinungen und Ansichten (Positionen) geprägt – mögen sie nun geschrieben, gesprochen oder in Musik gekleidet sein. Zahlreichen Untersuchungen ist zu entnehmen, daß neben einigen Menschen mittleren Alters weit über 80% unserer jungen Leute zwischen 12 und 28 Jahren von Rock, Pop und esoterischer Musik geradezu besessen sind und zu Tausenden und Abertausenden die entsprechenden Konzerte besuchen. Ihre ganz überwiegenden verbalen oder musikalischen bzw. klanglichen Hörerlebnisse, sowie ihr emotionales Verhalten werden täglich, z. T. in vielstündiger Abfolge (walkman), dadurch geprägt. Dieses Faktum macht sie schwankend und läßt sie einen festen Ort innerer Zugehörigkeit und Verwurzelung (lieu nach Tournier) kaum finden.

In dem faszinierenden Buch, das Bubmann und Tischer herausgegeben haben, wird u.a. nun berichtet, wie von einigen Rock- und Popgruppen „Zügellosigkeit und Gottesfurcht in einer Mischform.. immer wieder zusammengeführt werden";[4] wie in Musik und Text Elemente der lateinamerikanischen Kulte (z. B. Voodoo und Candomble) mit den verschiedensten Fruchtbarkeitskulten gemischt werden; wie im Zeitalter der „Postmoderne" alles möglich ist, das einem einen „Kick" gibt; wie Satanskulte besungen werden; wie die Gruppe „Slayer" (= Totschläger) z. B. in ihrem Song „Death Angel" den KZ-Arzt Josef Mengele und seine bestialischen Menschenversuche besingt oder Ronnie James Dio in „Holy Dive" zum Ertränken von Priestern und zum Sexualverkehr[5] mit Leichen auffordert[6] ; wie man in der New-Age-Musik fernöstliche Meditation, Astrologie und Okkultismus als Geist des zukünftigen „Wassermann-Zeitalters" mit Ablösung des Christentums besingt; wie der bekannte, zweifellos hochintelligente Jazzkenner und Musikjournalist J. E. Berendt – ein Förderer übrigens auch der esoterisch angehauchten sog. Obertonmusik (Weltmusik der Zukunft – musica mundana)[7] – den „harmonikalen Strukturalismus" propagiert („Gott schuf die Welt aus dem Klang"); wie durch Rückbindung an diesen Klang die Entwicklung zu einem neuen, besseren Menschen beschleunigt werden soll; wie das „Kyrie eleison" der christlichen Liturgie zur Mantra-Technik[8] degradiert wird, um Meditierende in Übereinstimmung mit dem Kosmosklang zu bringen.

Wenn all diese diffusen Mixturen zu einem großen Teil für Identität und Identifikation der jungen Menschen verantwortlich sind, ihr Glaube als wesentliches Lebenselement sich danach strukturiert und ihr innerer Kern dadurch geprägt wird, so stehen die Zeichen auf Sturm. Es scheint der Moment gekommen zu sein, wo die beiden „Magdeburger Halbkugeln" auseinandergerissen werden könnten. Man muß sich sorgen um den berühmten „roten Faden des Lebens". Aus sozio-psychologischer und kultur-anthropologischer Sicht droht bei vielen jungen Menschen von heute eine Dissoziation der inneren Person, die alles „zusammenglaubt" und als erlaubt praktiziert, was ihre Bedürfnisse befriedigt. Genau dieses Zeichen unserer Zeit hat mich quasi notfallmäßig veranlaßt, den Glauben in seiner ganz natürlichen und bewährten Form – säkular wie religiös – zu bedenken und einen Darstellungsversuch in Form dieses Buches zu wagen – nicht nur für junge, sondern für alle am Glauben interessierten Menschen. Dazu bedarf es noch einer vierfachen Klarstellung.

1. Auf einigen Seiten dieses Buches beschäftige ich mich mit dem Schweizer Kultur-Anthropologen und -philosophen Jean Gebser und seinen Epochenschemata der menschlichen Bewußtseinsentwicklung von ihren tie-

13

fenpsychologischen Wurzeln her gesehen. Dies geschieht aus rationalen Überlegungen im Zusammenhang mit so etwas wie einer Geschichte des Glaubens, keinesfalls aber aus dem Grund, in schamanistisch-magische oder mythologische Regionen vorzudringen bzw. in ihnen zu verweilen. Ich sehe die Kultur-Anthropologie Gebsers in einem anderen Licht als die Herausgeber und die Autoren des oben zitierten Buches. Dabei scheue ich mich nicht, den säkularen Wahrheitsgehalt einiger Ansichten Gebsers zumindest als bedenkenswert zur Diskussion zu stellen. Ob ihnen allerdings die existentielle Tragfähigkeit und die Qualität einer vertieften „Anthropologie des Glaubens" zukommen kann, wird am Schluß einer Klärung unterzogen.

2. Daß sich die Sprache dieses Buches eines relativ sachlichen Stils bedient und daß die Inhalte zumeist ohne viel schmückendes Beiwerk dargestellt werden, dient dazu, den säkularen wie religiösen Glauben als denknotwendige und überwiegend nüchterne Angelegenheit zu charakterisieren. Nur dort, wo es nicht zu vermeiden ist, bzw. sich ganz natürlich ergibt, „schlagen" affektive und emotionale Einstellungen durch, – aber dann sollen sie auch zu ihrem vollen Recht kommen. Denn ganz ohne sie geht es nicht. Greift der Glaube bei aller Nüchternheit doch auch das Herz an – und dies vielleicht sogar öfter, als unser rationalistisch-aufgeklärter Verstand es sich träumen läßt. Affektivität und Emotionalität können allerdings sehr schnell zu einer Haltung verleiten, die eine moderne Form von „religiöser Besessenheit" darstellt. Ich meine hier die Welle der „harten Charismatik"[9], die heute mancherorts zu beobachten ist. Hiervon möchte ich mich ganz entschieden distanzieren.

3. Einige Male werden in diesem Buch die Kriege in Tschetschenien, im zerfallenen Jugoslawien und in Ruanda erwähnt. Dies geschieht z.B. im Zusammenhang mit der Frage nach der Rechtfertigung Gottes, bzw. mit der Frage danach, ob das Herz des Menschen im Grunde gut oder böse sei, bzw. im Zusammenhang mit der Frage, ob auch die sog. säkulare (politische) Geschichte unter der Regie Gottes stehe. Warum diese Erwähnung? Weil mich die Sinnlosigkeit von Kriegen noch nie so beeindruckt hat wie im Falle dieser drei „Länder"; weil mich das Töten und Morden – teilweise aus reiner Lust oder Gier – noch nie so fühlbar betroffen gemacht hat wie im Falle dieser drei Kriegsschauplätze.

4. Bei den hier angestellten Untersuchungen und Mutmaßungen tauchen wiederholt die Begriffe „Humanität" einerseits und „Humanismus" andererseits (was nicht das Gleiche ist) auf. Ich möchte den Leser bitten, diese Begriffe zunächst einmal so, wie sie gemeint sind, zu akzeptieren. In Bezug auf den ausschließlich säkular verstandenen Glauben ist für den areligiösen, religionskritischen oder atheistisch denkenden Menschen hier sicherlich die Grenze des Zumutbaren erreicht. Trotzdem sollten Religionskritiker wie Atheisten weiterlesen und andererseits die Christen unter den Lesern wegen der häufigeren Rede von der Humanität als vermeintlich letztem Rettungsanker oder wegen angeblicher „humanistisch-religiöser Diffusion" nicht vorzeitig aufgeben. Im Kapitel „Korrekturen und Additionen" wird das meiste aus der Perspektive wirklich[10] existenztragender Bedeutung einer Klärung unterzogen. So mag denn ein Teil dieses Buches für manchen Leser – je nach persönlicher lebens- oder glaubensmäßiger Ausgangslage – nicht frei sein von gewissen provokativen Tendenzen. Und z.B.

bei den Überlegungen Gebsers oder an einigen anderen Stellen wird dieser oder jener vielleicht sogar den Kopf schütteln. Aber eine innere oder äußere Entwicklung lebt nun einmal vom „konstruktiven Diskurs", sofern sie zu einem guten Ziel gelangen will.

Säkularer Glaube – religiöser Glaube – Transzendenz

Unternehmen wir also auf den folgenden Seiten den Versuch, den Glauben als fundamentalen Bestandteil eines sinnvollen Menschseins wiederzubeleben. Wie von selbst werden wir dabei dem altbekannten scheinbar gegensätzlichen Begriffspaar „Glauben und Denken" begegnen. Das Denken, so meinen wir, nehme für gewöhnlich in unserem Leben einen breiteren Raum ein als der Glaube. Denn sowohl das bewußt reflektierte als auch das gewohnheitsmäßige Handeln in Beruf und Familie, in der Öffentlichkeit wie im privaten Bereich basiert zum größten Teil auf den Regeln der Logik, des Verstandes und der vernunftgeprägten Erfahrung. Wenn wir uns jedoch die Mühe machen, einmal in Ruhe z.b. all jene Schritte zu überdenken, die durch spontane Reaktionen oder aus rational nicht erklärbaren emotionalen Antrieben zustande kommen, dann merken wir, daß das Rationale in weit geringerem Maße unser Verhalten bestimmt als wir annehmen.

Spontaneität und Emotionalität haben nicht unbedingt schon etwas mit Glauben zu tun. Hingegen ahnen wir anhand all jener Verhaltensweisen, die auf Vertrauen, Hoffnung, Ehrlichkeit, Treue, innerer Akzeptanz, Gewißheit und eventuell sogar Gehorsam aufgebaut sind, einen wie großen Anteil an unserer Lebensführung wir bewußt oder unbewußt dem Glauben zugestehen. Ich meine, daß wir uns immer von neuen bemühen sollten, Glauben und Denken nicht gegensätzlich, sondern komplementär (einander ergänzend) zu verstehen. Eng verbunden damit ist die Tatsache, daß wir unser Leben zwar als durchaus notwendige sachliche und materielle Aufgabe begreifen sollen, aber die anregenden geistigen und spirituellen Auseinandersetzungen darüber nicht vergessen dürfen.

Aus gewissen Äußerungen, die der verstorbene Schriftsteller Stephan Hermlin getan hat, wird zumindest prinzipiell ersichtlich, was ich hier meine – mag man nun zu ihm
stehen, wie man will und mögen einige seiner Angaben
auch historisch nicht zu belegen sein. Hermlin hat über seine Jugendjahre selbst ausgesagt, daß er von Privatlehrern
unterrichtet wurde, Geige spielen lernte und Reitpferde,
Bücher und Autos zu seiner unbeschränkten Verfügung
hatte. „Und sehen Sie, ich wollte dieses behütete Leben
nicht.... Ich wollte in eine Existenz hinein, in der ich mich
bewähren und prüfen konnte, in eine gefahrvolle Existenz,
in eine Existenz des Kampfes".[11]

Mit diesen Sätzen wollte Hermlin sicherlich nichts anderes bekunden, als daß er das bescheidene Leben dem Wohl-
stand, die Ungesichertheit der Sicherheit, die geistigen
Auseinandersetzungen der bürgerlich-gesättigten Ruhe und
Beschaulichkeit vorzuziehen gedachte. Er wünschte sich,
kurz gesagt, ein Leben in der Herausforderung. Was Hermlin für seine eigene Existenz festlegte – auch wenn wir es
nicht ganz so radikal sehen – ist es nicht eine typische und
notwendige Bedingung für die sinnvolle Führung unseres
menschlichen Lebens allgemein? [12]

Wäre es nicht fruchtbarer, das Leben – zumindest in der
heutigen Zeit – aus der Perspektive einer ganz neu defi-
nierten Bescheidenheit heraus zu gestalten? Diese Frage
stellt sich vor dem Wechsel zu einem neuen Jahrtausend
mit besonderer Dringlichkeit angesichts einer neuen Armut, wachsenden Elends in der Welt und einer vermehrten
Sinnbedürftigkeit im Leben der einen bei gleichzeitig zunehmender Oberflächlichkeit im Leben der anderen. Viktor
E. Frankl, der bekannte österreichisch-amerikanische Kul-
turkritiker und Psychoanalytiker hat schon vor vielen Jah-

18

ren von den sog. noogenen Neurosen (Sinnkrisen) des Menschen gesprochen. Als Reaktion darauf ist von ihm die Logotherapie (Heilung durch wort- und gesprächsvermittelte Sinngebung) eingeführt worden.[13] Wäre es angesichts solcher Sinnkrisen nicht beflügelnder, ganz bewußt ein kleines Rest-Quantum an Ungesichertheit und die anregenden geistigen Tätigkeiten die Triebfeder unserer Existenz sein zu lassen, anstatt im Haut Goût einer permanent expandierenden materiellen Wohllebigkeit zu verflachen?

Ich möchte diese Frage mit einem uneingeschränkten Ja beantworten. Jedoch muß jetzt ein Hauptelement unseres Lebens zur Sprache kommen, das eine echte anthropologische Herausforderung bedeutet – der Glaube. Diese Feststellung beruht auf der Erkenntnis, daß das „Management" unseres Lebens – und ich meine dies zunächst im ausschließlich säkularen Sinne – qualitativ wie quantitativ zu einem nicht unwesentlichen Teil auf das Phänomen „Glauben" angewiesen ist. Glauben ist zunächst einmal eine ganz alltägliche Angelegenheit. „Ich vertraue mich und mein Leben jemandem an", sagt Klaus Douglass in seinem didaktisch hervorragenden und lebendigen Buch mit dem Titel „Glaube hat Gründe".

Wegen der Aktualität seiner Aussagen sei Douglass im folgenden ausführlich zitiert. „Da wäre der Arzt, der Apotheker, der Busfahrer, der Architekt meiner Wohnung usw. Wir denken in der Regel überhaupt nicht darüber nach, wie stark wir uns tagtäglich an andere ausliefern. Jedesmal, wenn ich mich in ein Auto setze, liefere ich mich aus: an den Fahrer, oder, wenn ich selbst fahre, an den Konstrukteur des Autos, die Mechaniker der Reparaturwerkstatt und an die anderen Autofahrer, denen ich begegne. Jedesmal, wenn ich mich auf einen Stuhl setze, vertraue ich darauf, daß er mich aushalten wird. Jedesmal, wenn ich einen Raum betrete, tue ich das in dem Glauben, daß die Decke dieses Raumes nicht zusammenbrechen wird. Es gibt keinen Menschen, der ‚gar nichts‘ glaubt. Und das muß so sein. Ohne Glauben würden wir völlig neurotisch. Ich muß mich zum Beispiel auch in hohem Maße auf mich selbst verlassen können. (Sind Sie zum Beispiel sicher, daß Sie, während Sie dieses Buch lesen, Ihre Herdplatte in der Küche ausgeschaltet haben?). Wir können nicht alles nachprüfen. Wir wären lebensunfähig, wenn wir, von ständigen Vergewisserungszwängen geplagt, alles nachprüfen wollten, was wir nachprüfen können. Wir würden uns morgens nicht mehr aus dem Bett trauen – und auch dann entkämen wir dem Glauben nicht. In diesem Falle wären eben das Bett und die Statik des Zimmers, in dem sich das Bett befindet, Gegenstand unseres Vertrauens".[14]

Glaube im Sinne von Vertrauen ist leicht verwund- oder gar zerstörbar, wenn er einer abschätzend-testenden oder „versuchlichen Kontrolle" unterworfen wird. T. Giesen stellt dies eindrucksvoll an einem Beispiel aus der Eltern-Kind-Beziehung dar. „So könnten z.B. Eltern auf die Idee kommen, die Ehrlichkeit ihrer Kinder zu kontrollieren, indem sie irgendwo fünf Mark hinlegen und nun so tun, als hätten sie das Geld vergessen. Wenn nun das Kind ahnt, daß die Eltern es testen wollen, dann ist es darüber traurig, daß die Eltern ihm nicht vertrauen. Vielleicht überlegt es, wie es seinerseits die Eltern überlisten kann. Kontrolle zerstört das Vertrauen. Es ist wie eine Blume: Wenn ich sie zerlege, um zu untersuchen, wie sie blüht, dann blüht sie schon nicht mehr".[15]

Der Glaube ist der Motor für den Fortgang unserer Existenz. Mehr noch: auf den Glauben läßt sich eine ganze

Lehre vom menschlichen Leben (Anthropologie) aufbauen, wenn wir es recht bedenken. Diese Anthropologie beruht auf einer wirksamen Beziehung, oder besser: sie ist eine dimensionale „Anthropologie ex fide" (eine Lehre vom Menschsein aus Glauben). Obwohl das lateinische Wort „fides" eher den Glauben in religiöser Hinsicht meint, möchte ich es hier doch auch in säkularer Hinsicht verstanden wissen.

Wenn ich oben darauf hingewiesen habe, daß unser Leben allein schon auf säkularer Ebene qualitativ wie quantitativ sehr wesentlich im Glauben verankert ist, dann wurde diese Aussage ganz bewußt getan. Zum einen fanden sich bei der Durchsicht der gegenwärtigen Literatur kaum Werke, die den Glauben in seinem gewöhnlichen Alltagsbezug zum Inhalt hatten. Fast immer wurde mit Glaube der religiöse Glaube (des jüdisch-christlichen Kulturkreises oder anderer ethnischer Traditionen) gemeint. Zum anderen wird auch ein vollkommen areligiöser Mensch zugeben müssen, daß sich allein auf (juristisch abgesicherter) Vertraglichkeit, Beweisbarkeit, Richtigkeit und Sicherheit – Phänomenen also, die den Glauben im Grunde entbehrlich machen – kein sinnvolles Leben aufbauen läßt, weil ihm dann die Würze fehlte. Warum allein schon der „gewöhnliche", alltägliche, nicht unbedingt vollkommen transzendenzbezogene Glaube unverzichtbar ist – auch dies wird im folgenden zu entwickeln sein. Es geht darum, das duale Prinzip von „Wissen und Handeln als wesentliche Elemente menschlicher Existenz"[16] durch Hinzufügung des Begriffs Glauben zu einer Triade (Dreiheit) zu erweitern.

Beim Nachdenken über den Glauben als ein wichtiges Fundament menschlicher Existenz soll zunächst einmal ganz bewußt der sog. säkulare vom religiösen Glauben unterschieden werden. Anders gesagt: es geht darum nachzufragen, ob eine solche Differenzierung grundsätzlich möglich bzw. durchzuhalten ist. Ich bin der Auffassung, daß es in der Tat gewisse Unterschiede zwischen dem profanen und dem religiösen Glauben gibt. Schon hier aber möchte ich vorausschicken, daß der sog. säkulare oder profane „Alltagsglaube", auf den wir nicht verzichten können, durchaus transzendente Anteile in sich trägt. Allerdings muß er nicht in jedem Falle vollständig transzendenzbezogen sein. Die Gründe dafür werden später noch dargelegt. Insofern ist der säkulare Glaube mit dem religiösen verwandt, ohne mit ihm völlig identisch zu sein.

Während der Entstehung dieses Buches habe ich wiederholt Gespräche vor allem mit evangelischen und katholischen Theologen geführt. Einige von ihnen sahen die hier vorgenommene Unterscheidung zwischen säkularem und religiösem Glauben kritisch. Auf Grund meiner (bescheidenen) Lebenserfahrung meine ich jedoch, diese Kategorisierung vornehmen zu dürfen. Angeregt durch Ausführungen von G. Schmid, Zürich,[17] möchte ich den säkularen Glauben dadurch charakterisieren, daß er das Ungewohnte, das Neue, das Andere durchaus einkalkuliert und somit sozusagen bis in die „Vorhöfe der Transzendenz" reicht. Der religiöse Glaube hingegen denkt völlig um, rechnet mit dem ganz Ungewohnten, völlig Neuen, total Anderen und taucht auf diese Weise tief in den Bereich der Transzendenz hinein. Zum anderen ist im Vorfeld dieses Buches kritisiert worden, daß man in Bezug auf den christlichen Glauben den christologischen (also den Lehre und Person Jesu Christi betreffenden) Ansatz zu wenig erkenne. Dem muß ich aber Folgendes entgegenhalten: überall dort, wo von Gott geredet wird, ist Christus impliziert. Denn zu Gott dringen wir wahrhaft nur über seinen Sohn, den gekreuzigten und wirklich auferstandenen Jesus Christus vor.

22

Im Hinblick auf die Verwandtschaft (aber keinesfalls Identität) der beiden „Glaubensformen" hat es für mich gute Gründe gegeben, die hier vorgelegten Untersuchungen und Mutmaßungen in Form eines „Glissandos"[18] abzufassen. Dabei hoffe ich, dem Rat gerecht werden zu können, daß der Anfang einer Rede mit ihrem Ende übereinstimmen sollte. Wenn das nicht der Fall ist, dann muß man mit „nein" stimmen, denn dann will der Redner den Hörer überlisten.[19] Ob hier eine Überlistung oder eine Hinführung zum wahren Inhalt des Glaubens und damit des Lebens stattfindet, mag der Leser selbst entscheiden.

Zunächst geht es in diesem Buch um begriffliche, strukturelle, historische, weltanschauliche und lebenspraktische Untersuchungen der säkularen, sozusagen alltäglichen Glaubensinhalte. Alsdann möchte ich mich mit dem religiösen – speziell dem christlichen – Glauben befassen, von dem sich der säkulare in einigen Punkten unterscheidet, ohne aber die verwandtschaftlichen Bande völlig zu zerschneiden. Ich denke, man wird soweit gehen und sagen dürfen, daß der eine nicht ohne den anderen auskommt. Der säkulare oder profane „Alltagsglaube" ist unserer Erde vergleichbar, die nach meiner Ansicht immer noch am wärmsten von der Sonne des christlichen Glaubens beschienen wird. Ist es auf der nördlichen Halbkugel dunkel, so scheint die Sonne über der südlichen Hemisphäre und umgekehrt. Es wäre ein großer Fehler zu behaupten, es gäbe die Sonne nicht, wenn es bei uns Nacht ist.

Obwohl also der Zusammenhang zwischen den beiden Glaubensqualitäten zeitweise unsichtbar bleibt, ist er im Prinzip doch existent. Der säkulare Glaube kann durchaus als Kulturgut bezeichnet werden. Wenn sich hingegen der christliche Glaube „zum Kulturgut verflüchtigt, kann man

23

in seinem Namen jedes Kalb und jede Schlange anbeten, auch wenn sie nur aus Marzipan oder Pappmaché sind" (Konrad Adam).[20] Wie wahr!

Zurück zum säkularen Glauben. Sobald dort, wo wir leben, die Sonne mit den ersten Frühstrahlen zu scheinen beginnt, sagen wir, sie geht auf. Genauso verhält es sich mit dem Glauben. In unserem Leben fängt er mit den ersten tastenden Schritten an und erreicht später seinen Zenit. Er kann – wie die Sonne es am Ende eines Tages tut – am Abend des Lebens oder auch schon viel früher wieder untergehen oder gar nicht erst aufgehen, was keinem Menschen zu wünschen wäre. Denn ein Leben ohne Glauben ist kein echtes Leben im Sinne umfassenden Existierens, sondern rechtlich abgesichertes und vielleicht leidlich sozial versorgtes Dahinvegetieren.[21]

Der Glaube kann aber auch, wie z.b. die Mitternachtssonne im skandinavischen Sommer, nie richtig untergehen, sondern quasi Tag und Nacht hindurch scheinen. Ja – er vermag im Gegensatz zur astronomischen Sonne am Abend des Lebens sogar seine größte Helligkeit zu erreichen. Dennoch – in jedem Leben gibt es Perioden, in denen das Licht des Glaubens so schwach scheint, als sei es von unsichtbarer Hand oder von dunklen Mächten „heruntergedimmert". Kaum jemand wird von sich behaupten können, daß er stets in der gleißenden Helligkeit einer permanenten „Mega-Gläubigkeit" gelebt habe. Um all diese Fragen zu klären, soll hier die Auseinandersetzung mit dem Phänomen Glauben und seiner lebenspraktischen Bedeutung gesucht werden.

Dieses Vorhaben stellt ohne Zweifel eine Herausforderung dar. Nochmals: es geht hier nicht eigentlich um den philosophischen Glauben, wie ihn z.B. Karl Jaspers in seinem gleichnamigen Buch ohne Zweifel sehr eindrucksvoll dargestellt hat.[22] Es geht auch nicht ausschließlich – bzw. erst sehr viel später – um die sog. großen Glaubensinhalte von globaler oder gar universaler Bedeutung. Dieses Buch will genauso die kleinen Herausforderungen unseres Glaubens im normalen Alltagsleben, im Privat- wie im Berufsleben, in der großen menschlichen Gemeinschaft wie in den kleinen partnerschaftlichen Beziehungen beim Namen nennen. Wer meint, dieser sog. säkulare Alltagsglaube sei bar jeder transzendenter Anteile, irrt. Auch hier begegnen wir, wenn wir uns glaubend auf das Alltagsleben einlassen, Geschehnissen, Verhaltensweisen und Fügungen, deren Wurzeln außerhalb unserer sinnlichen Erfahrbarkeit liegen und die deswegen im Bereich der Transzendenz ihren Ursprung haben. Manche „moderne" Menschen sehen heutzutage nur noch sich selbst als das einzig sinnlich Wahrnehmbare, und für viele ist der Stern einer unsichtbaren Welt durch die Einwirkung zweier schlimmer „Geister", nämlich radikale Ernüchterung einerseits und den „Götzen Aufklärung" andererseits, endgültig erloschen. Trotzdem muß allein schon der „kleine Alltagsglaube" über so viele Unerklärbarkeiten und „wunder"-bare Zusammenhänge staunen, daß er an einer Auseinandersetzung mit der Transzendenz nicht vorbeikommt.

Für jeden Glauben bleibt die Prüfung an der Möglichkeit des Nichts. Kein Glaube darf sich eine Sicherheit anmaßen, auf die objektiver Verlaß wäre. Der Charakter der Glaubensgewißheit als Wagnis und als Geschenk hat vor sich den Nihilismus als Drohung gegen allen Übermut, zu dem der Glaube neigen kann, und in den er mit seinem Starrwerden so oft verfallen ist.

Karl Jaspers

A Glaube als Existenzgrundlage (säkularer Aspekt)

I Etymologische Klärung

Gerade in unserer heutigen glaubensarmen Zeit[23] ist es von besonderer Aktualität, sich zu vergegenwärtigen, welche Bedeutungsfülle mit dem in der deutschen Sprache zwar recht oft, aber zumeist gedankenlos gebrauchten Wort Glaube bzw. dem Verbum glauben verbunden ist. In der althochdeutschen Sprache (bis etwa 1100) gab es das Wort *Giloubo*, das sich im Mittelhochdeutschen (bis etwa 1350) *Geloube* schrieb und nicht nur *glauben*, sondern auch *geloben* meinte. Die Grundbedeutung der Wurzel *Lub*, die in dem Wort *Glaube, Giloubo* und *Geloube* steckt, heißt soviel wie *gutheißen, sich etwas lieb und vertraut machen, „sich verloben", Vertrauen haben, sich an etwas binden.* Im Gotischen gab es das Wort *Galaubjan*, das mit *loben, lieben, sich erlauben* zu interpretieren wäre.[24] Die lateinische Sprache übersetzt Glauben mit *persuasio, fides und fiducia.*[25] *Persuasio* heißt zu deutsch *Überredung, Überzeugung, Glaube, Meinung. Fides* ist mit *Glaube, Vertrauen, Überzeugung* zu übersetzen, aber auch mit *Treue, Zuverlässigkeit, Ehrlichkeit, Gewissenhaftigkeit* bzw. im weiteren Sinne mit *Schutz und Obhut. Fides* ist jene Form von

Glauben, die im Christentum am meisten Bedeutung hat, ähnlich dem lateinischen *fiducia*, worunter *Vertrauen, Mut, Zuverlässigkeit, Zuversicht*, besonders aber auch *Heilsglaube, Heilsvertrauen* zu verstehen ist. Die protestantische Orthodoxie hat den Vorgang des Glaubens neben *fiducia* noch durch die Begriffe *noticia* (Kenntnisnahme) und *assensus* (Zustimmung) beschrieben (nach H. Ott).[26]

Die griechische Sprache kennt für Glaube das Wort *pistis*. Man kann es neben *Glaube* auch mit *Vertrauen* übersetzen, das man in Menschen oder Götter setzte. Daneben heißt *pistis* soviel wie *Glaubwürdigkeit, Garantie*. Gegenüber Personen hat das Verbum *pisteuo* (glauben) auch den Sinn von *gehorchen*. Im Passiv bedeutet es *Vertrauen genießen*. Das Adjektiv *pistos* läßt sich mit *vertrauend, vertrauenswürdig* übersetzen. Im Griechischen ist mit der Wortgruppe *pistis* ein Verhalten beschrieben, daß einem Vertrag bzw. einem geschlossenen Bund gerecht wird. In der hellenistischen Zeit entwickelt *pistis* im Kampf mit Skeptikern und Atheisten den Sinn von *glauben als Überzeugtsein vom Dasein und Wirken der Götter;* es vertritt die Stelle des älteren *nomizo*. Das lehrhafte Element tritt nun allgemein und konstitutiv heraus. *Pistis* als Gottesglaube steht für die theoretische Überzeugung, und man legt Wert darauf, daß die Lebensgestaltung dieser Überzeugung entspricht.[27]

Ähnlich ist es im Hebräischen, wo mit hæ' *æmin und æmunah* (wörtlich: Standhaftigkeit) ein *lebendiger Akt des Vertrauens*, aber auch des Einsatzes der ganzen menschlichen Existenz in einer geschichtlichen Situation gemeint ist.[28] Obwohl keine eigentliche etymologische Verwandtschaft mit unserem heutigen Wort Glauben besteht, erwähne ich die althebräischen Begriffe, weil sie – was noch genauer zu zeigen sein wird – das gesamte menschliche Sein umfassen.

Für den Menschen ist der Glaube, so haben wir gesehen, von umfassender Bedeutung. Er beinhaltet Verben wie *geloben, vertrauen, lieben, gehorchen, sich an etwas halten, sich auf etwas verlassen, sich etwas in Liebe zu eigen machen* bzw. Substantive wie *Überzeugung, Zuversicht, Gehorsam, Treue, Zuverlässigkeit, Hoffnung und Gewißheit.* Mit all diesen Worten sind wichtige Kriterien für die lebendige Ausgestaltung unserer Existenz beschrieben. Glaube ist also – so könnte man sagen – ein Existential (Wesensmerkmal) des menschlichen Daseins. Nicht zuletzt aus diesem Grunde sind die beiden althebräischen Begriffe *hæ' æmin* und *æmunah* erwähnt worden. Sie beschreiben den Glauben als einen lebendigen Akt des Vertrauens unter Einsatz der gesamten menschlichen Existenz in einer konkreten geschichtlichen Lebenssituation. Glaube hat es immer ein wenig mit Ungesichertheit zu tun, nicht jedoch mit Ungewißheit. Hier bieten sich die beiden lateinischen Begriffe *securitas* (Sicherheit) einerseits und *certitudo* (Gewißheit) andererseits an. Ich möchte den Begriff Glauben eher mit Gewißheit als mit Sicherheit in Verbindung bringen. Ein Sicherheitsfundament, auf dem man ausruhen kann, macht den Glauben lahm und träge oder gar überflüssig. Gewißheit läßt den Glauben frisch, wachsam und lebendig bleiben.

II Psychologie und Glaube

1. Glaube – eine Charaktereigenschaft? (Erich Fromm)

In der Zeit der Aufklärung und besonders in den geistesgeschichtlichen Epochen danach hatten der Mangel an Glauben bzw. das Gegenteil des Glaubens, der Zweifel, einen fortschrittlichen Aspekt. Heute steht hinter der Fassade der Rationalität „eine tiefe Ungewißheit, die den Menschen geneigt macht, jede Philosophie, mit der man auf sie einwirken will, anzunehmen oder mit ihr Kompromisse einzugehen"[29]. Ohne Glauben werde der Mensch geistig-seelisch steril, hoffnungslos und bis ins Innerste seines Seins verängstigt.[30] Diese Feststellung trifft der Psychoanalytiker E. Fromm auch in Bezug auf den Glauben des Menschen an sich selbst. Im einzelnen führt er aus: „Haben wir nicht den Glauben an das Fortbestehen unseres Selbst, dann ist das Gefühl unserer Identität bedroht, und wir werden von anderen abhängig, deren Anerkennung zur Basis unseres Identitätsgefühls mit uns selbst wird. Nur wer an sich glaubt, kann anderen die Treue halten, denn nur er kann dessen gewiß sein, daß er auch zu einem späteren Zeitpunkt derselbe sein wird wie heute und daher so fühlen und handeln können wird, wie er es jetzt von sich annimmt. Der Glaube an uns selbst ist eine Voraussetzung unserer Fähigkeit, etwas zu versprechen, und da der Mensch – wie Nietzsche sagte – mit dieser Fähigkeit definiert werden kann, ist der Glaube eine Bedingung des menschlichen Daseins überhaupt".[31]

Fromm mißt dem Glauben in unserem Leben eine so große Bedeutung bei, daß er ihn geradezu als Charakterzug bezeichnet. Glaube und sein Gegenstück, der Zweifel, werden von Fromm in je zwei Formen eingeteilt, und zwar in die irrationale und die rationale Form.[32] Der Übersichtlichkeit halber seien die Unterschiede tabellarisch aufgelistet.

Irrationaler Zweifel	Irrationaler Glaube
Gefühlsmäßiges Empfinden Evtl. neurotische Zweifelsucht Quälende Ermüdung Unbewußte Gefühlskonflikte Nicht integrierte Persönlichkeit Gleichgültigkeit, Relativismus Unzählige Möglichkeiten, aber fehlende Gewißheiten	Keine eigene Denkerfahrung Gefühlsmäßige Unterwerfung (Autoritäten) Ideentreue durch fast hypnotische Reaktion Credo, quia absurdum est (Ich glaube, weil es widersinnig ist) Glaube an Diktatoren Glaube an Propheten Fanatisches Überzeugtsein Warten auf Hoffnungserfüllung

Rationaler Zweifel	Rationaler Glaube
Emanzipation von Autoritäten Vertrauen auf eigene Erfahrung Zunehmende Kritikfähigkeit Emanzipation von Kirche und Staat Schon frühes kritisches Bewußtsein Triebhaft modernes Denken	Produktive Verstandestätigkeit Unabhängigkeit von Autoritäten Unabhängigkeit von Majoritäten Rationale Vision als schöpferischer Denkvorgang Starkes Identitätsgefühl Glaube an produktive Entwicklung von Individuum und Menschheit Arbeiten an Hoffnungserfüllung Fehlende Transzendierung der menschlichen Erfahrung

Tabelle 1: Merkmale der jeweils zwei Formen von Zweifel und Glaube nach E. Fromm.

2. Kritische Beurteilung

Der Glaube, so haben wir oben festgestellt, ist ein Wesensmerkmal des menschlichen Lebens. Wenn man Edelsteine in die Hand nimmt, um sie genau zu betrachten, dann legt man sie nicht auf die flache Hand, sondern in die Hohlhand. Dies geschieht gleichsam unbewußt zu dem Zweck, die Steine beieinander zu halten, damit sie nicht auseinanderrollen oder zu Boden fallen, wie es bei der Betrachtung auf der ausgestreckten Handinnenfläche leicht geschehen könnte. Dabei vermittelt die zu einem Gefäß geformte Hohlhand etwas Bergendes, Schützendes. Genauso verhält es sich mit dem Glauben. Er ist „nur als Relation (als Beziehung zu etwas, d. Verf.) und niemals nur innersubjektiv erfaßbar. Seine Eigenart ist durch den Glaubensgegenstand ... geprägt"[33]. Der Glaube ist als Beziehung ein „existenzschützendes" Prinzip, das – der bergenden Hohlhand vergleichbar – etwas Bewahrendes ausstrahlt. Was bewahrt oder beschützt der Glaube? Eben die menschliche Existenz – und er bildet dabei sozusagen das Gefäß, das die kostbaren Inhalte bzw. existentiellen Grundhaltungen (Überzeugung, Zuversicht, Vertrauen, hoffende Erwartung, Treue, Zuverlässigkeit, Gewißheit, liebende Akzeptanz, Gehorsam) umschließt und in sich birgt. Wir werden diese Grundhaltungen hinfort „faktorielle Glaubensbestandteile" nennen.

Der Glaube ist kein Phänomen, das als überweltliches „Etwas" gleichsam ewig in sich selbst ruht. Glaube ist in erster Linie – wie oben aufgezeigt – ein Wesensmerkmal menschlichen Lebens. Aber er könnte darüber hinaus auch als „Schmuck" unseres Daseins bezeichnet werden. Schmuck als in sich ruhender abstrakter Begriff *existiert* nicht, sondern *realisiert* sich z.B. in Form von ausgesuchten Preziosen (Edelsteinen usw.). Die wertvollen Steine des Glaubens sind die existentiellen Grundhaltungen oder faktoriellen Bestandteile, wie sie oben genannt wurden.

Vor dem Hintergrund dieser Gedanken gilt es nun, die psychologische Interpretation des Glaubens am Beispiel der Untersuchungen Erich Fromms zu analysieren. Fromm bezeichnet den Glauben als „Charakterzug". Zwar steht es mir kaum zu, die psychologischen Forschungen eines so verdienstvollen Gelehrten zu kritisieren, aber dennoch kann ich mich mit dieser Definition keinesfalls einverstanden erklären. Glaube ist weder ein Wesens- noch ein Charakterzug des Menschen, sondern eine charakterunabhängige existentielle Grundhaltung. Er ist nicht mit unserem Wesen oder Charakter assoziiert, sondern Ausdruck des leib-seelischen Zusammenspiels, das von der Ebene des Denkens bis in die Tiefenschichten unserer Persönlichkeit hinein zu verfolgen ist. Diese Definition steht im Gegensatz zu der Fromm'schen Ansicht, die, wie wir sahen, den Glauben einen Charakterzug nennt.

Fromm bestimmt den Charakter als „die (relativ) gleichbleibende Form, in die die menschliche Energie im Prozeß der Assimilierung und Sozialisation kanalisiert wird"[34]. Zwar ist der Glaubensgegenstand immer auch der Mensch neben mir, also mein Nächster und somit im weiteren Sinne die Gesellschaft, aber nicht ausschließlich. Die transzendenten Anteile, die der Glaube an meine Mitmenschen (als sozusagen horizontalen Glaubensgegenstand) oder an ein sog. höheres Wesen (als sozusagen vertikalen Glaubensgegenstand) enthält, sind dort zu beobachten, wo der Glaubensgegenstand sich jeder rationalen Begründbarkeit entzieht. Insofern melde ich meine Bedenken an, wenn Fromm von „rationalem Glauben" spricht und ihn in unserer rationalen

Produktivität wurzeln läßt. Dabei wird von ihm die Tatsache verkannt, daß der Glaube sehr wesentlich auch eine unverdiente Gnade oder ein unverdientes Geschenk sein kann und nicht in jedem Falle produktiv „erarbeitet" werden muß.

Abschließend möchte ich feststellen: die Einteilung Fromms mißachtet – selbst unter säkularen Aspekten – wichtige Grundgegebenheiten des Glaubens. Ich könnte aufgrund eigener Erfahrung die Fromm'schen Unterscheidungen unter Vorbehalt akzeptieren, wenn in der Rubrik „Zweifel" auf die irrationale Form und in der Rubrik „Glaube" auf die rationale Form verzichtet würde. Zum Thema Zweifel ist folgendes anzumerken: Fromm hat Recht, wenn er den Zweifel, und nicht den Unglauben, als das Gegenteil des Glaubens bezeichnet. Und es mag auch eine gewisse irrationale Form des Zweifels geben.

Wenn wir von der augenblicklich grassierenden Esoterikwelle und der Hinwendung zur fernöstlichen Religionsvielfalt einmal absehen, sind doch gerade in bezug auf den Glauben (und den religiösen zumal) die Argumente des Zweifels in den Hirnen der emanzipiert denkenden Menschen von heute überwiegend vernunftgeprägt. Wie anders sonst wären die Schwierigkeiten zu erklären, die sich ergeben, wenn man heutzutage einem glaubensarmen oder gar zweifelnden Menschen zu vermitteln versucht, daß sich „Glaube immer noch lohnt". Ja – kann man als Verteidiger des Glaubens überhaupt argumentieren? Ist es nicht wichtiger oder heilsamer für den Glauben, auf Erfahrungen zu verweisen, die – wohlgemerkt – nicht immer rational erklärbar sind, also im „unverdient Geschenkhaften" wurzeln? Eben dieses Unerklärbare und „unverdient Geschenkhafte" ist der transzendente, d. h. unsere sinnliche Erfahrung übersteigende Anteil des Glaubens.

33

Im übrigen ist hier anzumerken, daß mein Glaube meine Sehweise bestimmt, wie T. Giesen zu recht feststellt. Er sagt wörtlich: „Dein Glaube prägt deine Sehweise auf Schritt und Tritt. Nicht – ich glaube nur, was ich sehe, sondern eigentlich ist es umgekehrt. Ich sehe nur, was ich glaube. Ich finde nur, was ich suche. Ich werde, was ich zu sein glaube"[35]. Die Feststellungen Giesens möchte ich dahingehend ergänzen, daß – wenn Glaube auch Geschenk ist – ich sogar mehr finden kann als ich gesucht habe; ich vermag also zuweilen reicher als erhofft beschenkt zu werden. Daß all diese Überlegungen ins Herz dessen zielen, was unter Glaube zu verstehen ist, dürfte hiermit einsichtig oder wenigstens nachvollziehbar geworden sein. Gerade auch unter dem Geschenkaspekt ist Glaube eben kein Charakterzug, wie Fromm meint, sondern ein dimensionales Geschehen, das sich immer nur relational (also in einer Beziehung zu jemandem oder zu etwas) ereignet. Wir kommen auf diesen Gesichtspunkt später noch zurück.

III Bewahrung tragender Grundwerte
Zum Begriff der apologetischen Existenz [36]

1. Leben oder existieren?

Im Leben des Menschen konkretisiert sich das Sein in einer ganz besonderen Weise. Dieser Gegebenheit sollte sich der Mensch bewußt werden, wenn er wahrhaft existieren, also (wörtlich) „heraussstehen", „hervortreten" will.[37] Provozierend möchte ich im Sinne der hier angestellten Überlegungen sagen: alle Menschen, die noch nicht gestorben sind, leben, sind irgendwo auf dieser Erde anwesend und führen ihr Leben nach den Regeln und Gesetzen der Alltäglichkeit. Sie essen, trinken, arbeiten, schlafen, lieben und werden geliebt, sind „ausgespannt" zwischen Geburt, Kindheit, Jugend, Jahren der Reife, Alter und Tod. Alle Menschen, die noch nicht gestorben sind, leben; aber nicht alle, die leben, existieren, „stehen oder treten heraus". Aus der Uniformität der Alltäglichkeit tritt der Mensch erst dann heraus, wenn er sein Dasein reflektiert. Dies gilt auch für die mit dem Siegel der besonderen Tätigkeit versehenen Menschen wie z. B. Künstler und Wissenschaftler. Das heißt nichts anderes, als daß menschliches Existieren immer verbunden ist mit dem Nachdenken über Sinn und Zweck, Ursprung und Ziel meines persönlichen Lebens.

Der Dichter Willy Kramp hat in seinem Buch „Herr Adamek und die Kinder der Welt" in der Gestalt des Herrn Knorzer bzw. bei der Beerdigung desselben sicherlich stark pointiert, aber geistreich beschrieben, wie ein Mensch trotz guter materieller Ausstattung im Grunde beziehungslos dahinleben, also nicht wahrhaft existieren kann:

„In moderner Sprache gesagt: Knorzer war programmiert auf Essen und Trinken, Fressen und Saufen. Freiwillig verzichtete er auf körperliche Bewegung, beflügelnde Ideen, menschenfreundliches Engagement; und all dies erwies sich als lebensverkürzend. Mochte der arme reiche Mann das Leben − sein Leben − noch so gewaltsam packen und halten, es rann ihm dahin, wie Sand zwischen den Fingern hinrinnt. Kaum gehen wir fehl in der Annahme, daß niemand ihn beweinte, ja daß einige sogar hinter der Hand kicherten und Zustimmung nickten: Recht geschieht ihm. Auch hinterließ der Tod des Epikureers keine berufliche Lücke; denn Knorzer hatte sich fast völlig darauf beschränkt, genüßlich zuzuschauen, wie sein Hab und Gut

sich unter den Händen getreuer Verwalter mehrte. Nein, nicht tief war die Spur, die dieses Leben hinterließ; man müßte es sogar noch deutlicher aussprechen: in gewissem Sinne hatte Knorzer überhaupt nicht gelebt."[38]

Die Redewendung „meines persönlichen Lebens" ist eine Art Tautologie (Darstellung durch zwei Wörter mit gleicher Bedeutung). Denn sofern man mit dem Adjektiv persönlich nicht den öffentlichen vom privaten Bereich sprachbegrifflich trennen möchte, ist „mein" Leben ja immer persönlich. Und je mehr ich mir meines eigenen Lebens, meiner Möglichkeiten und Unmöglichkeiten, meines „Selbst" und meiner Identität bewußt bin, desto persönlicher lebe ich. In der Philosophie hat Karl Jaspers dies mit folgenden Worten ausgedrückt: „Existenz ist der unbedingte und absolute individuelle Kern im Menschen, der, in rationalen Begriffen nicht faßbar und daher als solcher nicht mitteilbar, das bloße Leben als eine Möglichkeit begleitet, die der Mensch ergreifen oder der gegenüber er versagen kann. Existenz ist das eigentliche Selbstsein des Menschen, das sich durch freie und unbedingte Entscheidung erst verwirklichen soll.[39] Mit anderen Worten: wahrhaft existierend (heraustehend) ist der Mensch dann, wenn er sich aus dem Stadium der Möglichkeit in das Stadium der offenkundigen Wirklichkeit erhoben hat.[40]

Der Mensch „weiß als Mensch sich erst wirklich, wenn er, offen für das Sein im Ganzen, in der Welt mit der Transzendenz lebt"[41]. Zur menschlichen Existenz gehört ganz wesentlich der Glaube. Jaspers definiert ihn – ganz anders als Fromm – als den „Akt der Existenz, in der Transzendenz in ihrer Wirklichkeit bewußt wird"[42]. Wahrhaftes Existieren, also mehr als bloßes Dahinleben, heißt aber auch, sich einer Entsprechung bewußt zu sein. Gemeint ist die

Entsprechung „zwischen dem Sinn des Lebens, den man gefunden hat, und dem Stil des Lebens, den man entfaltet. ... Wer den Sinn seines menschlichen Lebens erfährt und ihn festhält, der entwickelt einen persönlichen Lebensstil. Er versucht, sein Leben auf diesen Sinn zu orientieren. Er nimmt sein Leben bewußt in die Hand und führt es, indem er in wechselnden Situationen und Anforderungen diesem Sinn zu entsprechen versucht. Der Sinn des Lebens gibt einem Menschen ein festes Herz, und dieses prägt dann auch seine äußere Haltung. Ein sinnvolles Leben bekommt Format. Im Wechselspiel zwischen der Person und der Gesellschaft entsteht die Persönlichkeit. Im Wechselspiel zwischen Empfangen und Geben, Leiden und Handeln gewinnt der Mensch sein Profil"[43]. Ich möchte noch hinzufügen, daß der Mensch durch das Maß an Treue, Zuverlässigkeit und Zuversicht, das er anderen entgegenbringt, an Profil gewinnt und – mag es auch seltsam klingen – seinen persönlichen Stil entfalten kann.

2. Existenz als Rechenschaftslegung

Was heißt vor dem Hintergrund dieser Aussagen nun apologetische Existenz? Apologetik (Rechenschaftslegung, Verteidigung, Verantwortung, Rechtfertigung) bedeutet in Verbindung mit dem Begriff Existenz die Rechtfertigung bzw. Verteidigung der Fundamente, auf denen mein Leben in seiner Sinn-, Zweck- und Zielbestimmung ruht. G. Schmid hat hierfür den Ausdruck „Verwesentlichung" geprägt.[44] Das heißt: ich führe mein Leben wertkonform und lasse damit in angemessener Bescheidenheit und trotzdem ganz unverkrampft durchblicken, worauf es sich gründet. Dies ist umso bedeutungsvoller, als wir uns – in unserem eigenen Lande wie in der westlichen

Welt allgemein – in einem schleichenden Auflösungs-
prozeß tragender Grundwerte (leider auch im kirchlichen Raum)[45] befinden. Apologetische Existenz – sozusagen ein Leben in stetem Bemühen um Bewahrung der
tragenden Grundwerte – hat sich in einer diakritischen
(die Geister unterscheidenden) Haltung einzuüben.[46] Dia-
kritisch sein kann ich aber nur dann, wenn ich prüfe, sichte, zur Kenntnis nehme, mich also zunächst einmal un-
voreingenommen auf den anderen einstelle. Indem ich
mich vom anderen (der Gesellschaft) befragen lasse, lernt
auch dieser (diese) mich kennen. Ich möchte diesen Vertrauensvorschuß als Einübung in die „passive Diakrisis"
bezeichnen. Die „aktive Diakrisis" folgt anschließend, indem ich sichte, unterscheide, ordne und daraufhin endgültig urteile.

Ein interessantes Modell zur Strukturierung der passiven
wie aktiven Diakrisis bietet Lasswell in Gestalt seiner „6-
W-Formel" an. Im Prinzip geht es bei der Diakrisis ja um
einen Dialog. Dieser kann mit Aussicht auf Erfolg – so
oder so – nur dann geführt werden, wenn man darauf ach-
tet, die Ähnlichkeiten der Dinge und ihre Unähnlichkeiten
genau auseinanderzuhalten. Nach der Formel von Lasswell
tut man gut daran, sich fragen zu lassen (passiv) bzw. sich
selbst zu fragen (aktiv): **W**er sagt **w**as **w**ann und **w**o zu
wem in **w**elcher Absicht?[47] Die Lasswell'sche Formel
scheint mir ein wesentliches Instrument „kommunikativer
Kultur" zu sein, d.h. eines Umgangs miteinander, dessen
menschliches Antlitz möglichst oft einen „Blick hinter die
Kulissen" tut und dabei versucht, Motivationen und Ent-
wicklungen im anderen Menschen und in der Gesellschaft
zu erfassen und zu verstehen. Dies entbindet mich nicht
von der Pflicht, nein zu sagen, wenn ich nicht mehr „mit-
halten" kann.

In der heutigen Zeit stürzt eine Fülle von neoliberalen, ja geradezu entfesselten ethischen und moralischen Weisen des Seins, Denkens oder Verhaltens[48] auf uns ein. Der Schweizer Kulturforscher J. Gebser bezeichnet eine solche Zeit als Mutationsepoche. Eben darum wird uns die Zukunft eine betont apologetische Lebenshaltung abfordern, sofern wir nicht mit dem Strom der Zeit schwimmen und irgendwann in ihm untergehen wollen. Hier ist an das Sprichwort zu erinnern: „Wer sich mit dem Zeitgeist vermählt, wird bald zum Witwer". Ich meine, daß Apologetik und Diakrisis zwei Schwestern sind, die einander unterstützen sollten. Das apologetische Existenzverständnis hindert uns nicht daran, offen zu bleiben für das Sein im Ganzen, und es erhält einen wichtigen Schub aus dem Bereich der Transzendenz, mit der der Mensch in der Welt leben sollte, wenn er sich im Sinne Jaspers' als Mensch „wirklich" wissen will. Der Glaube – sowohl der säkulare wie der religiöse – (mit seinen faktoriellen Bestandteilen Hoffnung, Zuversicht, Gewißheit, Vertrauen, Zuverlässigkeit, liebende Akzeptanz) wird dabei von den beiden Schwestern „Apologetik" und „Diakrisis" an der Hand geführt.[49] Ob die Schubkraft aus dem „Bereich der Transzendenz" (eine recht nebulöse Formulierung, wie wir zugeben müssen) für ein apologetisch-diakritisches Existenzverständnis ausreichend ist – danach soll später erneut gefragt werden.

Um gründlich zu sein, müssen wir in unsere Überlegungen aber nun auch die drei mit kritischer Distanz zu betrachtenden Eigenschaften der „üblichen Apologetik" einbeziehen. In einem seiner frühen Bücher hat der verstorbene Hamburger Theologe H. Thielicke auf sie ausdrücklich hingewiesen.[50] Sie lassen sich kurz folgendermaßen zusammenfassen:

– Apologetik als „Richteramt".

Hierbei werden die christlichen Glaubensinhalte auf eine sozusagen übergeordnete Ebene gehoben. Vor hier aus richten sie in der Absicht, alle antichristlichen Ideologien ad absurdum zu führen. Diese Art Apologetik stellt sich nicht unter das Wort, sondern erhebt sich darüber – wenn auch in der zumeist ehrlichen Absicht einer gut gemeinten Hilfestellung. Damit läßt sie für das echte Ärgernis keinen Raum, weil sie den christlichen Glauben ebenso wie den Nonsens seiner Bestreitung „anzudemonstrieren" versucht, also den Glauben mit dem Schauen vertauscht.

– Apologetik als „Antwortgeber"

Bei dieser Eigenschaft geht es um die Überlegenheit, die meint, auf alle Lebensfragen die christliche Antwort geben zu sollen. Der Glaube der Christenheit ist nicht einfach die Lösung menschlicher Lebens- und Sinnfragen. Es verhält sich im Gegenteil genau umgekehrt: der Glaube attackiert die Welt mit seinen Fragen und zwingt sie, ihnen standzuhalten. Demgemäß beantwortet nicht der Glaube die Fragen der Welt, sondern die Welt muß zu den Fragen Stellung beziehen, die der Glaube an sie richtet.

– Apologetik als „Hort der Sicherheit"

Hierbei entwickelt die Apologetik die Eigenschaft, aus der sicheren Etappe heraus gleichsam einen auf Abwege geratenen Kämpfer anzurufen. Sie weiß sich im Besitz der Wahrheit und des Vertrauens, und zwar in der Weise, daß der Irrtum mehr oder weniger außerhalb ihrer Tore herumgeistert. Das wirkliche Gespräch, das in echter Solidarität nur mit „denen draußen" stattfinden kann, bleibt ihr fremd.

3. Kunst als Sieg über das Chaos

Diesen drei kritisch zu betrachtenden Eigenschaften einer bestimmten Art von Apologetik ist gemeinsam, daß Verteidigung und Rechtfertigung von Glaubensinhalten mit der Attitüde richtend-urteilender Überlegenheit und aus der Position distanzierter Sicherheit erfolgen. Hier klingt an, was im nächsten Kapitel eingehender zu untersuchen sein wird: der Unterschied zwischen Sicherheit und Gewißheit. Wenn das apologetische Existenzverständnis nicht nur „ein Hort distanzierter Sicherheit", sondern vor allem auch ein Instrument lebendiger Auseinandersetzung sein soll, dann muß es sich „unter die Menschen mischen". Und genau dies ist ja oben gesagt und als Einübung in die „passive Diakrisis" bezeichnet worden. Apologetik kann nie den Sinn des Lebens ausmachen, aber durchaus ein diskutabler Pfeiler unserer Existenz sein, wenn sie sich in echter Solidarität mit ihrem geistig-sittlichen Umfeld auseinandersetzen und sich dabei einer diakritischen Grundhaltung befleißigen möchte. Dabei wird es – abhängig vom qualitativen Spektrum der Ideologien, Verhaltensweisen und Anschauungen innerhalb meines Lebensumfeldes – mal zur Solidarisierung und mal zur Distanzierung[51] kommen. Das apologetische Existenzverständnis, so wie es mir hier vorschwebt, fordert mich also heraus, in Stil und Inhalt meines Lebens, in Wort und Tat zu den Grundwerten und Verhaltensweisen der Gesellschaft unter Leitung des Glaubens Position zu beziehen. Warum dies – geistig verstanden – nicht aus der Etappe heraus, sondern an der Front zu geschehen hat, bedarf keiner Erklärung.

Wie man – was relativ ungewöhnlich ist – auf künstlerischer bzw. dichterischer Ebene eine sehr feinsinnige, aber dennoch klar erkennbare Art von Apologetik „durchscheinen" lassen kann, hat neben Rudolf Alexander Schröder auch das Spätwerk des Dichters Manfred Hausmann bewiesen. Karlheinz Schauder, der Biograph Hausmanns, schreibt über ihn: „Es sind die Stellungnahmen eines Christen und Bürgers, der neben seiner dichterischen Berufung auch seine Verantwortung für die Geschicke der Welt wahrnimmt. Von seinem dichterischen Standpunkt aus äußert er sich zu Aufgaben und Nöten unserer Zeit und versucht er, einer dem Chaos verhafteten Menschheit Trost und Weisung zu geben".[52]

Ist es nicht auch eine wenigstens marginale (randständige) Form von Apologetik, wenn Hausmann selbst 1970 auf einer Veranstaltung im Hambacher Schloß in einer Dankesrede die Aufgabe des Künstlers darin sieht, über das Chaos zu siegen? „Der Künstler ringt in schweigendem Gehorsam der Sinnlosigkeit den Sinn, dem Chaos die Ordnungen des Bildes, des Klanges, des Gedichtes ab. Damit siegt er, bescheidener und ehrlicher ausgedrückt, versucht er zu siegen, über die verwirrenden, zerstörenden, nichtenden Mächte, die in der Menschenwelt ihr Wesen haben."[53] Der Dichter Manfred Hausmann hat, vor allem in seinen mittleren und späteren Lebensjahren, dies mit seiner ganzen Persönlichkeit – also existentiell – in Wort und Tat demonstriert.

Als krassen Gegensatz zu Hausmann, dessen zahlreiche religiös – sinnhafte Gedichte ja vielen bekannt sind, möchte ich den satirischen nordamerikanischen Schriftsteller und Verleger Lawrence Ferlinghetti mit seinen blasphemischen Versen „Hin und wieder während der Ewigkeit"[54] zitieren. Hier allerdings sieht sich die Apologetik zur „direkten Verteidigung" – im vorliegenden Falle christlicher Glaubensinhalte[55] – aufgerufen, ohne dabei Gefahr zu laufen, gleich die Position des „verurteilenden Richters" übernehmen zu müssen.

Hin und wieder während der Ewigkeit
treten so ein paar Burschen auf
und einer von ihnen
der ziemlich spät anlangt
ist so eine Art Tischler
aus einem so weltfremden Kaff
wie Galiläa
und er fängt an anzugeben
und zu behaupten er wisse
wer Himmel und Erde verbrochen hat
und daß der Große Unbekannte
der uns das alles eingebrockt hat
sein Papa ist

Und außerdem
sagt er noch
Es ist alles aufgeschrieben
auf einer Art Rollen aus Pergament
die einige seiner Kumpane
irgendwo am Toten Meer haben liegenlassen
lange vorher schon
und die ihr nicht mal
in ein paar tausend Jahren oder so finden werdet
oder wenigstens nicht vor
neunzehnhundertsiebenundvierzig Jahren
um genau zu sein
und selbst dann
glaubt ihnen niemand
oder mir
was das angeht

Man nicht so hitzig
sagen sie zu ihm

Und stellen ihn kalt

Sie hängen ihn an den Baum und machen ihn kalt

Und seitdem machen sie alle
immerzu Abbilder
von dem Baum
an dem Er hängt
und rufen immerzu Seinen Namen
und bitten ihn mal 'runterzusteigen
und mit ihnen bei Tisch zu sitzen
und man zuzulangen
als wäre er der König der know how
ohne dessen okay
sie's nicht schaffen

Aber er steigt nicht 'runter
von Seinem Baum

Er hängt da man bloß
an seinem Baum
und sieht ganz verkauft und verpetzt aus
und nicht ganz bei sich
und außerdem
wie die letzte Rundfrage
im Neues-aus-aller-Welt
aus wie üblich unzuverlässigen Quellen berichtet:
wirklich tot

4. Unterscheidung der Geister

H. Thielicke hat – wie oben dargestellt – auf die Gefahren der Apologetik aufmerksam gemacht, nämlich allzu leicht in die Rolle des (ver)urteilenden Richters, des überlegenen Antwortgebers oder des sich in der sicheren Distanz befindlichen „Etappenhasen" zu verfallen. Dennoch, so meine ich, gibt es klare Grenzen. Sie liegen dort, wo Blasphemie (s. die Verse von Ferlinghetti), dialektisch-argumentativ verbrämte Zerstörung der Sexualmoral, sowie anderer Grundwerte des Lebens, Auflösung der Ehe, die permissiv-pluralistische Freiheitsauffassung und der religiöse Synkretismus (Vermischung verschiedener Religionen), Autoritätslosigkeit in vielen pädagogischen Erziehungskonzepten zu beobachten sind. Neben der Notwendigkeit der Diakrisis (Unterscheidung der „Geister", Anschauungen und wertbezogenen Einstellungen), ist hier die Bedeutung der sog. „kognitiven Konsonanz"[56], also die glaubwürdige Vertretung der eigenen Überzeugungen in der Wirklichkeit des täglichen Lebens, zu erwähnen. Und so möchte ich denn an dieser Stelle die oben genannte Geschwisterschaft des Glaubens, nämlich Apologetik und Diakrisis, um die nicht unwichtige Schwester der „kognitiven Konsonanz" erweitert wissen.

Wir erinnern uns an die schon erwähnte Lasswell'sche Formel (der 6 „w"), die ich ein wesentliches Element „kommunikativer Kultur" genannt habe. Dabei ist es von Bedeutung, möglichst gründlich Einblick zu nehmen in die Entwicklung und die Motivationen des anderen (meines Freundes, Nachbarn, Berufskollegen, Vereinskameraden, gesellschaftlicher Gruppen usw.), um die engere oder weitere Menschenwelt außerhalb meiner selbst verstehen zu lernen. Apologetik, Diakrisis und kognitive Konsonanz bedeuten vor diesem Hintergrund, daß ich mich auf manches – vielleicht sogar vieles – **einlasse**, ohne gleich alles im Sinne einer „ungeprüften Akzeptanz" in mir selbst und meiner eigenen Lebensführung **zuzulassen**, d.h. kritiklos zu übernehmen. Gesamtgesellschaftlich gesehen weist Heinzpeter Hempelmann[57] in diesem Zusammenhang mit Recht auf die unheilvolle „Fragmentierung" der Gesellschaft", auf den „Verlust der Wahrheit" durch „Pluralismus der Weltanschauung" und auf den „Religiösen Supermarkt" hin. Bei letzterem gerät Religion zur „Patchwork-Religiosität" (Flickenteppich aus vielen religiösen Anschauungen = Synkretismus).

Da uns das Wort „Synkretismus" in der Folge noch einige Male begegnen wird, soll schon hier näher darauf eingegangen werden. Die plausibelste Erklärung für den Begriff „Synkretismus", die ich bisher angetroffen habe, stammt von D. Kamlah[58]. Er bezeichnet den Synkretismus in einem treffenden Vergleich als eine Geistesrichtung, die von der Grundüberzeugung ausgeht, daß alle Religionen zu einem gemeinsamen Ziel unterwegs sind – Gott. Kamlah vergleicht Gott mit dem Gipfel eines Berges, der von den verschiedensten Seiten bestiegen werden kann. Wichtig sei nicht, welchen Weg man wähle – sei es nun der christliche, islamische oder buddhistische usw., bzw. sei es sogar ein Weg, der zwischen zweien oder dreien hin und her wechselt. Als entscheidend gelte allein, daß man religiös unterwegs sei und daß man sich mit all den anderen vertrage, die auch religiös unterwegs sind. In altgriechischer Zeit – so Kamlah – hatten sich die eigentlich im Streit liegenden Städte Kretas gegen eine gemeinsame Bedrohung zusammengeschlossen. Dieser Vorgang wurde Synkretismus genannt. In der Geisteshaltung des religiösen Synkretismus werden die Verkündiger des Evangeliums zu Vertretern von lediglich **einer** Heilsbotschaft unter vielen.

Der Kölner Erzbischof, Kardinal Meißner, hat Anfang 1995 zu Recht geäußert: im Säkularisierungsprozeß wandele sich Seelsorge zur Psychotherapie, die Mission zur Entwicklungshilfe, die Caritas zur Sozialarbeit, der Gottesdienst zur liturgischen Folklore. Die Großkirchen zeigen Verfallserscheinungen und sind auf dem Weg zur Minderheitenkirche.[59]

Was Hempelmann ganz überwiegend für den religiösen Bereich warnend konstatiert, findet seine Entsprechung auch auf profaner Ebene, wie z.b. in der Literatur, der Politik, der Kunst und der Wissenschaft (s. P. Singers „Praktische Ethik", Embryonenexperimente in England usw.). Um es abschließend nochmals zusammenzufassen: Unter apologetischer Existenz verstehe ich

1. Die Gesunderhaltung des seelischen Gefüges der persönlichen Existenz durch Fernhaltung polyvalenter Identitäten[60], die kein einheitliches – wie es eigentlich sein sollte – sondern ein gemischtes Persönlichkeitsbild ergeben.

2. Die Pflege des „natürlichen Anbaus" wertkonformer Moralvorstellungen, sozusagen die „biologische Düngung" des Bodens oder des Grundes der menschlichen Existenz.

3. Das kritische Einstehen für tragende Grundwerte im gesamtgesellschaftlichen Kontext, d.h. auf kommunal- oder staatspolitischer Ebene, sowie in Beruf und Familie, Freundeskreis, Verein, Institution.

4. Das Angebot einer theonom (von Gott) bestimmten Ordnung unserer Existenz anzunehmen. Der Glaube verhilft

unserem Leben dabei zu seiner wahren Freiheit. Wer glaubt, unser Leben werde dadurch gesetzlich, eng und unfrei, hat den Glauben nicht „verstanden".

Nicht nur in einer ausdrücklich von Gott sondern auch in einer lediglich säkular bestimmten sittlichen Ordnung darf es nicht dahin kommen, daß der ethisch-moralische Grundkonsens in unserer Gesellschaft verloren geht. Der angesehene Präsident der Deutschen Gesellschaft für Gynäkologie und Geburtshilfe, Prof. Dr. D. Berg, befürchtet jedoch zu Recht einen solchen Konsensverlust. Angesichts z.B. der verfassungsgerichtlichen Rechtsprechung zum „Kind als Schaden" im Zusammenhang mit der Diskussion um den Paragraphen 218a sowie angesichts der Möglichkeit der genetischen Selektion (Zeugung auf Probe) ist diese Sorge durchaus begründet.[61] Verbunden damit ist die Ausweitung einer sog. Wertediskussion, in die auch Behinderte, Alte und Kranke negativ einbezogen werden könnten. Dies ist ja in den Niederlanden bereits der beklagenswerte Fall. Sollte eine solche neue Gesellschaftsordnung – noch dazu höchstgerichtlich sanktioniert – Allgemeingut werden, so geht die Menschheit einer schlimmen Zukunft entgegen. Wenn der völlig autonome, nur noch sich selbst gehorchende, keiner höheren Instanz verpflichtete Mensch dominiert, so stehen wir bald vor der Pforte dessen, was nach biblischem Befund mit dem Bild „Hölle" verglichen werden kann.

IV Sicherheit und Gewißheit

Wir haben oben die Ansicht vertreten, daß der Begriff Glauben eher mit Gewißheit als mit Sicherheit in Verbindung gebracht werden sollte. Es empfiehlt sich nun, über die Begriffe Sicherheit und Gewißheit bzw. über den Unterschied zwischen beiden ausführlicher nachzudenken. Bei der Herausarbeitung der Unterschiede wird sich zur Verdeutlichung eine gewisse Überspitzung in der Formulierung nicht vermeiden lassen.[62]

1. Sicherheit (lat. securitas)

Das lateinische Wort für Sicherheit lautet *securitas*. Man versteht darunter vor allem Sorglosigkeit, in der spät- und mittellateinischen Begriffswelt auch freies Geleit und Gemütsruhe. *Securitas* kann außerdem Furchtlosigkeit, Gefahrlosigkeit, Fahrlässigkeit und Unbesorgtheit bedeuten. Einer Sache sicher bin ich mir, wenn keinerlei Zweifel mich mehr anficht und das Ergebnis nahezu feststeht oder mit (bisweilen fast mathematischer) Genauigkeit vorhersehbar ist. Wenn ich davon spreche, daß ich mich angesichts gewisser Umstände in Sicherheit wiegen kann, so ist gerade mit dieser Wortkombination eine weitgehende Sorglosigkeit gemeint, die mich fast zur Gedankenlosigkeit verleitet und an das berühmte „Ruhekissen" erinnert. Bewegung und Schwung sind zur Ruhe gekommen, eine Handlung oder Erwartung sind in geistig-seelischer Vorwegnahme nahezu beendet oder erfüllt (actus finitus). Die Übersetzung des Wortes *securitas* mit Gemütsruhe besagt darüber hinaus, daß mich angesichts eines Sachverhaltes oder eines zu erwartenden Resultates innerlich nichts mehr umtreibt, daß ich es nicht nötig habe, mein inneres Engagement weiter aufrecht zu erhalten. Insofern kann mit dem Zustand der Sicherheit auch ein gewisser geistig-seelischer Spannungsverlust verbunden sein. Anzufügen wäre noch, daß ich oftmals ein Pfand oder eine Urkunde besitze, das oder die mir Sicherheit verbürgt, wie z. b. der Pfandbrief bei einer Geldanlage oder das Echtheitszertifikat beim Kauf eines antiken Möbelstücks.

2. Gewißheit (lat. certitudo)

Das lateinische Wort für Gewißheit heißt *certitudo*. Es ist mit Zweifelsfreiheit, Zuversicht, Verläßlichkeit zu umschreiben. Ich bin mir einer Sache gewiß, wenn ich in der Verfolgung meines Zieles feststehe und z.b. auf eine Zusage unerschütterlich vertrauen darf. Dabei wiege ich mich im Gegensatz zur Sicherheit nicht in emotionsloser (fast fahrlässiger) Gemütsruhe, sondern engagiere mich bei allem Vertrauen nach besten Kräften für das, was ich verfolgen oder erreichen möchte. Zwar beinhaltet Gewißheit immer auch eine „bestimmte Menge Sicherheit", doch verharre ich in einem Zustand besonderer Wachsamkeit, die angesichts einer für mich absolut (fast mathematisch) sicheren Sache so ausgeprägt nicht existieren würde. Wenn ich mich in Sicherheit wiege, ist „das Rennen für mich sozusagen schon gelaufen", bei der *certitudo* richte ich mein Leben täglich neu auf das Ziel aus, das zu erreichen ich gewiß bin. Bei der Gewißheit muß für das Ziel noch gearbeitet und gesorgt werden. Ich befinde mich noch in actu (in der Ausübung, bei der Handlung, in Bewegung, in Schwung). Bei der Sicherheit ist diese Arbeit in vielerlei Hinsicht schon getan. Daraus ergibt sich sprachlogisch, daß ich angesichts des Begriffes Gewißheit, wo für das Ziel ja noch gearbeitet werden muß, unter einem stärkeren Dif-

50

ferenzierungs– und Erklärungszwang stehe als bei der Sicherheit. Mit gewissen Einschränkungen kann man folgern, daß Gewißheit aufs Ganze gesehen etwas Dynamisches, Sicherheit eher etwas Statisches darstellt.

Zusammenfassend wird man folgendes sagen können: Eine Angelegenheit, ein Ziel, ein Ergebnis, dessen ich gewiß bin, fordert mein Nachdenken, ja meine ganze Existenz als Mensch stärker heraus, als wenn ich mich einer Sache sicher fühle. Der Trauschein z.b. schafft mir äußerlich Sicherheit angesichts der rechtlichen Zuverlässigkeit der Institution Ehe, inhaltlich aber ist er kein Garant für die Treue der Ehepartner. Wenn Ehrlichkeit, Offenheit und Transparenz in der Ehe herrschen, dann bin ich mir der Treue meiner Frau gewiß. D.h., ich werbe um meine Ehepartnerin und umgekehrt und halte ihr meinerseits die Treue, indem ich mit ihr Freud und Leid teile, sie auch in Zeiten ungewollter Trennung nicht betrüge und ihr meine bevorzugte Aufmerksamkeit auch nach vielen Jahren noch zuwende. Wäre ich mir der Treue meiner Frau zu jeder Zeit und Stunde absolut sicher, dann hätte ich es kaum nötig, ihr dies zu bekunden und wir würden als Ehepaar ohne wesentliche „Höhepunkte" relativ emotionsarm nebeneinander herleben. Im Gegensatz zur Gewißheit kann Sicherheit nicht in jeder Beziehung aber doch in mancherlei Hinsicht zu Langeweile führen und in Erstarrung münden. Der Baum unseres Lebens trägt dann keine Früchte mehr.

Wenn ich z.B. nicht nur gewiß (s. Römer 8, 38–39) sondern absolut sicher bin, daß weder Tod noch Leben, weder Engel noch Gewalten, weder Hohes noch Tiefes usw. mich von der in Jesus Christus sichtbar gewordenen Liebe Gottes scheiden können, dann arbeite ich in der Regel nicht mehr an der vertiefenden Erfahrung dieser Aussage und lege jedwede Wachsamkeit ab. Bin ich hingegen gewiß, daß weder Tod noch Leben, weder Engel noch Gewalten usw. mich von der in Jesus Christus sichtbar gewordenen Liebe Gottes trennen können, dann versuche ich in einer zunehmenden Bindung an diese Gewißheit wach zu bleiben und meinen Glauben unter diesem Vorzeichen täglich neu zu bewahren und zu bewähren, bzw. mir meinen Glauben täglich neu schenken zu lassen. Und erst dann kommt es zu jenen überraschenden Glaubenserfahrungen, die mich überzeugen.

3. Gewißheit im Spiegel des Urteils

Um der Befürchtung vorzubeugen, Gewißheit ziele in ihrer „schwebenden Position" völlig ins Leere, habe ich oben darauf hingewiesen, daß Gewißheit immer auch eine „bestimmte Menge Sicherheit" beinhaltet. Dies läßt sich – etwas abgewandelt – am besten an einem mathematischen Bild verdeutlichen. Nehmen wir ein Koordinatensystem, so wird ja die horizontale Achse als Abszisse, die vertikale als Ordinate bezeichnet. Setzen wir nun die Abszisse mit absoluter Sicherheit und die Ordinate mit völliger Unsicherheit gleich, so stellt die Gewißheit sozusagen eine Hyperbel dar, die sich der Sicherheit (Abszisse) in „schwebender Position" (allerdings eine völlig unmathematische Formulierung) annähert, ohne sie je ganz zu erreichen. Man spricht in der Mathematik auch von „asymptotischer Annäherung". Dementsprechend möchte ich den Glauben jetzt noch genauer als ein Phänomen bezeichnen, das sich im Blick auf die Sicherheit in einer „asymptotisch schwebenden Position" befindet. Gewißheit als Fundament des Glaubens bewegt sich, solange noch keine endgültige Erfüllung da ist, auf Sicherheit zu, ohne je völlig mit ihr identisch zu werden bzw. sie je ganz zu erreichen.

Von Aristoteles wissen wir, daß er bei der Fällung eines Urteils 3 Gewißheitsgrade voneinander unterschied. Diese finden sich in etwas veränderter Form bei Kant als Modalitäten[63] wieder.

Aristoteles		Kant
Apodiktisches Urteil	(etwas „muß sein")	Notwendiges Urteil
Assertorisches Urteil	(etwas „ist")	Behauptendes Urteil
Problematisches Urteil	(etwas „kann sein")	Vermutendes Urteil

Diese drei Gewißheitsgrade des griechischen Philosophen bzw. Modalitäten des Königsberger Philosophen bezeichnen nicht ganz das, was ich mit dem Unterschied Sicherheit – Gewißheit meine. Dennoch kann man vielleicht sagen, daß das apodiktische (notwendige) „Muß-Sein-Urteil" und das assertorische (behauptende) „Ist-Urteil" noch am ehesten „sichere Urteile" sind. Das „Kann-Sein-Urteil" drückt zwar keine echte Gewißheit aus, kommt dem Begriff aber etwas näher als das definitive „Muß-Sein" oder das sichere „Ist". Gleichwohl muß hier gesagt werden, daß dem Begriff Gewißheit als Glaubensgrundlage andererseits auch recht wenig „Problematisches" („Vermutendes", im Sinne von „kann sein") anhaftet. Denn dann wäre das Phänomen Gewißheit hinwiederum auf allzu lockeren Sand gebaut. Anhand der aristotelischen Determinanten (Kenngrößen) bzw. anhand der Kant'schen Modalitäten muß Gewißheit wohl als irgendwo dazwischen liegend verstanden

53

werden. Von Aristoteles wie auch von Kant ist hier aber im Grunde keine Modalität zu beziehen. Am ehesten müßte man es nach Kant zwischen „behauptendem" und „notwendigem" Urteil ansiedeln, obwohl dies formallogisch mit letzter Korrektheit so nicht gesagt werden kann. Wir spüren hier, wie schwer „Gewißheit" in Form eines Urteils oder einer Modalität auszudrücken ist.

Die „asymptotisch-schwebende Position" besteht solange, wie der Glaube Glaube ist. Hat er sich erfüllt (ist das Ergebnis oder das Resultat eingetreten), so hat der Glaube sein Ziel und das Stadium der „erfüllten Erwartung" erreicht. Verfehlt er sein Ziel, so löst er sich auf in der sog. „fundamentalen Enttäuschung" und diese kann für den Menschen eine daseinserschütternde oder gar -vernichtende Situation darstellen, je nach der existentiellen Intensität, Qualität und Tiefe des ursprünglich Geglaubten (z.B. schwere Krankheit im biologischen Sinn, gescheitertes geschäftliches Vorhaben im materiellen Sinn, ad absurdum geführte Ideologie im politischen Sinn, in praxi als unwahr erwiesene persönliche Lebensanschauung im geistigen Sinn, zerbrochene, ursprünglich verläßliche Partnerbeziehung im ethisch-menschlichen Sinn).

4. Sicherheit und Gewißheit
   als Versprechen und Verheißung

Sicherheit (securitas)[64] ist der Police einer Versicherung vergleichbar: ich bin versichert, habe schwarz auf weiß ein Versprechen.[65] Gewißheit (certudo) hat mit einer positiven Zusage zu tun, ich bekomme etwas zugesagt, verheißen. „Versprechen" und „Zusage" sind – wiewohl eng miteinander verwandt – bei genauer Analyse doch etwas unterschiedliche Begriffe. Ich will versuchen, das, was ich hier meine – sozusagen den kleinen Unterschied, auf den es ankommt – noch deutlicher zu machen.

Versprechen (die Vorsilbe „ver" hat in der deutschen Sprache die Bedeutung von „durch und durch") heißt: man bekommt etwas durch und durch, total, absolut zugesprochen; ob man nun daran zweifelt oder nicht, ob man gespannt ist oder nicht, gleichgültig ist oder nicht, spielt eine untergeordnete Rolle. Man hat einen Anspruch. Und diesen kann man geltend machen, auf diesen kann man pochen oder ihn vielleicht sogar einklagen.

Zusage (Verheißung) bedeutet: das Zugesagte (Verheißene) tritt ein, erst recht wenn man nicht daran zweifelt, sondern vielmehr fest daran glaubt. Man ist und bleibt gespannt auf das Kommende; Gleichgültigkeit würde der Sache Abbruch tun. Gott gegenüber kann man keine Ansprüche geltend machen und nichts – gleichsam vertraglich – einfordern. Aber man kann sich das Zugesagte und Verheißene freudig, erwartungsvoll und dankbar schenken lassen. Hat eine freudig-gespannte Erwartungshaltung mit der Gewißheit der Erfüllung (einer Verheißung) nicht auch – rein säkular betrachtet – einen wesentlich belebenderen Effekt?

Und so ist denn der Glaube eher einer Verheißung und einer Zusage vergleichbar als einer Zusicherung oder einem absolut sicheren Versprechen. In dieser schwebenden Position müssen wir den Glauben schon lassen, andernfalls wäre der Glaube kein Glaube mehr. Glaube als Vertrauen auf eine Zusage bedeutet nicht mangelnde Verläßlichkeit, wozu uns der Ausdruck „schwebende Position" vielleicht verleiten könnte. Aber er bedeutet, jedem eventuellen Mangel an Verläßlichkeit konsequent zu wehren, um einen möglichst hohen Grad an Gewißheit und Zuversicht aufrecht zu erhalten.

Die Tatsache, daß sich der Glaube eher mit dem Begriff Gewißheit als mit dem Terminus Sicherheit verbindet, ist hier nicht erörtert worden, um eine Abwertung des Glaubens – sozusagen seine „Risikostratifizierung" (Abschätzung der Höhe des Risikos) – vorzunehmen.

Um nicht mißverstanden zu werden, erscheint mir ein weiteres Mal der Hinweis darauf wichtig, daß ich hier den Unterschied zwischen Gewißheit und Sicherheit allein am Beispiel des „existentiellen Aktivitätsniveaus" einerseits und der „Seelenruhe" andererseits erläutern wollte. Glauben, Gewißheit, Zuversicht und „Hoffnung gehören ins Weggepäck eines Menschen"[66], und zwar eher als die schon vorweggenommene, absolut sichere Erfüllung, die mich satt und schläfrig machen kann. Nur das sollte der Sinn des hier aufgezeigten Unterschiedes zwischen Sicherheit und Gewißheit sein.

Menschliches Leben bedeutet, daß der Glaube das Denken und das
Denken den Glauben befragt.
N.N.

B Glaube und Bewußtsein

Bei oberflächlicher Betrachtung erscheint es müßig, über
eine sozusagen historische oder psychologische Entwicklung des Glaubens nachzudenken. Da es sich um ein lebens-
immanentes (dem Leben innewohnendes) Element handelt, gehört das Phänomen Glaube in innerer, geistiger
Hinsicht zum Leben wie der arterio-venöse Kreislauf oder
das schlagende Herz in äußerer biologisch-materieller Hinsicht. Umgekehrt können wir diesen Sachverhalt so beschreiben, daß ohne Herz-Kreislauf-Aktivität kein biologi-
sches Leben möglich ist. In Analogie dazu kommt dem
Glauben innerhalb der menschlichen Existenz ein solcher
Stellenwert zu, daß wir mit Fug und Recht behaupten können: ohne Glauben gibt es kein menschliches Leben, das
die Bezeichnung „Leben" verdient. Demzufolge tritt der
Glaube also mit Beginn des menschlichen Lebens auf. In
Bezug auf den Menschen ist Glaube sozusagen „geschöpf-
lich". Im übrigen ist meiner Meinung nach das Phänomen
Glaube einer der wichtigsten Unterschiede zwischen Mensch
und Tier, wiewohl das Tier auch Geschöpf ist.

I Vorbemerkung

Denken wir über den Glauben in historischer Hinsicht
genauer nach, so scheint man ihm doch eine Art Geschichte nicht absprechen zu können. Bei allem, was im folgenden zu beschreiben ist, wird sich möglicherweise ein ge-

wisser Konflikt zwischen der evolutionistischen und der kreationistischen Denkweise bezüglich der Entstehung des Menschen nicht vermeiden lassen. Schon das Wort „Entstehung" könnte der erste Anlaß dazu sein. Denn unter evolutionistischen Aspekten ist der Mensch aus tierischen Vorformen entstanden und dem Affen verwandt. In kreationistischer Sichtweise dagegen wurde der Mensch „geschaffen", und ist also in seiner heutigen anatomischen Gestalt seit seiner Erschaffung existent. Einige Kreationisten bestreiten sogar eine geistig-seelische Entwicklung des Menschen und meinen, daß der Mensch von heute biologisch-anatomisch und geistig-seelisch (mit allenfalls leichten Abweichungen) mit dem „Menschen von damals" identisch sei.

Ich möchte versuchen, einen Ausgleich der divergierenden Anschauungen vorzunehmen.[67] In der Tat bin ich der Meinung, daß es zumindest zu hinterfragen ist, ob sich der Mensch gestaltlich – so, wie man ihm heute begegnet – als speziestypisches „Produkt" wirklich aus einer gemeinsamen Grundentwicklung von z.b. höheren Affenarten irgendwann „evolutionistisch" abgespalten hat (Hominiden, Homo erectus usw.). Denn das hieße ja, daß am Baum der höheren Lebewesen Stamm und Äste allen gemeinsam sind und die Spezies Mensch (als am weitesten entwickeltes Tier) sich nahe der Krone des Baumes als „Sonderzweig" vom übrigen Geäst langsam getrennt und sich über viele Jahrtausende von der „Vierläufigkeit" zur „Zweiläufigkeit" entwickelt habe.

Gleichwohl bin ich entschieden der Auffassung, daß der Mensch im Hinblick auf sein Bewußtsein Stadien durchlaufen hat, die sich von gewissen Frühformen bis zum relativ hohen Bewußtseinsniveau von heute erstrecken. Angesichts dieses komplexen Problems ist es hilfreich, in Anlehnung an A. Jores zwischen Entwicklung und Entfaltung zu unterscheiden.[68] Entwicklung (Evolution) besteht darin, daß durch linear-aszendierende Verläufe, aber auch durch Saltationen (Sprünge) und Mutationen (Veränderungen) Höheres aus Niederem entsteht, wobei das Niedere allenfalls die „Information" für das Höhere enthält. Entfaltung ist dann gegeben, wenn alles (nicht nur als Information, sondern als definitive substantielle Potenz) schon vorhanden ist und nur „ausgefaltet" zu werden braucht. Was das Bewußtsein betrifft, vertrete ich also keinen evolutionistischen Standpunkt. Ich bin der Auffassung, daß das in seiner heutigen Gestalt geschaffene „Geschöpf Mensch" seine von Anfang an definitiv vorhandene Bewußtseins-Potenz im Laufe vieler Jahrtausende nur zu entfalten und nicht zu entwickeln brauchte.

Typisch für die „Entwicklungsgeschichte des Glaubens" ist es nun, daß sich die Entfaltung des Bewußtseins über die Aufklärung bis zum teilweise absurden Rationalismus heutigen Zuschnitts zum Glauben umgekehrt proportional verhält. Das würde heißen: je dominierender das rationalistische Denken (die Vernunft) ist, desto weniger benötigt der Mensch vemeintlich den Glauben für ein sinnvolles Leben. Ich will nicht verhehlen, daß hier ein Stück von der Philosophie Teilhard de Chardins einfließt, nach der die Noosphäre (das Stadium des Bewußtseins allen Lebens) im Menschen zu immer höheren Stufen fortschreitet. Wenngleich ich die Philosophie Teilhards nicht aus der Perspektive seiner vielen Anhänger betrachte, so kann ich dieser Feststellung doch zustimmen.

Die Herausforderung des Glaubens liegt hierbei in der Einsicht, daß mit einem wachsenden Rationalismus und mit einer sich ihrer selbst zunehmend bewußter werdenden menschlichen Vernunft der Glaube keineswegs überflüssig wird. Im Gegenteil: je mehr die Vernunft waltet, desto mehr ist der Glaube gefordert! Wir haben hier den alten scheinbaren Gegensatz von Glauben und Denken vor uns. Es ist ein weiteres Anliegen dieses Buches aufzuzeigen, daß es sich bei Glauben und Denken um Polaritäten handelt, d.h. um *Gegensätzlichkeiten bei wesenhafter Zusammengehörigkeit im Sinne eines großen Ganzen.* Wir dürfen nicht in den Fehler verfallen, Wissen als Glaubensersatz zu betrachten, und der Täuschung aufsitzen, daß durch wachsendes Wissen der Glaube immer weniger gefragt sei. Qualitativ mögen Glauben und Denken verschiedene Elemente unserer Existenz sein. Quantitativ sind sie gleichwertig, ja, ich möchte behaupten, daß dem Glauben bei der Bewältigung unseres Daseins eine größere „Quantität" zukommt als dem Denken (Wissen).

II Entwicklungsstadien des Glaubens

Obwohl umgangssprachlich das Wort „glauben" recht häufig – allerdings zumeist gedankenlos – gebraucht wird, leben wir heute in praxi mehr denn je in einem „Verdrängungsprozeß des Glaubens"[69]. Wenn wir über die Entfaltung der vom Ursprung her definitiv vorhandenen Bewußtseins-Potenz des Menschen nachdenken, so können in Anlehnung an J. Gebser sechs Stadien der Bewußtseinsgeschichte (Gebser nennt sie Ebenen) voneinander unterschieden und zur Tiefenpsychologie in Parallele gesetzt werden.[70] Denkendes Bewußtsein einerseits und Unbewußtes andererseits sind nur ein scheinbarer Widerspruch, denn sie stehen nicht beziehungslos nebeneinander. Vielmehr verhalten sie sich in dem „Bergwerk Mensch" wie die Soh-

60

len eines realen Bergwerks untertage zu den Anlagen übertage. Sie sind sozusagen durch Schächte, zu- und abführende Rohre und Leitungen (Förderkorb, Luftzufuhr, Elektrizität) untereinander und mit der Außenwelt (oder Oberfläche = Bewußtsein) verbunden. Insofern scheint es erlaubt, denkendes Bewußtsein und Unbewußtes auch in evolutiver Hinsicht (besser: im Hinblick auf ihre Entfaltung) aufeinander zu beziehen. Denn, daß bewußte Denkvorgänge, Ansichten, Urteile und Reaktionen aus dieser oder jener tiefenpsychologischen Schicht bzw. aus dem Unbewußten „gespeist" werden, ist heute kaum noch zu bezweifeln.[71]

Wir treffen hier nun auf jene Einteilung, von der ganz am Anfang kurz die Rede war und die Bubmann-Tischer in dem von ihnen herausgegebenen Buch kritisch erwähnen. Die zeitliche Ausdehnung der Stadien ist ganz verschieden. Schon hier möchte ich vorwegnehmen, daß die über Jahrtausende aufeinanderfolgenden sog. Entwicklungsstadien als teils archetypische, teils ganz bewußte Phänomene sich rudimentär erhalten haben und bis heute auch simultan – also zugleich – in jedem Menschen beobachtet werden können. Wir hätten es demnach hier mit der besonderen Gegebenheit zu tun, daß ein „Nacheinander" von Entwicklungsphasen in der menschlichen Tiefenperson zu einem „Zugleich" von Schichten oder Ebenen geworden und damit zurückzuverfolgen ist.

Wenn auf den folgenden Seiten nun die einzelnen Phasen der Bewußtseinsentwicklung aufgeführt werden, so bedarf es vorweg einer grundsätzlichen Klarstellung. Nehmen wir als Beispiele die archaische und die magische Periode. Hier wird davon die Rede sein, daß die eine „Tiefschlafcharakter", die andere „Schlafcharakter" habe. Das heißt nun nicht etwa, daß die in dieser Phase lebenden Menschen besonders tief geschlafen oder – im zweiten Fall – normal geschlafen hätten und dies rund um die Uhr. Die Charakteristika sind nur als Bilder, also metaphorisch zu verstehen.

Sie besagen, daß das Bewußtsein noch sehr wenig „geschärft" war. Im Laufe der Bewußtseinsentfaltung verlagerte sich aus dem Unbewußten ein zunehmender Anteil ins Bewußte. Dadurch wurde das Bewußtsein aus dem Inneren der Person und – wie wir heute ohne Unterlaß erleben können – in erheblichem Maße auch von außen überbürdet. Die archaische Periode des Anfangs wandelte sich durch sukzessive Umschichtung von Inhalten des damals noch Unbewußten ins Bewußtsein und durch viele von außen kommende Informationen zur global-informativen Periode mit höchstem Selbstbewußtsein (Selbstsein) und kritischer Überreiztheit (Schlaflosigkeitscharakter).

Mit den Stadien in Anlehnung an Gebser läßt sich zwar indirekt, aber dennoch modellhaft so etwas wie eine Geschichte des Glaubens schreiben. Allerdings werden wir am Ende sehen, daß diese Geschichte eigentlich gar keine Evolutionsgeschichte ist, sondern das Gegenteil, nämlich eine Revolutionsgeschichte (Rück-Entwicklungs-Geschichte). Würden wir ein Lautstärkezeichen der Musik zu Hilfe nehmen, so müßten wir von einer Decrescendo-Bewegung sprechen. Gebsers Phasen der Bewußtseinsgeschichte im Kontext der Tiefenpsychologie – ergänzt durch die Überlegungen von A. Jores und meine eigenen – sind folgende:

1. Die archaische Periode (Ebene)

Hier besteht noch keine dimensionale Identität (Null-Dimension), ein Ich-Bewußtsein ist kaum vorhanden, es gibt noch kein Zeitgefühl, kein Denken in Gegensätzen. Alles läuft in sich selbst zurück, was mit dem Symbol des Kreises am besten darzustellen wäre. Das Verhältnis des Menschen zu sich selbst und zur Außenwelt ist allenfalls von rudimentärem Denken gekennzeichnet und beruht noch weitgehend auf ungerichteter[72] glaubender Rezeption, die kein hinterfragendes Verhalten kennt. E. Neumann bezeichnet diese Phase als „Uroboros-Periode"[73] (eigentlich die sich selbst in den Schwanz beißende Schlange). Hier ist das Ich noch weitgehend im Unbewußten enthalten. Das Sein ist Glaube, der Glaube ist Sein. Die archaische Periode wird von Gebser – im übertragenen Sinne – Ebene des Tiefschlafs genannt.[74]

2. Die magische Periode (Ebene)

In dieser Phase existiert der Mensch noch nicht als Einzelwesen, sondern im Kollektiv. Er ist völlig eingeflochten in die Natur. Ein Raum- und Zeitgefühl besteht noch nicht, wiewohl ein erstes Bewußtwerden der Außenwelt aufkommt. Hier beginnt – so könnten wir jetzt sagen – ein erstes frühes Aufkeimen der Bewußtseins-Potenz. Ein kollektives Ich fängt an, sich zu entfalten. Das Sein des Menschen ist magisch verflochten mit Zauber und Dämonen. Allüberall empfindet sich der Mensch noch in Abhängigkeit. Seine geistig-seelische Verfassung ist *immer noch die einer überwiegend ungerichtet glaubenden Haltung.* Von Wissen im späteren Sinne kann noch nicht die Rede sein. Tiefenpsychologisch bedeutet diese Phase die Loslösung aus der Neumann'schen Uroboros-Situation. Es ist die Periode der großen, alles beherrschenden Mutter.[75] Das weibliche Elementargefühl dominiert. Gebser sagt – im übertragenen Sinne – von der magischen Ebene, sie habe Schlafcharakter.[76]

3. Die mythische Periode (Ebene)

Es kommt zur Bewußtwerdung der Seele, also der Innenwelt. „Die inneren Bilder werden in das Außen projiziert. So kommt die Identität der bei dem heutigen Menschen fast nur noch in den Träumen erscheinenden Inbilder mit den Bildern der Sagen und Märchen zustande"[77]. Eine wirklichkeitsbestimmende „Zeithaftigkeit" gibt es in Ansätzen. Als Gefühl der Abhängigkeit *ist der ungerichtete Glaube noch weitgehend lebensbestimmend*. Gebser mißt dieser Ebene – im übertragenen Sinne – Traumcharakter bei.[78]

4. Die mentale Periode (Ebene)

Sie findet sich in den späten außereuropäischen Hochkulturen (Ägypten) und kulminiert nach Gebser in der griechisch-hellenistischen Epoche, in der römischen Ära und im europäischen Hochmittelalter. Dementsprechend könnte man sie etwa – über einen großen Zeitraum – zwischen der zuendegehenden ägyptischen Pharaonenzeit und 1200 n. Chr. ansetzen. In diese Phase fällt die „Achsen-Zeit der Weltgeschichte" (K. Jaspers).[79] Um 600 – 500 v. Chr. „treten in Indien Mahavira, der Stifter des Jainismus, sowie Buddha auf, in China Laotse und Konfutse, in Griechenland die Begründer der griechischen Philosophie, im Judentum die Prophetengestalten eines Jeremia und Hesekiel. Möglicherweise fällt in diese Zeit auch Zarathustra, der Stifter der alten persischen Religion (was aber noch umstritten ist). Es ist schon auffallend, daß an verschiedenen Stellen des Erdballs, in gegeneinander so gut wie abgeschlossenen Kulturkreisen, zur gleichen Zeit der Menschengeist einen gewaltigen Schritt vorwärts tat..."[80] Die

geistigen Fähigkeiten werden entdeckt, es herrscht Raum-
betontheit, das Bewußtsein hat sich zum Selbst-Bewußt-
sein entwickelt, das Ich-Gefühl und der Sinn für Individu-
alität sind entstanden. Der Mensch ist selbständig
geworden. Die magische Phase der alles beherrschenden
„großen Mutter" ist über die mythische Periode in das
männlich betonte Zeitalter übergegangen. „Nachdem die
Welt vorher als eine in sich geschlossene Einheit erfahren
wurde, entstehen jetzt die Gegensatzpaare männlich –
weiblich, Ich – Nicht-Ich, Leib – Seele, Bewußtes – Unbewußtes.[81] Die wissenschaftlichen Leistungen zeigen eine beachtliche Entfaltung geistiger Potenz. *Der Glaube*
bleibt noch ein wichtiges Lebenselement und ist gerichtet.
In griechisch-hellenistischer Zeit sind es die furchterre-
genden Götter, die den Glaubensinhalt bilden. Im stark
religiös ausgerichteten Hochmittelalter ist es das Christentum mit dem Einen Gott, das als wesentliches Glau-
benselement das Leben erfüllt. Typisch für diese Phase
der Geschichte ist die Tatsache, daß sich der sog. profane
Alltagsglaube und der religiöse Glaube kaum voneinander isolieren lassen. In der mentalen Periode treten an
die Stelle des Getriebenwerdens der voraufgegangenen
Menschheitsepochen jetzt Wille, bewußtes Leben und Aktivität.[82] Nach Gebser hat – im übertragenen Sinne – diese
Ebene Wachheitscharakter.[83]

5. Die rationale Periode (Ebene)

„Die Ich-Entfaltung des Menschen führt zur weiteren
Entwicklung der Fähigkeiten des Verstandes, der nunmehr,
weitgehend losgelöst von dem tragenden Grund, sich selber zur Erforschung der Welt auf den Weg macht"[84]. Die
weitere naturwissenschaftliche Entwicklung und die Ent-

wicklung der Technik gehen damit Hand in Hand. Zeit und Raum werden zur Grundlage der technischen Welt. Das „cogito, ergo sum" (ich denke, also bin ich) ist das oberste Gebot dieser Epoche. Im äußeren Bereich dieser Welt wird der Mensch zwar ungemein erfolgreich, aber Unzufriedenheit und innere Armut nehmen zu.[85] In der Renaissance kann der Beginn der rationalen Periode erahnt werden. Im Zeitalter der Aufklärung zeichnet sie sich deutlich ab und erhält in den folgenden zwei Jahrhunderten ihre besondere Prägung. Beweisbarkeit, theoretische und praktische Vernunft dominieren. Mit Unerklärbarkeiten gibt man sich immer weniger zufrieden. Die glaubende Lebenseinstellung schmilzt dahin. Es ist die Vernunft, die sich endgültig vom Glauben lossagt. Gebser kommentiert hier nicht mehr. Ich selbst möchte dieser Ebene Hellwachheits-Charakter zumessen.

6. Die integrale Periode (Ebene)

J. Gebser betrachtet sie als Folge einer „Bewußtseins-Mutation". Ich würde eher sagen, daß sie als Konsequenz einer weiteren Bewußtseins-Entfaltung (Ausweitung der seit Beginn der Schöpfung im Menschen vorhandenen Bewußtseins-Potenz) anzusehen ist. Gleichwohl läßt Gebser sie nicht als Reaktivierung der voraufgegangenen Ebenen gelten, was ja mit dem Begriff der Entfaltung verbunden ist. Jedoch muß man Gebser darin Recht geben, daß auf der integralen Ebene die vorhergegangenen Phasen konkretisiert werden. „Dieses Konkretisieren ist eine der Voraussetzungen der integralen Ebene. Denn es kann nur das Konkrete, niemals das Abstrakte, integriert werden. Und wir verstehen dabei unter Integration den Vollzug einer Gänzlichung (Gebser meint hier wohl den Begriff Verganzheitlichung, d.

66

Verf.), die Herbeiführung eines Integrum, d.h. die Wiederherstellung des unverletzten, ursprünglichen Zustandes unter bereicherndem Einbezug aller bisherigen Leistung".

Was sich im Zeitlichen entfaltete und im Räumlichen erstarrend auffächerte, ist der integrale Versuch, die „Größe" Mensch aus ihren Teilen soweit wieder herzustellen, daß sie sich bewußt dem Ganzen integrieren kann. Was Gebser hier meint, ist wohl die Besinnung des Menschen auf die Konkretisierung der eigenen Struktur. Dies bedeutet u.a. auch, daß der Mensch sich nicht nur der Ebenen bewußt wird, die ihn konstituieren, sondern vor allem, daß er ihrer Auswirkungen auf sein eigenes Leben und Schicksal ansichtig wird.[86] Wir können von dieser Ebene sagen, sie habe den Charakter gesteigerten oder autonomen Selbstbewußtseins.

Was Gebser praktisch nie erwähnt, was ich aber ganz bewußt herausstellen möchte, ist der Glaube, der einen nicht unerheblichen Beitrag zur Konkretisierung der menschlichen Struktur leistet, ob wir dies nun anerkennen oder nicht. Für die „integrale Periode" mag eine kurze Rückbesinnung auf den Glauben als lebenstragendes Element zu verzeichnen sein – die Decrescendo-Bewegung innerhalb der säkularen Glaubensgeschichte wird dadurch kaum aufgehalten. Wie wir die integrale Epoche zeitlich anzusetzen haben, möchte ich hier offen lassen. Wenn ich die Entwicklung unserer heutigen Zeit betrachte, kann ich nicht umhin, den sechs Menschheitsepochen Gebsers noch eine siebente hinzuzufügen:

7. Die global-informative Periode (Ebene)

Seit der Entwicklung der Satelliten- und Nachrichtentechnik, der elektronischen Medien und des Internet ist es möglich, auf dieser Erde alles mit allem zu vernetzen und damit den Informationsfluß in detaillierter Weise global durchlässig zu gestalten. Der Raum des Erdballs ist dadurch kleiner geworden als etwa der Umfang des orbis terrarum der römischen Zeit (K. Jaspers).[87] Unsere Sinne werden täglich von einem informativen Trommelfeuer unter Beschuß genommen, was zu einer vor allem bei der Jugend zu beobachtenden nervösen und mental-informativen Überreizung führt. *Nicht nur auf religiöser Ebene, sondern auch in der Profanität des alltäglichen Lebens schwindet der Glaube.* Was nicht beweisbar ist, oder worüber es keine zureichende Information gibt, existiert nicht. Die „innere Armut" der rationalen Periode steigert sich in der global-informativen Epoche zur „inneren Kälte". *Glaube, Hoffnung und Liebe werden zu Schwächezeichen.* „*Fides mortua est, quoniam vita nihil aliud est quam cogitatio et informatio*".*Zu deutsch: der Glaube ist tot, da ja das Leben nichts anderes ist als Denken und Information.*[88] So könnte man in unserer heutigen Zeit das „cogito, ergo sum" des Philosophen René Descartes (1595 – 1650) auf die Spitze treiben. Diese Ebene hat meiner Meinung nach tiefenpsychologisch den Charakter von Schlaflosigkeit oder – bezogen auf das Bewußtsein – den Charakter kritisch-informativer Überreiztheit. „Die Seele verkümmert, indes wir Verstand und Gedächtnis überbürden" (G. Ried).[89] Übrigens ist durch dieses Phänomen – neben anderen – die Neurotisierung vieler Zeitgenossen zu erklären.

III Zusammenfassung

Aus der Begegnung mit diesem bewußt drastisch formulierten Pessimismus wird ersichtlich, daß die Wiederbelebung des Glaubens als Wesenselement unseres Daseins eine echte Herausforderung für die Zukunft bedeutet. Ich möchte einer glaubenden Lebenshaltung nachdrücklich das Wort reden, zu der wir im Interesse unserer selbst und der Gesellschaft zurückfinden müssen. Glaube ist ein Integrum[90] des menschlichen Lebens, d.h. frei übersetzt ein Beitrag zur Wiederherstellung des „unverletzten" ursprünglichen Zustandes unserer Existenz. Dies soll nicht heißen, auf die Tiefschlafebene der archaischen Periode oder auf die Schlaf- oder Traumebene der magischen bzw. mythischen Menschheitsepoche zurückzufallen. Erst recht geht es dabei nicht um die Anwendung eines theoriebeladenen Wissens. In einer unserem Thema gemäßen Abwandlung will ich einen Gedanken Heideggers aufnehmen: Glaube als Selbstverständlichkeit ist ein Innesein seiner Selbst im elementaren Sichfühlen und Sichbetätigen in der „durchschnittlichen Alltäglichkeit".[91] In seiner manchmal schwer verständlichen aber treffenden Art bringt Heidegger hier zur Sprache, was uns heute zu erkennen nottut.

Wenn ich hier von sieben Perioden gesprochen habe, so steht das ganz überwiegend im Einklang mit den Darstellungen von A. Jores. Gebser selbst meint mit seinen sechs Ebenen (archaisch, magisch, mythisch, mental, rational, integral) vor allem die einzelnen Phasen der Bewußtseinsentwicklung im Kontext der Tiefenpsychologie. Von Ebenen (bzw. Schichten, d. Verf.) spricht Gebser aber auch, um zu verdeutlichen, daß sie sich zugleich in ein und demselben Menschen als die sechs konstituierenden Elemente einer Ganzheit finden (s. o.). Gebser schreibt: „Diese Ebenen miteinander und ihrem jeweiligen Bewußtseinsgrad entsprechend zu leben, dürfte zu einer Annäherung an ein ganzheitliches Leben befähigen. Und zu wissen, aus welcher der Ebenen dieser oder jener Lebensvorgang, diese oder jene unserer Reaktionen oder Ansichten oder Urteile stammen, kann uns ohne Zweifel hilfreich sein, das Leben zu klären".[92]

Gebser hat sein Werk „Ursprung und Gegenwart" betitelt und bringt hier und da den Glauben kurz zur Sprache. Er untersucht jedoch nicht in aller gebotenen Ausführlichkeit, welchen Stellenwert der Glaube – parallel zur Entfaltung der Bewußtseins-Potenz – in den einzelnen Epochen oder auf den einzelnen Ebenen hat. Wenn wir von Entfaltung einer definitiv vorhandenen Anlage sprechen, so müßte der Glaube eigentlich – entgegen der dargestellten historischen Decrescendo-Bewegung – als ein Element angesehen werden, das durch alle Perioden hindurch das Menschsein gleichmäßig zunehmend konstituieren sollte. Dies ist leider nicht der Fall, und darum mehr denn je zu fordern.

In Beziehung zu sich selbst spannt sich dementsprechend das Menschsein zwischen einer völligen Verhältnislosigkeit und einem Über-Verhältnis (Überbewußtheit) aus. In der „Uroboros-Schicht" ist der Glaube in der Phase völliger Abhängigkeit undifferenziert-dumpf bzw. noch gar nicht als solcher erkennbar, da er mit dem Sein identisch ist, also als besondere Seinsqualität für sich noch nicht existiert. Auf der Überbewußtheits-Ebene mit ihrer globalen Vernetzung und ihrer informativ-kritischen Überreiztheit[93] (Informationsflut) ist er gar nicht mehr vorhanden. Am existentiell bedeutsamsten und anthropologisch ausgewogensten stellt sich der Glaube auf der mentalen Ebene dar, auf der vom Bewußtseinsgrad her die Wachheit dominiert. Der Glaube ist noch seinsmitbestimmend und hat sich mit dem Denken am harmonischsten verbunden – quantitativ vielleicht zwar in untergeordneter, qualitativ aber in noch respektabler Position. Das heißt: er hat immer noch erheblichen Anteil an der Lebensgestaltung.

Es ist mir wichtig, abschließend noch einmal zu wiederholen, daß die Ebenen bei Gebser einerseits Phasen in der jahrhunderttausende langen menschlichen Bewußtseinsgeschichte darstellen. Andererseits sind sie – zumindest als Ebene 1 bis 6 – in jedem Menschen auch heute noch zugleich vorhanden. Sie beginnen in den Tiefenschichten des Unbewußten und steigen über das Unterbewußtsein bis in die Region des höchsten Bewußtseins empor, in deren Zentrum das Ich bzw. das Über-Ich stehen. Mit anderen Worten, in jedem Menschen ist zuunterst – in der Schicht des Unbewußten – eine archaische „Uroboros-Ebene" vorhanden, in der es kein Verhältnis des Menschen zu sich selbst gibt. Im Gegensatz dazu ist in jedem Menschen aber zugleich auch eine integrale Ebene höchsten (autonomen) Selbstbewußtseins angelegt, wo er sozusagen ein „Über-Verhältnis" zu sich selbst hat. Hier bietet sich dem persönlichen Glauben – sofern überhaupt noch vorhanden – durch das extrem rational geprägte Selbstbewußtsein des einzelnen nur noch eine geringe Chance, existenztragend wirksam zu werden. Auf eine abschließende Formel gebracht: je dichter informativ übersät das Gehirn, desto glaubensärmer das Herz! Oder anders: der autonome, völlig unabhängige, nur noch sich selbst gehorchende Mensch ist der größte Gegner des Glaubens, des säkularen wie ganz besonders auch des religiösen.

I Perioden (Ebenen nach Gebser)	II Bewußtseinsgrad	III Glaubensintensität (Ergänzungen des Verf.)
1. Archaisch	Tiefschlaf	Glauben und Sein identisch
2. Magisch	Schlaf	Glauben und Sein mit beginnender Differenzierung
3. Mythisch	Traum	Glaube > Sein Glaube stark seinsbestimmend
4. Mental	Wachheit	Glaube u. Denken Glaube noch seinsbestimmend, aber nicht mehr so stark wie bei 3
5. Rational	Hellwachheit	Glaube < Denken Glaube u. Denken divergent
6. Integral	Autonomes Selbstbewußtsein	Glaube ◊ Denken vergeblicher Integrationsversuch
7. Global-Informativ	Schlaflosigkeit, Überreiztheit	Glaube < Denken < Information rudimentärer Glaube, religiös: Information als neuer Gott

Tab. 2: Die Perioden der Bewußtseinsentwicklung (Ebenen nach Gebser) ergänzt um die Überlegungen des Verf. (Insbesondere Spalte III).[94]

Glaube ist der Vogel, welcher singt, wenn die Nacht noch dunkel ist.

Rabindranath Tagore

C Glaube im Spiegel von Wahrheit, Liebe und Zeit

Wir haben festgestellt, daß der Glaube ein Element unseres Lebens ist, dessen Intensität in der Menschheitsentwicklung von Epoche zu Epoche abnimmt. Trotzdem ist er ein unverzichtbares Fundament unserer Existenz, ohne das es kein sinnvolles Dasein gibt. Dem Glauben wurde die Qualität Gewißheit (und nicht Sicherheit) beigemessen und wir haben seine Stellung mit einer „asymptotisch-schwebenden Position" verglichen. Es ist die logische Konsequenz, nunmehr darauf hinzuweisen, daß man nur an etwas glauben kann, das eine Wahrheit darstellt. Was ist Wahrheit?, so hat schon Pilatus vor 2000 Jahren provokativ-abschätzend gefragt. Nicht nur wegen der Skepsis des Pilatus, sondern aus viel tiefer liegenden Gründen soll im folgenden in Verbindung mit dem Glauben die Bedeutung des Begriffes „Wahrheit" genauer untersucht werden. Denn die Suche nach Wahrheit ist eine zutiefst humane Aufgabe und im Gegensatz etwa zur Ansicht des Dichters Hermann Hesse[95] durchaus eine wesentliche menschliche Tätigkeit.

I Vorbemerkung

Es geht hier nicht darum, den drei ironisch gemeinten Formen von Wahrheit nachzugehen, die der Volksmund als einfache, reine und lautere Wahrheit bezeichnet. Genauso wenig interessiert uns die Wahrheit als ein „Produkt der Presse"[96], wonach für die Masse Wahrheit das ist, was man ständig liest, hört und sieht. Unwichtig für uns ist hier auch der Wahrheitsbegriff des amerikanischen Pragmatismus, der Wahrheit mit Nützlichkeit und Zweckmäßigkeit im Blick auf das tägliche Leben nahezu gleichsetzt (Peirce, James und Dewey). Schließlich steht auch die Wahrheitsdefinition der Philosophie hier nicht so sehr zur Debatte, nach deren Verständnis Wahrheit die Übereinstimmung von Erkenntnis und Wirklichkeit ist (Korrespondenztheorie). Würden wir bei der philosophischen Wahrheitsdefinition bleiben, so müßten wir der Vollständigkeit halber auch noch die Überflüssigkeitstheorie (Redundanztheorie) erwähnen. Nach ihr ist die Aussage „der Schnee ist weiß" insofern redundant, als es überflüssig ist zu betonen, daß der Schnee weiß ist. Denn mit dem Begriff „Schnee" wird in der Regel die Vorstellung „weiß" bereits ausgedrückt.

Wenn eine Zeugenaussage vor Gericht mit der Wirklichkeit übereinstimmt, so sprechen wir von „Aussagewahrheit". Sagen wir, dieser oder jener Mensch sei ein „wahrer Freund", so meinen wir, daß er ein „echter" Freund ist. Hier besteht die Wahrheit in der Eigenschaft einer Person. Im Gegensatz zur Aussagewahrheit nennt man diese Wahrheitsform auch „Seinswahrheit", die sich in actu, also im Lebensvollzug offenbart. Und genau darum geht es hier. In Bezug auf die Wirklichkeit muß klargestellt werden, daß Wahrheit keine Eigenschaft der Wirklichkeit ist, sondern eine Eigenschaft des Verhältnisses, das ich zu ihr einnehme. Wirklichkeit ist weder wahr noch falsch; sie ist eben wirklich. Nur Interpretationen der Wirklichkeit können wahr oder falsch genannt werden. Man nennt sie wahr, wenn sie auf die Wirklichkeit zu passen scheinen.[97] Nimmt man alle sprachwissenschaftlichen Wurzeln zusammen, aus denen sich das Wort Wahrheit ableitet, so kann man es

wohl auch mit „durch Treue sicher" übersetzen.[98] Am aktu-
ellsten und existenzwirksamsten läßt sich das Problem der
„Seinswahrheit" am Beispiel der „Wahrheit am Krankenbett" aufzeigen, wo man besser noch von „Existenzwahr-
heit" sprechen sollte. Die weiteren Überlegungen orientieren
sich zu einem großen Teil an den umfassenden Untersuchungen und vortrefflichen Darlegungen des Berliner Arztes
E. Ansohn.[99]

II Definitionen

1. Wahrheit und Richtigkeit

Zunächst ist es von großer Bedeutung, Wahrheit von
Richtigkeit zu unterscheiden. Das griechische Wort für
Wahrheit heißt *aletheia*, das der Theologe Bultmann mit
„Nichtverheimlichen", der Philosoph Heidegger mit „das
Unverborgene" übersetzt.[100] „Es bedeutet ursprünglich einen
Sachverhalt, sofern er gesehen, gezeigt, oder ausgesprochen
wird und in solchem Sehen, Zeigen und Aussprechen voll
erschlossen wird bzw. sich erschließt, so wie er wirklich
ist, und zwar im Hinblick darauf, daß er auch verhüllt, ver-
kürzt, verschwiegen sein könnte."[101] Ansohn zeigt nun auf,
daß in dieser Definition zwei wichtige Momente enthalten
sind. „1. Es geht beim Sagen der Wahrheit um einen Tatbestand, es muß sich etwas so verhalten, wie es ausgesagt
wird. 2. Der ausgesagte Tatbestand muß durch die Weise der
Aussage voll erschlossen werden, so wie er wirklich ist. Erst
wenn beides zusammenkommt, ist Wahrheit ausgesagt."[102]

Richtigkeit ist die mündliche oder schriftliche Mitteilung
einer vorfindlichen Gegebenheitsform.[103] Dieser Sachverhalt findet sich in den Naturwissenschaften; er liegt aber

auch dann vor, wenn einem Menschen z.B. eine Diagnose verkündet wird, die für ihn von großer Tragweite ist. Selbst wenn man die Diagnose in „medizinisch sauberem" Zusammenhang, d.h. einschließlich Therapie und Prognose korrekt dargelegt hat, kann man nur von Mitteilung einer Richtigkeit sprechen, nicht aber von Wahrheit. Sollte sich etwa die Diagnose auf eine todbringende Krankheit beziehen, so kann die Ankündigung des bevorstehenden Sterbens bzw. Lebensendes nie Wahrheit sein, sondern nur eine Mitteilung, die im Stadium der bloßen Richtigkeit stecken bleibt. Gerade bei der Darstellung solch bedeutsamer, existenzverändernder Sachverhalte kann nur dann von Wahrheit gesprochen werden, wenn „Sinnerschließung" erfolgt. Ein Tatbestand wird nur unter einer Bedingung nicht nur als richtig, sondern als wahr mitgeteilt, nämlich der, daß er nicht isoliert für sich steht, sondern vom Empfänger in einen Gesamtbezug, in den Zusammenhang aller Tatbestände, in das Sein schlechthin eingeordnet werden kann.[104]

Mit Hilfe objektiver Unrichtigkeiten (z.b. Märchen) kann man durchaus die Wahrheit sagen, nämlich das, was dahinter steckt und worauf es ankommt; und man kann mit Hilfe objektiver Richtigkeiten die Wahrheit verfehlen. Für letzteres führt Ansohn das bekannte Beispiel aus Norbert Wieners Buch „Mensch und Menschmaschine" an: Die Aussage, der Mensch sei ein federloser Zweifüßler, ist durchaus richtig, aber keinesfalls wahr, denn sie wirft den Menschen mit einem gerupften Huhn, einem Känguruh und einer Springmaus in einen Topf.[105] Daraus läßt sich schließen, daß man mit Hilfe objektiver Richtigkeiten die Wahrheit zu verfehlen (Wieners Beispiel) und mit Hilfe objektiver Unrichtigkeiten (Mythen, Märchen) durchaus die Wahrheit zu sagen vermag. Richtigkeit kann u.U. töten, Wahrheit macht in jedem Falle lebendig, eröffnet Perspektiven und erschließt Zukunft.

2. *Wahrheit und Liebe*

Unter Bezug auf Jores und Thielicke beugt Ansohn bei dieser Problematik einem verhängnisvollen Irrtum vor. Er warnt davor, Liebe mit Gefühlsüberschwang, mit bloßem Mitleid und mit der verborgenen Furcht gleichzusetzen, durch das eigene Reden in eine Situation zu kommen, der man sich nicht gewachsen fühlt. Diese Warnung muß ein dauernder Gegenstand der Selbstprüfung nicht nur für den im Bereich der Medizin, sondern auch für den im allgemeinen Leben Verantwortlichen sein. Man kann durch ein ideales Streben nach Wahrheit – dies muß man auch kritisch im Blick auf die „Wahrheit um jeden Preis" sehen – jemandem Lasten auferlegen, die die persönliche Tragkraft des Empfängers überfordern und ihn dadurch zerstören. Die „brutale" Mitteilung der Richtigkeit ist gegen die Wahrheit, wie wir gesehen haben. Völlig zu schweigen und in einer mitteilungslos-stummen Rolle zu verharren aber verbietet die Liebe. Die volle Wahrheit wird nur in der Liebe erreicht, und nur der Liebende kann den vollen Blick für die Wahrheit haben. „Man kann also wohl sagen, daß die Wahrheit aus der Liebe entspringt, daß die Liebe ursprünglicher, umfassender ist als die Wahrheit. Sie ist der Grund der Wahrheit, der sie erklärt und ermöglicht".[106] Liebend eröffnete Wahrheit schafft Vertrauen, auch wenn ihr Inhalt bitter ist.

„Liebe bedeutet die innere Aktivität, die auf den anderen ausgerichtet ist und diesem zum Guten helfen will, im umfassenden Sinne des Wortes. Zur Verwirklichung dieser Aktivität gehören Erkenntnis und Verstehen: Erkenntnis der Wahrheit, Verstehen der Tragkraft, der positiven und negativen Strömungen, die der Wahrheit im anderen Menschen begegnen werden. Wer die Wahrheit über den Menschen nicht weiß, kann ihn nicht lieben. ... So sind Wahrheit und Liebe ineinander verzahnt. Keins ist ohne das andere denkbar, wenn sinnvoll gehandelt werden soll. Liebe ist keine Sache des Gefühls allein, sondern ebenso eine Sache der geistigen Wachheit und Redlichkeit" (Ansohn).[107]

3. *Wahrheit und Zeit*

Wenn wir es genau bedenken, so steht Wahrheit immer in einer Beziehung zur Zeit. Die Mitteilung einer sog. Richtigkeit kann in der Regel unmittelbar erfolgen. Ob dies in jedem Falle klug ist, sei dahingestellt. Die Offenbarung der Wahrheit braucht – wie Ansohn sagt – „ihre Stunde"[108]. Wir haben oben das Beispiel der Wahrheit am Krankenbett wegen seiner besonderen Aktualität und existentiellen Bedeutung gewählt. Darauf soll jetzt nochmals Bezug genommen werden. Bei schwerer Krankheit kann man einem Menschen im Grunde jederzeit mitteilen, daß er sterben muß. Diese Nachricht ist aber so gravierend, daß der Betroffene niemals genügend präpariert („in Form", Ansohn)[109] sein wird, um sie in angemessener Weise ertragen zu können, es sei denn, am Ende eines Erkenntnisprozesses, der ihm die Wahrheit des Sterbens erschlossen hat. Dies heißt nichts anderes, als daß die Wahrheit erst am Ende eines durch einen Erkenntnisprozeß geprägten Zeitabschnitts voll verinnerlicht werden kann. Jede Wahrheit – am meisten die, bei der es um Leben und Tod geht – ist in ihrem Wesen eine sich entwickelnde und reifende Wahrheit, keine zeitlose und darum jederzeit verfügbare.[110] Ebenso hat in Philosophie und Theologie jede dogmatische These zwar die (ewige) Wahrheit zum Gegenstand. Aber auch sie ist in der Art ihres „Ausgesprochenwerdens" in die *Zeitlichkeit* der Wahrheit hineingetaucht.[111] „Es ist ein Kennzeichen der Wahrheit, daß man nicht über sie hinaus-, sondern nur in sie hineinwachsen kann."[112]

Abgesehen davon, daß die Mitteilung von Wahrheit Zeit braucht, um eine „gedeihliche Reaktion" auszulösen, also auf fruchtbaren Boden zu fallen, taucht jetzt mit dem Begriff der Zeitlichkeit der Wahrheit noch ein anderes Wahrheitsverständnis im Kontext mit der Zeit auf. Es ist hier nicht der Platz und die Absicht, diese zweite Zeitform in Verbindung mit der Wahrheit ausführlicher abzuhandeln. Nur so viel sei gesagt: Wahrheit benötigt in kommunikativer Hinsicht **Zeit** (Zeit hier als Problem der Quantität) und Wahrheit unterliegt in inhaltlicher Hinsicht zugleich der **Zeitlichkeit** (Zeit hier als Problem der Qualität).[113] Das heißt nichts anderes, als daß es offenbar Wahrheiten gibt, die sich zeitabhängig zu ändern vermögen, mithin also eine Entwicklung durchmachen (sog. historisch überformter oder „gleitender" Wahrheitscharakter). Insofern ist zu fragen, ob das Prädikat der Letzt- oder Endgültigkeit von allen Wahrheiten in Anspruch genommen werden kann.

III Diskussion: Glaube und Wahrheit im Alltagsleben

Wir sind zu der Einsicht gekommen, daß Glaube und Wahrheit zwei wichtige existentielle Säulen sind. In einem der vorhergehenden Kapitel hatten wir den Glauben eher mit dem Begriff der Gewißheit *certitudo* verknüpft als mit dem der Sicherheit *securitas*. Und zuletzt nun haben wir hier den Unterschied zwischen Richtigkeit und Wahrheit darzustellen und zu zeigen versucht, daß Wahrheit u.a. mit Liebe und Zeit zu tun hat.

Auf dem Gebiet der naturwissenschaftlichen Forschung, in der industriellen Entwicklung und Produktion, in Handwerk, Handel und Gewerbe, im praktischen Tagesablauf des Familienlebens, bei allen Dienstleistungen, die wir für gewöhnlich in Anspruch nehmen (einschließlich z.B. der Buchung von Flügen und Schiffsreisen) haben wir es nicht mit Wahrheiten, sondern mit Richtigkeiten zu tun, an die wir nicht glauben müssen, sondern von denen wir überzeugt oder deren wir sicher sind – korrekte und ehrliche Arbeit bzw. Durchführung vorausgesetzt. Die Feststellung von Tatbeständen, die Erledigung von Dienstleistungen und die Herstellung von Waren, Gütern und Produkten sind – sachlich gesehen – im Ergebnis eher mit dem Prädikat „richtig" als mit dem Prädikat „wahr" zu belegen. Die korrekte Buchung eines Fluges oder einer Reise, die „saubere" Anfertigung einer Steuererklärung oder die einwandfreie Herstellung einer Ware bezeichnet man für gewöhnlich mit dem Wort „richtig" und nicht mit dem Wort „wahr".

Dennoch kann der Begriff „Wahrheit" im täglichen Leben Anwendung finden. Er bezieht sich dabei aber ganz überwiegend auf unsere Verhaltensweisen und Äußerungen, ist also auf Phänomene des zwischen- oder mitmenschlichen Umganges (unserer „kommunikativen Kultur") gerichtet. Wahrheit entwickelt sich häufig. Sie ist ein eher evolvierenddynamisches Geschehen; Richtigkeit ist vorhanden, kann also eher mit einem fertigen statischen „Produkt" verglichen werden. In der Kunst (z.B. Musik, Malerei, Plastik, Dichtung) kann der Begriff „richtig" wohl weniger zum Zuge kommen. Was ist im Bereich des Künstlerischen und Ästhetischen schon richtig! Hier muß wohl eher von Wahrheit die Rede sein, wenn wir uns noch einmal daran erinnern, daß wir mit E. Ansohn unter Wahrheit z.B. Sinnerschließung, Eröffnung von Perspektiven, Einordnung in einen Gesamtbezug und Zukunftsträchtigkeit verstanden haben.

Wenn Wahrheit Sinnerschließung, Einordnung in das Sein schlechthin und Eröffnung neuer Perspektiven bedeutet; wenn Wahrheit Zeit braucht, um entwickelt zu werden und häufig der Zeitlichkeit unterliegt; wenn Wahrheit aus Liebe kommen und zum Guten (nie zum Schlechten) verhelfen soll; wenn Wahrheit die Tragkraft des Empfängers nicht überfordern darf und Zukunft eröffnen (nicht verschließen) muß – dann hat Wahrheit im tiefsten Kern teleologischen (sinn- und zielgeprägten) Charakter.

Wann und wo „ereignet" sich – so müssen wir jetzt fragen – Wahrheit in diesem Sinne im täglichen Leben? Wir sahen, daß man mit Hilfe objektiver Richtigkeiten die Wahrheit verfehlen und mittels objektiver Unrichtigkeiten die Wahrheit sagen kann. Dieser Sachverhalt wurde erklärt am Beispiel des federlosen Zweifüßlers, der der Mensch – wie Springmaus und Känguruh – zweifellos ist. Und dennoch beschreibt dieser Vergleich nicht, was der Mensch wirklich ist (in seinem Wesen, in seiner Essenz). So geht es also im täglichen Leben darum, nicht sklavisch am sog. Denken in Fakten und Merkmalen zu kleben. Stattdessen sollte mehr auf das Wesen der Dinge und die Botschaft einer Lebenssituation geachtet werden.

Was die Betrachtung des Menschen selbst angeht, so hat A. Jores seinerzeit eine herausragende Idee entwickelt. Jores hat den „Blick von unten her" und den „Blick von oben her" voneinander unterschieden.[114] Jeder Blick von unten her, wie er von den Naturwissenschaftlern getan wird, und auch von ihnen getan werden muß, kann dem Menschen nicht gerecht werden und ist gezwungen, sein wahres Bild zu verzeichnen.[115] Der Blick von oben her hingegen erfaßt das Wesen des Menschen besser und kommt der Wahrheit der menschlichen Existenz näher. In der zwischenmenschlichen Kommunikation sollte dies die entscheidende Sichtweise sein. P. L. Landsberg hat zur Kennzeichnung dieses

Unterschiedes die Begriffe „Merkmalsanthropologie" und „Wesensanthropologie" geprägt.[116] Die erstere sieht den Menschen als zoo-biologische Gattung, um all das aufzuzeigen, was der Mensch mit seinen Ahnen und physiko-chemisch mit den Tieren gemeinsam hat, eine Perspektive, die zweifellos von Bedeutung ist.

Aber nur, wenn nach der besonderen Seinsweise des Menschen, nach seiner Sonderstellung in der Natur gefragt wird, werden wir dem Menschen wirklich gerecht[117] – eben dies ist die Landsbergsche Wesensanthropologie. Ich bin der Meinung, daß mit der Merkmalsanthropologie eher Richtiges, mit der Wesensanthropologie eher Wahres über den Menschen ausgesagt wird. Dabei muß zugestanden werden, daß der Übergang zwischen Richtigkeit und Wahrheit an einzelnen Punkten (z. B. Nr. 5, Nr. 7 und mit gewissen Einschränkungen auch Nr. 8, siehe folgende Tabelle) fließend ist.

A. Jores selbst schlüsselt das Wesen des Menschen sehr treffend auf, indem er das „Außen" des Menschen – die Objektwelt – dem „Innen" des Menschen – der Subjektwelt – gegenüberstellt. Dabei ist die Objektwelt in Relation zur Merkmalsanthropologie und die Subjektwelt in Relation zur Wesensanthropologie zu sehen. Bestimmend für erstere ist die Kausalität (Ursächlichkeit), sind Gründe und Gesetze, für letztere dagegen Finalität (Zielgerichtetheit), also Motive und Absichten.

Übertragen auf das tägliche Leben bezieht sich demzufolge unser Wahrheitsauftrag ganz besonders auf das Verhalten zu unseren Mitmenschen sowie auf das Verhalten zu ihren jeweiligen Lebenssituationen und -umständen. Das heißt: nicht bei den Merkmalen und Fakten (Merkmalsan-

Außen (Objektwelt) Gründe, Gesetze **Kausalität**	**Innen** (Subjektwelt) Motive, Intentionen **Finalität**
1. Der Mensch tritt als aktiv Handelnder auf.	1. Der Mensch erfährt und erleidet das Innen.
2. Der Mensch kann das Außen nach seiner Willkür gestalten und formen, das Außen ist seinem Willen unterstellt (willkürliches Nervensystem).	2. Das Innen ist nur beschränkt gestaltungsfähig, durch Kontemplation und Gebet, ist der Willkür nicht unterstellt (unwillkürliches Nervensystem).
3. Das Außen erscheint durch die Sinnesorgane vermittelt im Bewußtsein.	3. Das Innen ist nur beschränkt im Bewußtseinsgeschehen vorhanden.
4. Es herrschen die Gesetze der Naturkausalität, Finalität ist nicht erkennbar.	4. Es herrscht Finalität, Motivation und Intentionalität.
5. Das Außen ist streng an Raum und Zeit gebunden.	5. Das Innen ist weitgehend raum- und zeitfrei.
6. Die Erforschung des Außen ist Gegenstand der Naturwissenschaften.	6. Die Erforschung des Innen ist Gegenstand der Geisteswissenschaften.
7. Der Mensch bedient sich zur Erforschung des Verstandes (Ratio).	7. Hier herrschen gefühlhaftes Wissen, der Einfall und das Schöpferische.
8. Der Mensch, der überwiegend im Außen lebt, wird hochmütig und stolz.	8. Der Mensch, der überwiegend im Innen lebt, ist demütig und bescheiden.

Tab. 3: Das Wesen des Menschen, dargestellt durch den Gegensatz zwischen (äußerer) Objektwelt und (innerer) Subjektwelt nach A. Jores[118]

thropologie, im weiteren Sinne linke Seite von Tab. 3) stehen zu bleiben, obwohl sie durchaus wichtig sind, sondern vielmehr zum Wesen, ja sogar zur „Botschaft" unserer Mitmenschen und ihrer individuellen Lebensumstände (Wesensanthropologie, im weiteren Sinne rechte Seite von Tab. 3) vorzudringen. Wo ereignet sich Wahrheit? In unserer Art zu denken, zu handeln und im gesprochenen Wort, also im geistig-seelischen und kommunikativen Bereich.

Wann ereignet sich Wahrheit? Immer dann, wenn wir das Nachdenken über uns selbst und das Verhalten zu unseren Mitmenschen (die Kommunikation) in den jeweiligen konkreten Situationen unseres täglichen Lebens nach bestem Wissen und Gewissen effektiv werden und zu einer gedeihlichen und fruchtbaren Wirkung kommen lassen. Wenn Stellungnahmen erfolgen, Ansichten und Meinungen vertreten und Überzeugungen dargelegt werden; wenn günstige oder auch schlimme Diagnosen und Prognosen zu eröffnen oder besondere Nachrichten zu übermitteln sind und wir dabei an das Wohl des Empfängers denken, ihm seine Zukunft nicht verbauen, und dies alles den Filter des Gewissens, der angemessenen Zeit, der Liebe und der Güte passieren lassen, – dann „ereignet" sich formal wie inhaltlich Wahrheit, sei es im öffentlichen, sei es im privaten Bereich.

Und der Glaube? Welche Rolle spielt er innerhalb dieses Geschehens? Der Filter (des Gewissens, der angemessenen Zeit, der Liebe, Güte, Auferbauung und Sinnerschließung) schwebt nicht frei im Raum, sondern hat eine Halterung. Er ist seinerseits verankert und festgehalten, um in einer ruhigen und klaren Position verharren, also nicht „verrückt" werden zu können. Um im Bild zu bleiben: diese Haltevorrichtung ist der Glaube, und zwar sowohl der des Vermittlers von Wahrheit (aktive Rolle) als auch der des Empfängers von Wahrheit (passive Rolle). Die Haltevorrichtung – also der Glaube – bedarf einer ständigen „Materialkontrolle" und Überwachung, damit kein „Ermüdungsschaden" entsteht. Denn er trägt ja ein wertvolles Gut – eben den Filter, durch den hindurch sich täglich viele Male Wahrheit – wie wir sagten – „ereignet". Die sog. Materialkontrolle und ständige Überwachung kann entweder aus humanistisch-ethischen oder spezifisch-religiösen Motiven erfolgen, je nach weltanschaulicher Position des Kontrolleurs. Es wird später noch untersucht, ob eine humanistisch-ethisch motivierte „Materialkontrolle" ein tragfähiges Fundament ist oder nicht. Anders ausgedrückt: die Quelle, aus der das Wasser des Glaubens fließt, werden wir in besonderer Weise noch unter die Lupe nehmen müssen.

Der Glaube soll das Wissen nicht meistern wollen, und das Wissen den Glauben nicht bekämpfen oder verspotten, sondern verstehen.

Friedrich Jodl

D Die Struktur des Glaubens

I Vorbemerkungen

Wir hatten uns vorgenommen, im ersten Teil dieses Buches über den Glauben auch in seinen säkularen, sozusagen ganz alltäglichen Zusammenhängen nachzudenken. Wenn wir diese Aufgabe hier nun weiter verfolgen, so läßt sich dabei durchaus eine „Glaubensqualität" von einer „Glaubensquantität" trennen. Es ist ganz entscheidend, welche Bedeutung dem Wort „alles" unter diesen Umständen zukommt. Mit dem sprachlich umfassenden Begriff „alles" kann sowohl eine Qualität wie eine Quantität gemeint sein. Wenn wir z.b. sagen, Herr X glaube einfach alles, so kann dies heißen, daß Herr X quantitativ „leichtgläubig" ist, d.h. von der Menge her nahezu alles, was ihm begegnet oder erzählt wird, sofort glaubt. Mit: „Herr X glaubt einfach alles", kann aber auch zum Ausdruck gebracht werden, daß Herr X qualitativ jeden ihm geschilderten Zusammenhang – und sei er noch so absurd – vom Inhalt her glaubend akzeptiert. Warum führe ich diese beiden Beispiele an? Weil es mir darum geht, zumindest im Hinblick auf die Qualität eines Glaubensinhaltes dem Glauben nicht pauschal jegliche kritische Haltung abzusprechen, durch die sozusagen die Spreu vom Weizen getrennt werden kann.

Zusätzlich zu den bisher gemachten Ausführungen muß also ausdrücklich festgehalten werden, daß Glaube und

Kritik (im Sinne einer kritischen Wertung) im Alltagsleben durchaus keine Gegensätze sein müssen. Wir Menschen machen allerdings häufig einen großen Fehler. Wir betrachten alles und jedes im gleißenden Licht einer kritischen „Qualitätskontrolle". Wir sind sozusagen „kritik-adaptiert" (kritisch angepaßt). Daraus ergibt sich, daß wir unfähig geworden sind – wir sog. modernen Menschen! – etwas Einmaliges, Außergewöhnliches, Unableitbares (Kontingentes), Analogieloses gelten zu lassen. Die sog. kritische Adaptation hat in unserer Gegenwart zu einem gebahnten Reflex geführt, der uns in der Regel keine staunenden, überraschten, freudig-erregten, betroffenen, spontanen Menschen mehr sein läßt. Die intellektuell-rationale Filtrierung all dessen, was uns mündlich oder schriftlich begegnet, bringt uns dazu, unanschauliche oder nicht spontan nachvollziehbare Fakten, Ereignisse oder Gegebenheiten einfach abzustreiten oder zu leugnen. Das heißt: wir neigen dazu, sie als nicht existent oder als nicht wirklich geschehen abzutun.

Das wichtigste Hindernis für den Glauben ist bei uns Menschen der – wie ich es nennen möchte – Fetisch des Panskeptizismus, also das gleichsam als magische Kraftquelle funktionierende Denken in Kausalzusammenhängen. Es läßt nur jene Abläufe gelten, die sich aus einander oder durch einander logisch verstehen lassen. Diese Haltung birgt die Gefahr in sich, für die nicht sofort erklärbaren Besonderheiten und Einmaligkeiten des täglichen Lebens nicht mehr aufnahmefähig oder zugänglich zu sein. Unsere Rationalität – so wichtig sie als Prüfinstanz unseres Verstandes zweifellos sein und bleiben muß – verdrängt sukzessive unsere Emotionalität und engt unsere Subjektwelt, unser „Innen" mit seinen Motiven, Intentionen und seiner Finalität (s. Tab. 3) ein. An anderer Stelle[119] habe ich die intellektuelle Objektivation (die kritisch distanzierte

Prüfung) der emotionalen Konfrontationen (dem gefühls-
mäßigen Erfassen, Betroffensein) gegenübergestellt. In der
heutigen Zeit scheint vor allem die Jugend – jener unver-
zichtbare sensible Seismograph – zu spüren, wie die distanzierte sog. intellektuelle Objektivation mehr und mehr
die Oberhand gewinnt und dadurch das Intuitive, Spontane,
Emotionale verkümmern läßt. Das Verlangen vieler junger
Menschen von heute nach mehr emotionaler Natürlichkeit,
Redlichkeit und Wärme ist ein sichtbares Zeichen dafür.

Wir haben oben diejenigen Menschen, die von der informativen Quantität und vom Inhalt her (qualitativ) alles
glauben, als leichtgläubig bezeichnet. Das Gegenteil von
Leichtglauben (besser Leichtgläubigkeit) ist der „Kleinglaube". Obwohl uns dieser Begriff in erster Linie unter
theologischen Aspekten vertraut ist („oh, ihr Kleingläubi-
gen"), begegnet uns der Kleinglaube auch auf der säkularen Ebene des alltäglichen Lebens. Überwiegend rational
geprägte Menschen (mit sehr sachlicher Intellektualität)
sind gelegentlich kleingläubig; d.h., nur das, was den Filter
ihrer intellektuellen Prüfung (Panskeptizismus) passiert
hat, wird von ihnen geglaubt. Hier entsteht die prinzipielle
Frage, ob das, was wir rational erklären und intellektuell
verstehen können, noch geglaubt werden muß.

Nach der Typenlehre C.G. Jungs müßte an dieser Stelle
wohl vor allem der nach außen gerichtete (extravertierte)
Denktypus genannt werden, für den nur das Exakte, Greif-
bare, Naheliegende zählt. Das Leben wird von diesem
Denktypus überwiegend nach wissenschaftlichen Gesichtspunkten gestaltet. Die Erfahrung ist alles, nicht hingegen
– und darum geht es hier ja – die Hoffnung und der Glaube[120]. Aber der Klein- oder gar der Unglaube können sich
prinzipiell auch in allen anderen Denktypen (z. B. introver-

tiert, intuitiv usw.) finden, sofern sie sich nicht aufraffen, ihren kritischen Panskeptizismus im Zaum zu halten.

Es spürt wohl jeder Leser, daß wir uns jetzt ziemlich weit entfernt haben von der ursprünglichen Definition des Glaubens-Begriffes. Obwohl Glauben und Denken keine Gegensätze sein müssen, impliziert Glaube doch die innere Bereitschaft, das Analogielose, Einmalige, nicht sofort Erklärbare, nicht kausal Ableitbare als wirklichkeitsprägend anzuerkennen. Ja, sogar gewisse futurische Elemente wie z.B. eine Utopie (ein einstweilen noch unausführbarer Plan ohne reale Grundlage) oder eine Vision (ein eher traumhaft und vorerst noch im Geist geschautes Ziel) sind gleichwohl in der Lage, schon jetzt unsere Lebenswirklichkeit zu prägen. Dies geschieht dadurch, daß wir von einer Utopie oder einer Vision bereits in unserem „Hier" und „Jetzt" beeinflußt werden und nicht unbedeutende existentielle Impulse empfangen. In diesem Zusammenhang möchte ich darauf hinweisen, daß von den Begriffen Utopie und Vision in aller Deutlichkeit der Begriff „Absurdität" unterschieden werden muß. Widersinnigkeit, Sinnlosigkeit und Unvernunft – dies beinhaltet der Begriff Absurdität – werden nie Impulsgeber unseres Lebens sein können.

Wir müssen über den Status der „unverbindlichen Akzeptanz" eigentlich noch hinausgehen und sollten besser in Anlehnung an F. Hacker von „Internalisierung" sprechen, womit Hacker die Verinnerlichung dessen meint, „das einem als Fremdes, nicht mehr eigener Verwaltung und Kontrolle Unterworfenes entgegensteht".[121]

Kleingläubigkeit als Gegenteil von Leichtgläubigkeit ist eines der hervorstechenden Zeichen unserer Zeit. Dies schlägt sich z.B. in dem Slogan „Vertrauen ist gut, Kontrolle ist besser", nieder. Wem oder auf was soll hier vertraut werden, bzw. wer oder was soll hier kontrolliert werden? Für gewöhnlich wird das, was in dieser Redeweise zum Ausdruck kommt, am Beispiel eines industriellen Produktionsablaufes verdeutlicht oder – allgemeiner – anhand von maschinen- oder menschengesteuerten Vorgängen, an deren Ende ein Ergebnis zustande kommt, also ein geistiges Resultat oder ein materielles Produkt. Bei solchen Abläufen kann man, nachdem der Prozeß ingang gesetzt worden ist, entweder vertrauensvoll auf das Resultat oder fertige Produkt warten oder aber prüfende Zwischenkontrollen vornehmen, um bei Maschine oder Mensch im voraus abzuschätzen, inwieweit z.b. Genauigkeit, Tempo und Umfang der einzelnen Arbeitsschritte ein gutes Endergebnis (einen reichen Ertrag) erwarten lassen.

Hierbei ist nun festzustellen, daß man auf das gute und reibungslose Funktionieren einer Maschine allenfalls hoffen, keinesfalls aber an die Maschine und ihre Präzision glauben kann. Anders beim Menschen: man kann auf seine Arbeit(sleistung) vertrauen und ihm (an ihn) glauben. Glaube ist also in seiner tiefsten Bedeutung in der Regel ein zwischenmenschliches Phänomen und kein Geschehen, das sich zwischen Mensch und Ding (Maschine) abspielt. Glaube im Sinne dessen, was zu Anfang festgestellt wurde (Vertrauen, Zuversicht, Gewißheit, Ehrlichkeit, Verläßlichkeit, liebende Akzeptanz, Verinnerlichung bzw. Internalisierung nach F. Hacker) kann als positives Spannungsverhältnis zwischen einem „Ich" und einem „Du", also nur zwischen zwei oder mehreren Menschen vorhanden sein oder sich ereignen. In der Tat: Glaube kann sich ereignen und sollte im Miteinander „gelebt" werden. Und doch gibt es bei genauer Untersuchung Ausnahmen von dieser Regel, die im folgenden dargestellt werden sollen.

II Glaube und Sprache

In unserer Alltagssprache kann man zwei Formen von Glaubensäußerungen voneinander unterscheiden. Die Differenzierung muß in Abhängigkeit vom Glaubensinhalt bzw. Glaubensgegenstand erfolgen. Innerhalb der vier allgemein anerkannten Funktionen unserer Sprache (1. expressiv, 2. kommunikativ, 3. informativ-deskriptiv, 4. argumentativ-kritisch)[122] sind unsere mündlichen oder schriftlichen Glaubensäußerungen am ehesten der 2. und 3. Kategorie zuzurechnen.

Bezeichnend für diese Bekundung unseres Glaubens ist die Verbindung mit einer Präposition, z.B. mit dem Verhältniswort „an". Beispiele hierfür sind Redeweisen wie „ich glaube **an** die Macht der Liebe", oder „ich glaube **an** die Treue meiner Frau (meines Mannes)", oder auch „ich glaube **an** ein kurz bevorstehendes Ende der Existenz unserer Erde", oder, „ich glaube **an** Gott", oder „ich glaube **an** meine eigenen Fähigkeiten", oder „für das eigene Selbstbewußtsein ist es wichtig, daß man **an** sich selbst glaubt". Eine andere Präposition ist das Wort „für", wenn z. B. ein Freund dem anderen sagt: „Wenn du dies oder das nicht glauben kannst, dann glaube ich es eben **für** dich". In säkularer Hinsicht steckt hierin insofern ein Fehler, als der Glaube ein individueller Akt der Einzelpersönlichkeit ist, den kein anderer **für** sie übernehmen oder erbringen kann. Auf religiöser Ebene gibt es allerdings durchaus eine Stellvertretung im Glauben. Dieser Unterschied soll später noch verdeutlich werden, und zwar anhand der christlichen Taufe.

Wenn wir eines der oben angeführten Beispiele noch einmal überdenken, nämlich die Aussage „ich glaube an ein kurz bevorstehendes Ende unserer Erde", so müßte sich eigentlich etwas in uns gegen eine derartige Formulierung sträuben. Wäre es nicht treffender zu sagen, „ich erwarte, oder ich vermute, oder ich fürchte ein baldiges Ende der Existenz unserer Erde?" Glauben kann man eigentlich nur (an) etwas, das man „positiv erwartet", das man – dem Bedeutungsinhalt des Begriffes Glauben entsprechend – sich erhofft. An ein Weltende, an einen definitiven Tod ohne Leben danach, an ein „Nichts" kann man im Grunde nicht glauben, da all diesen vermeintlichen Glaubens-inhalten kein positiver Wert zukommt. Der Glaube „an" etwas eröffnet Zukunft, bringt uns vorwärts. Der Glaube „an" ist ein Katalysator oder Transportmittel unseres Lebens. Er befördert uns, er schafft Zuversicht, er weckt Erwartungen.

Neben der präpositionalen Glaubensbekundung gibt es noch die „dativische". Ich möchte diese als die direkte oder unmittelbare Glaubensäußerung bezeichnen. Sie läßt uns eine weitere sprachbegriffliche Eigenschaft erkennen. Wenn wir sagen: Ich glaube **an** Gott, so ist dies zunächst (etwa als Antwort auf eine entsprechende Frage) wie-derum eine präpositionale Glaubensbekundung. Sagen wir: Ich glaube Gott, so ist dies eine vom Sprachgefühl her etwas unübliche Formulierung. Mit der Redewendung „Ich glaube Gott" kann nämlich nur der Dativ gemeint sein, etwa im Sinne von „Ich glaube (wem?) Gott (was?) seine Allmacht und Treue. Dativischer Glaube heißt schlicht und einfach, daß – wenn wir sagen, „Ich glaube Gott" – dieser total verinnerlicht (internalisiert, F. Hacker) wird.[123]

Die „dativische" Glaubensäußerung bezieht sich immer auf ein personales Gegenüber, d.h. auf einen oder mehrere

92

Menschen. Die präpositionale Glaubensbekundung kann sowohl einen Menschen als auch einen Sachverhalt zum Gegenstand haben. Allerdings muß dieser Sachverhalt schon von besonderer ideeller, kultureller oder religiöser Bedeutung sein. Recht besehen kann man wohl kaum an die Trockenheit der Wüste glauben, wohl aber an die Macht der Liebe oder an die Bildungseinflüsse des Reisens. Ersteres ist ein permanent gegebenes geo-klimatisches (sozusagen materielles) Faktum, die beiden letzten Beispiele erweisen ihre Wahrheit erst in wechselnder Intensität durch das aktuelle Erleben bzw. anhand der sich daraus ergebenden „lebendigen Konsequenzen".

Eine Sonderform von Glaubensbekundung stellt der „akkusativische" Glaube dar. Er bezieht sich zunächst auf die kurze persönliche Bestätigung von dargelegten Zusammenhängen oder Funktionen, die ich vielleicht nicht lückenlos verstanden habe, aber die mir irgendwie doch einsichtig geworden sind. Wenn mir z.b. jemand die verwirrende Vielzahl von Instrumenten im Cockpit eines großen Passagierflugzeuges erklärt und ich als Laie weit weniger als die Hälfte verstanden habe, so sage ich am Ende: „Ich glaube das" (was Sie mir erklärt haben). Das heißt, ich war zwar nicht in der Lage, alles zu verstehen, aber weil Sie als Pilot oder Co-Pilot der Fachmann sind, glaube ich Ihnen das, was Sie mir gerade zu erläutern versuchten.

Was soll hiermit verdeutlicht werden? In Verbindung mit einer Person ist die Bekundung des Glaubens immer entweder dativisch oder präpositional. Hat meine Glaubensäußerung eine Aussage oder einen besonderen Zusammenhang zum Inhalt, der außerhalb meines derzeitigen geistigen Fassungsvermögens liegt, so kann sie – als zusammenfassende Bestätigung verstanden – auch „akkusativisch" sein (ich glaube „das").

Die Philosophie würde solche Gedanken ablehnen. So bezeichnet es W. Stegmüller[124] – aus philosophischer Sicht zurecht – als schief, von Objekten des Glaubens oder Wissens zu sprechen. Als Begründung führt er an, daß mit den Ausdrücken glauben und wissen für gewöhnlich „Daß-Sätze" (ich weiß, daß …; ich glaube, daß …) gebildet werden. Allerdings hat er zuvor seine Feststellungen auf den Glauben im nicht-religiösen Sinn eingeschränkt.

III Erkenntnis und Glaube

Diese beiden Begriffe scheinen einander auszuschließen, denn was man voll und ganz erkannt hat, braucht man nicht zu glauben. Doch es ergibt sich sofort die alte und immer wieder neue Frage, ob denn wahre Erkenntnis überhaupt möglich ist, oder ob unser Erkennen nicht Stückwerk bleibt. Wahre Erkenntnis besagt ja, daß die Objektivität eines Gegenstandes oder einer Aussage zweifelsfrei festgestellt werden kann. Das heißt: ein Gegenstand (im weiteren Sinne die Welt) oder eine Aussage müssen so erkannt werden, wie sie „an sich" sind. Hier nun, so meine ich, gibt es viele Möglichkeiten, das Problem der wahren Erkenntnis zu erörtern.

1. Erkenntnis als Einsicht in Richtigkeit

Dabei geht es darum, einen Gegenstand oder einen Sachverhalt mit den uns zur Verfügung stehenden Sinnen als „vorfindliche Gegebenheit" wertfrei zu qualifizieren.

94

2. Erkenntnis als Erfahrung von Wahrheit

In diesem Zusammenhang müssen wir Wert darauf legen, eine vorfindliche Gegebenheit nicht nur mit unseren Sinnen wertfrei zu qualifizieren, sondern sie auch geistig durch „Sinnerschließung" darzustellen und in den Zusammenhang aller Tatbestände, in das Sein schlechthin, einzuordnen (s. Kapitel „Glaube und Wahrheit").

3. Erkenntnis als Erfassen des „An-sich"

Hierbei stehen wir mit unserem Sinnesapparat vor einem unlösbaren Rätsel. Es geht darum, etwas (Gegenstand, Aussage) so zu erfassen, wie es – gleichsam von höherer Warte aus gesehen – ein für allemal und an und für sich wirklich ist. Wahre Erkenntnis inform des „Erfassens an sich" (Essenz) wird es nie geben können, denn das Bezugssystem bleiben immer die Sinne des Menschen. Da die Sinne immer nur Empfindungen von einem Gegenstand in uns hervorrufen, die nicht mit dem Gegenstand an sich identisch sind, erkennen wir nicht die ursprünglichen, primären, objektiven Qualitäten[125] eines Gegenstandes, sondern immer nur die sekundären, subjektiven Qualitäten. Die moderne Wissenschaftstheorie hat zwar gezeigt, daß es durchaus sinnvolle Objektivitätskritierien gibt. Das sind vor allem Intersubjektivität, Unabhängigkeit vom Bezugssystem, Unabhängigkeit von der experimentellen Methode und Unabhängigkeit von Konventionen. All diese Eigenschaften lassen sich als „Invarianzkriterien" (Unveränderbarkeitskriterien) formulieren. Der Invarianzbegriff ist der Schlüssel zu einem vernünftigen Objektivitäts**begriff**. Jedoch kann Objektivität **selber** niemals, auch nicht mit anderen Mitteln, endgültig und zweifelsfrei festgestellt werden (G. Vollmer).[126]

4. Erkenntnis als perspektivisches Begreifen

Bei der Erörterung dieses Zusammenhangs müssen wir von zwei Feststellungen ausgehen. Die erste beruht auf der Tatsache, daß Erkenntnis eine adäquate Rekonstruktion und Identifikation äußerer Strukturen im Subjekt ist.[127] Die zweite Feststellung gipfelt in der Aussage, daß menschliche Erkenntnis durch ein Zusammenwirken objektiver Strukturen (der realen Welt) und subjektiver Strukturen (des Erkenntnisapparates) zustande kommt.[128] Erkenntnis ist also das Ergebnis eines komplizierten und nie endenden Prozesses, in den Objekt und Subjekt einbezogen sind, wie G. Vollmer sagt. Und er ergänzt: „Der Beitrag des Subjekts kann perspektiv, selektiv oder konstitutiv sein".[129]

Ich möchte die Begriffe perspektiv und selektiv zusammenfassen, indem ich die Frage des Standpunktes oder der Sichtweise (Perspektive) und die Frage der Auswahl (Selektion) in der Art gemeinsam verwende, daß beides letztlich unter dem Oberbegriff „Perspektive" vereint wird.[130] Denn sowohl Perspektive wie Selektion bedeuten ja, daß nur ein Ausschnitt (oder eine bestimmte Sichtweise) und nur eine Teilmenge (oder eine bestimmte Quantität) bei dem Versuch, etwas „an sich" zu erkennen, erfaßt wird. Der konstruktive Beitrag des Subjekts bei der Erkenntnis besteht darin, die Erkenntnis positiv mitzubestimmen. Als Beispiel sei hier die Interpretation von Schallsignalen aus Unterschieden in der Laufzeit angeführt. Ein anderes Exempel ist das auf die Netzhaut unseres Auges zweidimensional auftreffende Bild. Es wird von unserem Gehirn in eine Dreidimensionalität umgesetzt und erst so realiter wahrgenommen, also räumlich bzw. wirklichkeitskonform gesehen. Mehr noch: es wird als das, was es ist, erkannt.[131]

Was hier kurz untersucht wurde, läßt sich in Analogie zu der Weisheit, daß unser Erkennen immer nur Stückwerk ist, in der Formel zusammenfassen: menschliche Erkenntnis ist stets perspektivisch, ausschnitthaft. Und ich möchte ergänzen: je größer der Ausschnitt, je umfassender die Perspektive, bzw. je weiter der Blickwinkel ist, desto mehr nähern sich subjektive und objektive Erkenntnis einander an, allerdings ohne jemals völlig identisch zu werden. Darüber hinaus ist noch etwas ganz Bedeutsames festzuhalten: neben der Perspektive,[132] aus der ich etwa einen Gegenstand anschaue, gibt es noch den Begriff der A-perspektive. Jeder Gegenstand hat zwei Seiten, erstens die mir zugewandte, die ich aus der sinnlichen Perspektive (wozu ich letztlich auch alle Naturwissenschaften rechne) erkennen kann; und zweitens die mir dauerhaft abgewandte, die a-perspektivische, die ich nie vollständig zu Gesicht bekomme.

Schuld daran ist sicher auch die Tatsache, daß die Welt nicht drei-dimensional, sondern vier-dimensional ist. E. A. Meineke erklärt einleuchtend: „So wie eine Fläche gegen den Raum offen ist, so ist auch unser drei-dimensionaler Raum offen gegen die vierte Dimension". Letztere versagt sich unserer Anschauung. Es ist nur klar, daß es eine Dimension ist, in die wir als drei-dimensionale Wesen von uns aus niemals hineinkommen können. Was für **uns** verschlossen ist, ist für die vierte Dimension offen.[133]

Gebser versucht, die a-perspektivische Welt in Erscheinungs- und Ausdrucksweise zu begreifen, indem er drei Hauptkriterien aufstellt.

1. **Die Temporik**, worunter er all jene Versuche zusammenfaßt, die sich um eine Konkretion des Phänomens

Zeit bemühen (d. h. Vergangenheit, Gegenwart und Zukunft zur sog. „reinen Gegenwart" zu vereinigen, was auf künstlerischem Gebiet nach Gebser am ehesten an der Malerei Picassos intuitiv sichtbar wird). In unserer Sprache gebrauchen wir dafür Worte wie z.b. zeitlosgültig, zeitenthoben, immerwährend gegenwärtig. So sagen wir etwa von besonders schönen Augenblicken oder Momenten unseres Lebens, in denen wir uns glücklich emporgehoben fühlen, daß sie doch ewig dauern oder immer gegenwärtig bleiben möchten.

Eine Konkretion – sozusagen eine „Gerinnung" – des Phänomens Zeit zur reinen Gegenwart gelingt am ehesten in der bildenden Kunst (Malerei, Plastik) und im Gebet. Der Leser mag erstaunt sein über die Verknüpfung dieser zwei Bereiche. Aber beide bemühen sich, einem Anruf aus dem „Ewigen Reich" von Wahrheit, Schönheit, aber auch Leid eine gültige Gestalt von bleibendem Wert zu verleihen, was nichts anderes als Konkretion des Phänomens Zeit bedeutet. Haben wir uns eigentlich – was das Gebet betrifft – schon einmal Gedanken darüber gemacht, daß wir dadurch mit Gott über Zeit und Raum hinweg kommunizieren können? Auch so kann die „reine Gegenwärtigkeit vollkommenen Daseins", von der Romano Guardini des öfteren gesprochen hat, verstanden werden.

2. **Das Diaphainon**, das Durchscheinende und Durchschienene, das Gebser als Erscheinungsform des Geistigen meint wahrnehmen zu können. Es ist aber nur in einer „Welt" wahrnehmbar, die, durch die Konkretion der Zeit, diese Zeit in die Zeitfreiheit umgestaltete und damit erst die Konkretion des Geistigen ermöglichte („Ursprungsgegenwärtigkeit").

98

Auch diese komplizierte Definition bedarf einer Erklärung. Das Diaphainon ist nach Gebser das durchscheinende Geistige, das nur dort in seiner ursprünglichen Art wahrnehmbar wird, wo Zeitfreiheit herrscht (= Ursprungsgegenwärtigkeit) Der Ursprung hinwiederum ist nur dort allzeit gegenwärtig, bzw. der ursprünglich-schaffende Geist wird nur dort transparent, wo wir uns in einer Welt ohne Zeit befinden. Da dies eine Utopie ist, kann der Ursprung nur als geistiges Erahnen gegenwärtig sein. Im geschichtsträchtigen Augenblick (Kairos), in der erfüllten Zeit, wenn das Unbedingte im Bedingten sichtbar wird und das Zeitlose im Zeitlichen durchscheint, ist solch eine Situation „ausschnitthaft" gegeben.

3. **Das Wahren**, das als ganzheitliches Wahrgeben – Wahrnehmen die Realisationsform der integralen Ebene ist (s. Kap. „Glaube und Bewußtsein") und damit der a-perspektivischen Welt einen durchsichtigen Wirkcharakter verleiht.[134] („Der Chaotisierung unserer materiellen Raumwelt Herr werden").

Auch hier ist wieder ein gewisser Erklärungsbedarf vorhanden. Erst wenn die „Größe Mensch" aus all ihren einzelnen Teilen, in die sie zerfiel, wieder ganz geworden und harmonisch zusammengesetzt ist, so daß eins ins andere übergeht, bekommt die a-perspektivische Seite der Welt so etwas wie einen durchsichtigen Charakter. Nur der „verganzheitlichte" Mensch vermag der a-perspektivischen Welt ein Stück näher zu rücken. Gebsers ganzes Denken kreiste darum zu vermitteln, daß der „heile", ganzheitlich erneuerte Mensch von der Welt etwas mehr erschauen könne als nur das perspektivisch Gegebene.

Ich stehe unter dem Eindruck, daß diese drei Kriterien Gebsers nur Hilfskonstruktionen sind. Sie versuchen, den Glauben als einzige Möglichkeit, die Kluft zwischen Perspektive und A-perspektive zu überbrücken, zu umgehen. Erst wenn Perspektive und A-perspektive zusammengeschaut werden können, ist wahrhafte Erkenntnis, also „Erkenntnis an sich" möglich. Dieser glückliche Augenblick wird erkenntnismäßig, sinnlich oder materiell-konkret nie eintreten. Man kann ihm aber wirkungsmäßig (dimensional) nahekommen, und das Vehikel, das uns sozusagen an diesen Ort trägt, ist der Glaube. Mit anderen Worten: die einzige Möglichkeit, uns mit der für unser menschliches Erkenntnisvermögen vorhandenen Kluft zwischen Perspektive und A-perspektive auseinanderzusetzen, ist uns durch den Glauben gegeben. Glaube ist in diesem Sinne keine wissenschaftliche Weltsensation, die erkenntnismäßig den Zusammenfall von Perspektive und A-perspektive eines schönen Tages herbeiführen wird. Durch das Vehikel (den Katalysator) „Glauben" werden wir im praktischen Lebensvollzug – also in existentiell erfahrbarer Art und Weise – an den Ort transportiert, wo die Gegensätzlichkeit von Perspektive und A-perspektive, wenn nicht völlig aufgehoben, so doch wenigstens reduziert ist.

Wenn Naturwissenschaft, sinnliche Anschauung und alle anderen sinnvollen Objektivitätskriterien noch an der Startlinie verharren, hat uns der Glaube bereits auf die Strecke, ja vielleicht schon bis an die Ziellinie gebracht. Warum drücke ich mich hier so ausgesprochen metaphorisch (bildhaft) aus? Weil ich einsichtig machen möchte, daß der Glaube als Dimension manchmal zu tieferer Erkenntnis führt als alle anderen Objektivitätskriterien, mögen sie wissenschaftstheoretisch noch so stichhaltig erscheinen. Auch aus diesem Grunde müssen Glaube und Erkenntnis (Denken) keine dauerhaften Gegensätze sein, sondern können sich komplementär (einander ergänzend) verhalten.

Nun mag man einwenden, daß das „Vehikel des Glaubens" als Brücke zwischen Perspektive und A-perspektive durch Spekulation zu ersetzen sei. Spekulation aber heißt, über die Erfahrung hinausgreifend zu denken. Aus diesem Grund ist der Spekulation eine gleiche Bedeutung (besser: eine gleiche Reichweite) wie dem Glauben, der auf anderen Prämissen basiert, wohl kaum zuzuerkennen. Man sollte meinen, Glaube und Spekulation seien etwas Grundverschiedenes, weil der Glaube völlig andere Grundhaltungen (vgl. faktorielle Bestandteile) zur Voraussetzung hat.

Gleichwohl aber macht die Spekulation einen Teil unseres Denkens und vor allem unseres forschenden Verstandes aus. Wenn es nun von besonderer Bedeutung ist, die einander ergänzende Position (Komplementarität) von Glaube und Denken im Auge zu behalten, so ist die Spekulation doch wohl nicht ganz so fern von unserem Glauben, wie es den Anschein hat. Sie darf uns allerdings nicht dazu verleiten, einen Glauben zu praktizieren, der sich allen möglichen Inhalten an den Hals schmeißt und sich damit sozusagen selbst wegwirft. Der sog. „Wegwerfglaube" besteht darin, die ruhige Glaubenslinie oder -haltung zu verlassen, also bezüglich der fundamentalen Dinge des Lebens heute dies und morgen das zu glauben.

Dieses Verhalten macht unseren Glauben zu einem zeitangepaßten und „leichtgeschürzten", der nahezu alles konsumiert, was ihm inhaltlich angeboten wird. Wenn die menschliche Existenz eine solche Einstellung an den Tag legt, wird sie zu einem schwankenden Rohr im Winde. Die ruhige Linie eines gefestigten Glaubens ist – säkular wie religiös – nur zu verfolgen, wenn das Denken nicht völlig abseits steht und beide – Glaube und Denken (und mit ihm die „forschende Spekulation") – um ihren in sich ruhenden Stellenwert wissen. Zwar hat der Glaube eine größere Bedeutung und „Reichweite" im menschlichen Leben und ist von anderer Art als das spekulative Denken. Der Glaube dringt tiefer als das Wissen. Aber beide sind insoweit wenigstens entfernt miteinander verwandt, als sie auf ihre je besondere Weise Möglichkeiten darstellen, mit deren Hilfe der Mensch über den Horizont seiner geistigen und seelischen Selbstbezogenheit hinausgelangt.

IV Perspektive – Dimension – Glaube

Beim Nachdenken über die Struktur des Glaubens sind zwei Begriffe zu klären, denen wir schon einige Male begegnet sind und deren wir uns unbewußt in der Alltagssprache immer wieder bedienen. Über ihre Bedeutung geben wir uns aber zumeist nicht gründlich genug Rechenschaft.

1. Perspektive

Dem Begriff liegt das lateinische Verbum *perspicio* (perspexi, perspectus) zugrunde, was sich wörtlich u.a. mit *(hin-)durchschauen, wahrnehmen, deutlich sehen* übersetzen läßt. Umgangssprachlich verstehen wir unter einer Perspektive den sog. Blickwinkel oder auch die Zukunftsaussicht in Bezug auf ein Problem, ein Vorhaben oder eine Planung. So sagen wir z.B.: „Ich betrachte das Problem aus einer anderen Perspektive (unter einem anderen Blickwinkel) als mein Bruder". Auch bei einem Kunstwerk, wie z.B. einem Gemälde sprechen wir – je nach dem Blickwinkel, unter dem der Künstler etwa eine Allee gemalt hat – von Perspektive. Wir sagen andererseits aber auch: „Er sah (oder hatte) beruflich keine Perspektive (Zukunftsaussicht) mehr und wurde infolgedessen depressiv".

Der Begriff Perspektive hat also immer etwas mit dem Blick oder der Sichtweise bezüglich eines materiellen Gegenstandes, eines Problems oder eines Geschehens zu tun, wobei möglicherweise ganz bestimmte und eventuell sogar kurzfristige Gesichtspunkte eine Rolle spielen können. Die Malerei des Impressionismus hat uns sehr anschaulich und zugleich farbenfroh gezeigt, was in der bildschaffenden Kunst unter „Perspektive" in Verbindung mit „kurzfristig" zu verstehen ist. Viele von uns wissen ja, daß die Impressionisten besonders in Frankreich (aber um und nach 1900 auch viele Worpsweder Maler) mit Staffelei, Farbe und Pinsel in die Natur hinauszogen. Sie warteten oft stundenlang auf einen ganz bestimmten Moment des Lichteinfalls (z.B. Abenddämmerung), um in kürzester Zeit etwa beim Malen eines kleinen Dorfes diesen ganz bestimmten Lichteinfall farblich auf die Leinwand zu bannen. Perspektive gründet sich also immer auf die Begriffe Standort, Bewegungs- oder Bewußtseinszustand, Intention des „perspektivisch schauenden" Subjekts. Später, im Kapitel „Korrekturen und Additionen", wird unter naturwissenschaftlichen Prämissen davon die Rede sein, wie wir es im Naturbild der Physik mit Wirkungen zu tun haben. Die Erscheinung dieser Wirkungen, die Art, wie wir sie erkennen, hängt von unserer Position ab, also davon, wie wir uns als Beobachter dazu stellen. Mithin ist man auch in der Naturwissenschaft – insbesondere in der Physik – abhängig von dem Phänomen der Perspektive.

2. Dimension

Das Wort Dimension stammt von dem lateinischen Begriff *dimensio* ab, der am besten mit *Ausdehnung, bzw. Ausmessung, Ausmaß,* Kaliber zu übersetzen ist. Man kann sich unter Dimension aber auch Begriffe wie Bereich oder Sphäre vorstellen. Im alltäglichen Sprachgebrauch begegnet man darüber hinaus nicht selten einem Verständnis von Dimension, das sich besser mit Beziehung (Relation) beschreiben ließe.[135] Zusammenfassend ist festzustellen, daß der Begriff Dimension zwei Bedeutungsinhalte hat. Der erste entspricht der ursprünglichen, streng begrifflichen Auslegung des Wortes im Sinne von Raum und Ausdehnung. Der zweite Bedeutungsinhalt, auf den ich im Kontext unseres Themas zurückgreifen möchte, läßt sich mit den Worten „Sphäre", „Beziehung", „Wirkungs- oder Einflußbereich" umschreiben, auf die die Qualitäten Wirklich-keit und Wirksam-keit zutreffen. Wenn wir davon die Eigenschaftsworte bilden, nämlich „wirklich" und „wirksam" und sie mit dem Begriff Relation (Beziehung) verbinden, so könnten wir unter einer Dimension eine zugleich wirkliche und wirksame Relation verstehen.

Bei der zugleich wirklichen und wirksamen Relation" handelt es sich um eine Beziehung, die

a) real vorhanden ist, d. h. auf materieller oder geistiger Ebene gültig existiert, und die
b) effektiv ist, d. h. auf materieller oder geistiger Ebene feststellbare Resultate ergibt.

Das Problem der Wirklichkeit wird in der Philosophie des Transzendentalen Realismus z. B. von Robert Reininger[136] in Angriff genommen, indem er als Ausgangspunkt dasjenige wählt, das gerade jetzt erlebnismäßig für mich vorhanden ist. Das aktuelle Erleben und das in ihm Erlebte in Frage zu stellen, ist unmöglich. Sie bilden eine ursprüngliche Einheit, die von Reininger Urerlebnis genannt wird. Einen höheren Wirklichkeitsgrad als jenen, den diese Urtatsache aufweist, können wir uns nicht vorstellen. Nach Reininger gilt es, vom überhöhten Denkstandpunkt aus vorurteilsfrei das Urerlebnis in die Form des reflektierenden Bewußtseins zu erheben.[137] Dadurch verwandelt sich das Erleben in ein Wissen. Reininger unterscheidet drei Bewußtseinsarten, die unreflektierte, die reflektierte und die reflektierende.[138] Im konkreten Erleben und im reflektierenden Bewußtsein erreicht Wirklichkeit ihre höchste Aktualität.

Neben der realistischen Wirklichkeit gibt es noch die von den Metaphysikern angenommene „Überwirklichkeit". Diese hat einen transzendenten Charakter, der sich in zwei Richtungen offenbaren kann. Einmal in horizontaler Richtung als Wirklichkeit an sich. Zum anderen in vertikaler Richtung als „göttliche Überwelt".[139] Interessant ist an dieser Definition, daß Wirklichkeit und Transzendenz keine Gegensätze sein müssen. Darüberhinaus läßt sich ganz offenkundig zwischen horizontaler und vertikaler Transzendenz unterscheiden. Die „horizontale Transzendenz" möchte ich mit der Künstlergarderobe eines Theaters vergleichen. Auf der Bühne agiert der verkleidete Schauspieler in seiner Rolle. In der Garderobe, wo er sich in den Pausen ausruht, umkleidet und „normal" redet (also nicht den Text des zu spielenden Stückes spricht), ist er mit unseren Sinnen nicht zu erfassen, gleichwohl aber wirklich und existent. Für die „vertikale Transzendenz" bietet sich der Vergleich mit dem heute so heiß diskutierten Ozonloch an. Kein Mensch hat es je auf der Erde bzw. von der Erde aus direkt wahrgenommen, – es wurde allenfalls indirekt (meßtechnisch, physikalisch, meteorologisch) nachgewiesen. Aber wir alle spüren seine Auswirkungen und machen unsere persönlichen Erfahrungen mit ihm. Im Kapitel „Die Position des Glaubens" werden wir uns später noch einmal auf diese Definitionen beziehen müssen.

Am Beispiel des Begriffes „Liebe" möchte ich die zugleich wirkliche und wirksame Relation konkretisieren. Nehmen wir an, ein im hohen Norden Deutschlands lebendes Ehepaar wird dadurch getrennt, daß man den Mann beruflich in den äußersten Süden versetzt. Die Frau muß für ca. 8 Monate am alten Ort wohnen bleiben, da erst nach dieser Zeit eine adäquate Wohnung am neuen Ort gefunden werden kann. Da die berufliche Tätigkeit des Mannes mit einer häufigen Wochenendpräsenz an seinem neuen Arbeitsort verbunden ist, sehen sie sich nur etwa alle vier Wochen für zwei „allzu kurze Tage".

Hier also leben beide Partner überwiegend von der Liebe in ihrer geistig-seelischen Dimension. Diese Dimension wird zu einer zugleich wirklichen und wirksamen Relation zum einen, weil sie wirklich ist, also auf Dauer in geistiger Hinsicht gültig existiert. Diese Tatsache würden uns beide Partner – fragten wir sie – unabhängig voneinander sofort bestätigen. Das dimensionale Verständnis von Liebe wird zu einer zugleich wirklichen und wirksamen Relation zum anderen, weil die Beziehung wirksam ist, also auf Dauer in geistiger Hinsicht wahrnehmbare Resultate ergibt bzw. Auswirkungen zeigt. Dies kann dadurch geschehen, daß sich die beiden Menschen brieflich oder telefonisch regelmäßig ihre Zuneigung und Treue bekunden. Es kann aber auch an der Tatsache erkannt werden, daß sich die Partner durch ihre unverbrüchliche Liebe und Treue in schönen wie in schweren Stunden trotz räumlicher Trennung gegenseitig gehalten und in ihrer Lebenskraft beflügelt wissen. So vermag Liebe zu innerem Kraftgewinn (als Resultat) zu führen.

Ganz ähnlich, so können wir nun sagen, verhält es sich mit dem Glauben in seinen säkularen, alltäglichen Bezügen. Allerdings muß an dieser Stelle der Zusatz gemacht werden, daß nicht nur die kleinen Belange des täglichen Lebens gemeint sind, sondern hierbei vor allem auch an die größeren und bedeutungsvolleren menschlichen Interaktionen gedacht werden muß. Denn Leben ist Beziehung, Leben ist verläßliches „Ich-Du-Wir-Verhalten", Leben ist Glauben. Ein lediglich auf beweisbaren Richtigkeiten, Verträgen, Sicherheiten (securitas, s.o.) – womöglich sogar noch total verrechtlichten Beziehungen – sich gründendes Dasein ist der Tod des Lebens; nicht der individuelle biologische Exitus, aber der Tod des Lebens in seinem übergreifenden, gesamtmenschlichen Zusammenhang. Wenn ich die Zeichen der Zeit richtig deute, so sind wir auf dem besten Wege, den Tod des Lebens schon allein durch die rein säkulare, alltägliche Glaubensarmut herbeizuführen.

Die außerordentliche Herausforderung des Glaubens besteht heutzutage nun darin, dieser Entwicklung entgegen zu wirken, indem wir, natürlich im zulässigen Rahmen, nicht mehr so stark nach Sicherheiten (und Gesichertheiten) verlangen. Je bewußter dies geschieht, desto mehr Glaubensgewinn können wir verbuchen. Das menschliche Leben bekommt wieder Farbe; das Leben wird „neu belebt", und das allüberall zu beobachtende Abdriften in Esoterik und fremde Mystik findet ein Ende. Insofern bringt Glaubensgewinn – mag es noch so paradox klingen – zugleich Realitätsgewinn. Und darum macht der Glaube – so gesehen – unser Leben erfüllter und stabiler. Das, was hier deutlich gemacht werden soll – also die große geistige Herausforderung – gipfelt in der Tatsache, daß unser Leben nicht durch „abgesicherte Vertraglichkeit" und „beweisbare Richtigkeit", sondern durch „Glaubensbereitschaft" und Vertrauen sein unnachahmliches Fundament erhält.

3. Glaube als Dimension

Wir haben oben festgestellt, daß Leben verläßliches „Ich-Du-Wir-Verhalten" ist. Diese Art von Kommunikation – ganz überwiegend auf Glauben basierend – läßt sich mit einem Getriebe vergleichen, in dem sich die Zahnräder passend ineinander fügen. Auch für die „kleinen Alltäglichkeiten" im Umgang miteinander können wir in Anspruch nehmen, was oben über den Glauben gesagt wurde: daß er Tätigkeitsworte wie geloben, vertrauen, sich auf etwas verlassen, etwas liebend akzeptieren beinhaltet, bzw. mit Begriffen wie z.B. Zuversicht, Treue, Zuverlässigkeit, Gewißheit verbunden ist. Nichts liegt mir ferner, als durch den Gebrauch solcher Worte in den Ruf eines Moralpredigers zu kommen. Doch bedenken wir, wenn es keinen Glauben, also keine Verläßlichkeit, kein Vertrauen, keine Gewißheit, keine Zuversicht, keine Treue, keine liebende und hoffende Akzeptanz mehr gäbe, dann wäre die natürliche, ungezwungene mitmenschliche Kommunikation auf ein lebensfeindliches Null-Niveau geschrumpft. Sie müßte dann durch eine zwanghafte Verrechtlichung jedes einzelnen Schrittes in Funktion gehalten werden – eine unvorstellbare Situation.

Daß der Glaube schon in den alltäglichen Kleinigkeiten (oder kleinen Alltäglichkeiten) von Bedeutung ist, erkennen wir an den Inhalten unserer Alltagssprache. Der Ablauf unseres täglichen Lebens beruht auf Zusagen des Ich, die im Du Vertrauen und Zuversicht (und umgekehrt) erwecken, auf gemeinsamen Planungen, die gemacht, auf Entschlüssen, die gefaßt werden, mögen ihnen noch so kontroverse Diskussionen voraufgegangen sein. Selbst das individuelle biologische Leben baut neben den millionenfachen linear-kausalen physiko-chemischen Abläufen seinen Fortbestand auch auf Glauben und Hoffen auf. Andernfalls könnte ich nicht heute z.b. meinen Urlaub für das nächste Jahr buchen, also längerfristig planen. Das kann ich ja nur in der Hoffnung tun, biologisch gesund zu bleiben. Hingegen erwarte ich die Pünktlichkeit der Straßenbahn, damit ich ohne Verspätung zu einer Verabredung komme. Hier wäre es falsch zu sagen, daß ich an die Pünktlichkeit der Straßenbahn glaube. Wir haben oben ja festgestellt, daß es – strenggenommen – sozusagen unter der Würde des Glaubens ist, bei derartigen Anlässen oder Inhalten von Glauben zu sprechen. Dennoch vertraue ich darauf, daß der Fahrer der Straßenbahn sich an den Fahrplan hält oder der Taxichauffeur an seine Zusage, mich zu einer vereinbarten Zeit abzuholen (mittelbare personale Beziehung).

Wir spüren, wie hier ein Rad ins andere greift und wie alle Berufe, Tätigkeiten und sozialen Schichten aufeinander angewiesen sind. Auch der Glaube an die persönliche Kompetenz des Chirurgen, der meine steingefüllte Gallenblase mit Erfolg zu entfernen imstande ist, läßt mich mutig und gefaßt „in die Operation hineingehen". Im vorigen Kapitel haben wir gelernt, daß es richtiger wäre zu sagen: ich vertraue auf die berufliche Kompetenz des Chirurgen, seine persönlichen Fähigkeiten, seine Sorgfalt, und dies alles zusammen fügt sich dazu, daß ich an den Chirurgen glaube (existentielle oder unmittelbare personale Beziehung).

Wenn wir das tägliche menschliche Miteinander auf seine kleineren und größeren Schritte hin einmal untersuchen, so kommen wir auf eine Unzahl von hoffend, vertrauend und zuversichtlich akzeptierten Verkettungen und kausalen Zusammenhängen. Ich würde sie als kleine Glaubensinhalte bezeichnen, zu denen nicht nur die linear-kausalen Abläufe des profanen Alltagslebens gehören. Auch die längerfristig unerklärbaren kleinen Ereignisse, deren Sinn uns vielleicht erst im nachhinein – nach Monaten, Jahren oder Jahrzehnten – wie ein Licht aufgeht, sind dazu zu rechnen. Wichtig ist mir der Hinweis, daß unser tägliches Leben seinen tieferen Sinn erst im menschlichen Miteinander erhält und der Glaube gerade dann seine Tragkraft unter Beweis stellen muß, also nicht aufgegeben werden darf, wenn sich einmal Unvorhergesehenes, Unerklärliches, Analogieloses innerhalb des Ich-Du-Wir-Verhältnisses ereignet.

Hier mag die Kritik des Lesers einsetzen, der die sog. kleinen Glaubensinhalte, die ich hier angeführt habe, – weil zu banal – als nicht glaubens-würdig ansieht. Wenn wir den Glauben als theoretischen „Begriff an sich" deuten, der keiner Erklärung bedarf, so ist die Kritik des Lesers nicht unberechtigt. Wir können und müssen den Glauben – gerade ihn – aber ganz überwiegend als praktischen Begriff verstehen. Seine Konstituenten (wesentlichen Bestandteile) Geloben, Hoffen, Vertrauen, Gewißheit, Zuversicht, liebende Akzeptanz definieren ihn inhaltlich und „runden" ihn zu seiner wahren Bedeutung. Da der Glaube zu jener Art von Begriffen gehört, die erst im praktischen Vollzug und in der täglichen Anwendung wahrhaft erfahrbar werden, scheint mir die Kritik überflüssig zu sein.

Bei nur wenigen Begriffen unserer Sprache kommt es so auf die praktische Bewährung an wie beim Glauben. Ich kann nicht „an die Macht der Liebe" glauben, indem ich ihr lediglich eine theoretische Gültigkeit beimesse, sie also nur auf geistiger Ebene akzeptiere. Zu einem wahrhaften Glaubensinhalt wird die „Macht der Liebe" erst dann, wenn ich in meinem Leben ihre praktische Verwirklichung zulasse bzw. persönlich erlebe. Dies geschieht dadurch, daß ich mein tägliches „Gesamthandeln" und innerhalb dieses umfassenden Tuns zugleich jeden einzelnen Schritt unter das Motto der Liebe stelle. Hingegen kann z.b. die vermeintliche Unendlichkeit des Universums – wiewohl ein überwältigender astronomischer Begriff – nie ein „großer Glaubensinhalt" im praktischen Sinne sein, da für ihn keine Realisier- oder Erlebbarkeit in meinem täglichen Leben gegeben ist. Warum? Weil die wichtigsten Konstituenten des Glaubens wie z.b. Geloben, Hoffen, Vertrauen, Zuversicht, Gewißheit und liebende Akzeptanz in Verbindung mit dem Begriff „Unendlichkeit[140] des Universums" keinen praktischen Wert haben; sie sind also in diesem Kontext für mich irrelevant.

Wir sagen so leichthin, „Ich glaube an ...", ohne uns in der Regel Rechenschaft darüber zu geben, ob sich die faktoriellen Glaubensbestandteile auf den Inhalt anwenden lassen. So kann ich z.b. wohl kaum sagen, daß ich auf die Unendlichkeit des Universums hoffe oder vertraue oder sie liebend akzeptiere oder zuversichtlich bin, daß das Universum unendlich ist. Unter mathematischen oder astronomischen Aspekten mag ich zwar bei einer wissenschaftlichen Konferenz z.B. in die Debatte werfen: „Im Gegensatz zu meinen Vorrednern bin ich zuversichtlich, daß das Universum unendlich ist." Doch bezieht sich hier der faktorielle Glaubensbestandteil „Zuversicht" auf eine wissenschaftliche Annahme, deren Gehalt für meinen täglichen Lebensablauf und für die Gestaltung meiner Existenz durch verläßliches Ich-Du-Wir-Verhalten ohne praktischen Belang ist.

Wir kommen nicht darum herum: im wahren Sinne große Glaubensinhalte sind aus existentieller Sicht – wenn wir es nach diesen Erörterungen recht bedenken – nicht etwa das Schwanken der Wechselkurse oder die Globalisierung z.b. der Wirtschaft oder die mögliche Auflösung der UNO nach dem Jahre 2010. Derartige Inhalte sind nicht glaubenswürdig, da sie keine unmittelbar lebenspraktische Wirkung haben im Bezug auf die Zielorientierung meiner Existenz. Wahrhaft große Glaubensinhalte sind die unmittelbar auf mein Leben bezogenen Fakten wie z.b. die Freiheit, die Macht der Liebe, der Reichtum einer beständigen Freundschaft und Treue und der Einfluß der Transzendenz auf mein Dasein, bzw. religiöse Motive wie etwa die Einbeziehung der Begriffe Unsterblichkeit, Ewigkeit, Jenseitigkeit, Endlichkeit von Raum und Zeit in die Gestaltung meiner persönlichen Lebenswirklichkeit.

4. Die Bedeutung der Glaubensinhalte

Wir bemerken an dieser Stelle, daß wir uns besonders bei der Erörterung der sog. großen Glaubensinhalte über die praktische Anwendbarkeit der faktoriellen Glaubensbestandteile Geloben, Hoffen, Vertrauen, Zuversicht, liebende Akzeptanz und Gewißheit Gedanken machen müssen.

a) naturwissenschaftliche Bedeutung (relativer Wert)

Wenn wir z. B. zur vermeintlichen „Unendlichkeit des Universums" zurückkehren, so ist es in praxi zwar utopisch, theoretisch jedoch durchaus denkbar, im Zusammenhang mit irgendwann einmal möglichen „intergalaktischen Raumfahrten mit Lichtgeschwindigkeit" von Zuversicht, Hoffnung, Vertrauen und Gewißheit zu sprechen. In naturwissenschaftlicher Hinsicht bedeutet dies, daß die „unendliche" Weite des interstellaren Raumes die Bedingung für eine uneingeschränkte Raumfahrt ist. Sofern ich das sozusagen von der Unendlichkeit des Universums abhängige Ziel vor Augen habe, nämlich ad libitum ausdehnbare Raumexpeditionen durchzuführen, ist es möglich, auf die „Grenzenlosigkeit" des interstellaren Raumes zu vertrauen und zu hoffen bzw. zuversichtlich und gewiß zu sein, daß das Universum Unendlichkeitscharakter hat.[141] Allerdings ist dies für die praktische Lebensbewältigung im menschlichen Miteinander ohne größere Bedeutung, also höchstenfalls von relativem Wert.

b) soziale Bedeutung (absoluter Wert)

Hierbei spielen völlig andere Inhalte eine Rolle als z.b. die vermeintliche Unendlichkeit des Universums, da diese als astronomisch-naturwissenschaftliche Annahme für die praktische Lebensgestaltung aus Glauben im Grunde über keinerlei Qualität verfügt. Die einzelnen faktoriellen Glaubensbestandteile Vertrauen, Hoffnung, Zuversicht, Gewißheit usw. sind in verhaltensorientierter (sozialer) Hinsicht für das gesellschaftliche Miteinander hingegen von außerordentlichem Belang. Im Kapitel „Perspektive – Dimension – Glaube" wurde gesagt, daß Leben und im weiteren Sinne Menschsein verläßliches Ich-Du-Wir-Verhalten ist. In diesem Zusammenhang können wir den Glauben auch mit einem von vielen Menschen bewohnten Haus vergleichen, das aus den Steinen Vertrauen, Hoffnung, Liebe,

Zuversicht und Gewißheit in ihren mannigfaltigen Ausprägungen gebaut ist. Das heißt, daß der Glaube bzw. seine einzelnen Bestandteile für die „Solidargemeinschaft der Lebenden" unverzichtbar sind. Sog. Richtigkeiten – wie wir sagten – bzw. Bewiesenheiten oder gar Verrechtlichungen müssen z. b. bei besonderen geschäftlichen, vertraglichen und politischen Anlässen zwar sein, bringen aber bei übermäßiger oder ausschließlicher Anwendung im menschlichen Miteinander nichts als den sprichwörtlichen Sand ins Getriebe des Lebens.

Erst durch die praktische Umsetzung der einzelnen faktoriellen Glaubensbestandteile innerhalb der „Solidargemeinschaft der Lebenden" kommen Farbe, Spannung, Spontaneität und Vitalität in unser Dasein hinein. Im Kapitel „Glaube und Sprache" wurde festgestellt, daß man eigentlich nur an etwas glauben kann, das man positiv erwartet. Glaube als Herausforderung heißt in diesem Sinne, sich positiv auf die Gültigkeit der einzelnen faktoriellen Glaubensbestandteile innerhalb der menschlichen Gemeinschaft einzulassen. Es gibt nur eine Möglichkeit, den vier Krankheiten unserer Gegenwart (Verrohung, Verrechtlichung, Egoismus und esoterische Mystifizierung) entgegenzuwirken, nämlich die, trotz aller Negativ-Erfahrungen an der Praktizierung der Glaubensbestandteile nach besten Kräften festzuhalten.

Im Grunde sind die sog. großen Glaubensinhalte unseres Lebens also weniger Annahmen wie die angebliche „Unendlichkeit des Universums" oder „das baldige Ende der Existenz unserer Erde". Vielmehr sind es Qualitäten wie die Macht der Liebe, Transzendenz, Ewigkeit oder – ein weiteres Beispiel – der wider allen Anschein hochgehaltene Glaube an einen sich doch noch einstellenden Sieg der

Humanität. „Wider allen Anschein" soll in diesem Zusammenhang heißen: ich glaube, daß das z.b. seinerzeit in Tschetschenien, Ruanda und im zerfallenen Jugoslawien wütende Gemetzel, von verrohten Menschen veranstaltet, keinesfalls das edelste und tiefste Menschentum repräsentieren kann. Obwohl ich nicht die Meinung vertrete, daß der Mensch von Natur aus gut sei, halte ich doch an meiner Überzeugung von einer möglichen Rückkehr zur Humanität fest. Andernfalls würden wir als Menschheit ins offene Messer laufen und nicht endlich Schwerter zu Pflugscharen, sondern wie früher Pflugscharen zu Schwertern umschmieden. Martin Heidegger hat in diesem Zusammenhang gefragt: „Stehen wir gar im Vorabend der ungeheuersten Veränderung der ganzen Erde und der Zeit des Geschichtsraumes, darin sie hängt? Stehen wir vor dem Abend für eine Nacht zu einer anderen Frühe?"[142]

V Nachgedanken

Die sog. Rückkehr zur Humanität oder die Besinnung auf ein neues Humanitätsverständnis ist ein rein säkular-ethischer Schritt. In der vorschnellen Annahme, das säkulare Humanitätsverständnis habe keinerlei Beziehung zu religiös-ethischen Motiven, müssen wir uns von theologischer Seite durch Harry M. Kuitert korrigieren lassen.[143] Wenn wir an den Armen und Kleinen vorübergehen, dann werde „das Lamm zum Tiger", und wir provozierten damit unser Gericht, sagt Kuitert. Und er fährt fort, daß die christliche Tradition nirgendwo anders als hier klarer zeigen könne, wie die Humanität der einzig wahre, von Gott zu einer eschatologischen Macht erhobene Maßstab sei. Dieser Begriff kann zu Mißverständnissen Anlaß geben, und zwar in dem Sinne, als sei die Humanität das einzige entscheidende Kriterium, nach dem „beim Offenbarwerden der letzten Dinge" über Wohl und Wehe des Menschen entschieden werde. Ich denke, Kuitert meint hiermit wohl das soziale Engagement als Ausdruck humanitären Handelns. Humanität ist von Gott zu einem Maßstab gemacht worden, der nach Kuitert qualitativ das Endschicksal des Menschen bei der Heilsvollendung in Jesus Christus am Ende der Geschichte ganz erheblich mitbestimmt.

Wie gut, daß der Amsterdamer Theologe, wenn wir ihn beim Wort nehmen, der Humanität und dem sozialen Engagement nur den Rang der „Mit-Bestimmung" im Hinblick auf das Endschicksal des Menschen bei der Heilsvollendung einräumt. Wesentlich stärker bestimmend als der soziale Aspekt sind für die Heilsvollendung nach neutestamentlichem Befund erstens die Überwindung des Abstandes zwischen Gott und Mensch in Jesus Christus (= Sündenvergebung); zweitens die Einsicht in die persönliche Erlösungsbedürftigkeit aus unserer hinfälligen und widersprüchlichen Existenz; und drittens unser jeden Tag neu auf den Prüfstand gestellter Glaube an eine andere Wirklichkeit bei Gott nach dem Tode in veränderter Existenzweise. Kuitert würde – so meine ich – dies auch zugeben. Er weist in seiner Theologie sozusagen neben dem mit Leben zu füllenden Glauben ja auch immer auf das mit Glauben zu füllende Leben hin. Kuitert – obwohl er den christlichen Glauben kritisch durchleuchtet – bleibt keinesfalls beim humanitären Aktivismus und beim sozial-hedonistischen (glückseligkeitsorientierten) Engagement als Pforte „zum Leben" stehen. Und das ist gut so! Im Kapitel „Korrekturen und Additionen" werden wir uns mit dieser Problematik noch differenzierter auseinandersetzen. Dabei ergibt sich ganz von selbst die Antwort auf die Frage, ob derartige Ansichten im Lichte des Glaubens haltbar sind.

1. Humanität und Wertbewußtsein

Die Rückkehr zur Humanität, in die die Fähigkeit zu glauben als ein hohes Kulturgut eingebunden ist, darf keinesfalls mit der Evolution eines neuen menschlichen Wesens und einer neuen Gesellschaft verwechselt werden, wie sie auf politisch-philosophischer Ebene der dialektische Materialismus und auf theologisch-philosophischer Ebene Teilhard de Chardin propagiert. Teilhard träumte sogar – wie viele wissen – davon, daß die Menschheit mit Gott verschmelzen würde und jeder Mensch dermaleinst seine eigene Göttlichkeit am „Omega-Punkt" zu erreichen imstande sein werde.[144] Die völlig abstruse Vorstellung eines Jörg Lanz von Liebenfels (bürgerlich: Adolf Lanz, gest. 1954), daß Rasse mit Gott zu identifizieren sei, soll hier nur am Rande und zudem aus Gründen unüberbietbarer Kuriosität erwähnt werden.[145]

Mit „Rückkehr zur Humanität" (ob sie für ein sinnerfülltes Leben ausreicht, sei zunächst einmal nicht diskutiert) meine ich die schlichte aber eindrückliche Besinnung auf die kulturellen und anthropologischen Errungenschaften unserer Geschichte. Auf Humanität gegründete Solidarität setzt ein hohes Maß an Wertbewußtsein voraus. Wir sollten in diesem Zusammenhang weniger den Begriff „wertkonservativ" als vielmehr den Begriff „wertsensibel" benutzen. Bei ersterem liegt der Akzent stärker auf dem Bewahren (conservare); bei letzterem legt man sein Augenmerk eher auf die Sensibilität oder Wachsamkeit, d.h., man erklärt sich einverstanden mit gewissen und aus guten Gründen nachvollziehbaren Wertewandlungen (Reformen)[146], wenn sie denn ein tolerables Maß nicht überschreiten. Unter dem „tolerablen Maß" verstehe ich, daß bei aller Veränderung oder Wandlung der Werte die Gesellschaft selbst nicht erkrankt, d.h. vor allem ihre tragenden Säulen Ethik und Moral prinzipiell „gesund und heil" bleiben.

Insbesondere die anthropologischen Werte werden immer noch im Rahmen der familiären oder schulischen Erziehung vermittelt. Die Gesellschaft (der Staat) hat die Aufgabe, Schule und Familie (Ehe) konsequent bei der Erfüllung dieses Auftrages zu unterstützen (Subsidiaritätsprinzip). „Erziehung kann nur gelingen, wenn sie den über die Verfassung hinaus übereinstimmend anerkannten Werten und Zielen verpflichtet bleibt", heißt es bei H. Hofsommer in der Schrift: „Bildungspolitische Grundsätze im vereinten Deutschland".[147] Und er nennt eine Liste solcher Werte:

- *die Ehrfurcht vor Gott und die Würde jedes einzelnen Menschen*
- *Mitmenschlichkeit und Gemeinsinn*
- *Selbstvertrauen und Eigenverantwortung*
- *Bereitschaft zur eigenen Anstrengung und Leistung*
- *Hilfsbereitschaft und Höflichkeit*
- *Rechtschaffenheit und Wahrhaftigkeit*
- *Toleranz und Aufgeschlossenheit*
- *Vaterlandsliebe und Weltoffenheit.*[148]

Ich möchte diese Aufzählung noch um die Begriffe Bescheidenheit und „Lebenstransparenz" (Offenheit in der Lebensgestaltung) ergänzen.

Die Teilhard'schen Vorstellungen erscheinen geradezu absurd und sind mit den christlichen Aussagen völlig unvereinbar. Teilhard preist die Evolution und läßt die Entwicklung von Erde und Mensch sich von der Geosphäre über die Biosphäre bis zur Noosphäre erstrecken und abschließend in der sog. Theosphäre ihre Vollendung finden.

Hiermit meint Teilhard – etwas vereinfacht interpretiert –, daß sich zunächst der unbelebte rein geologische Erdenkörper entwickelt habe, danach das biologische Leben (Pflanzen, Tiere, also Flora und Fauna) und alsdann das Bewußtsein, das im Menschen kulminiert. Vollendet sein wird die Entwicklung erst dann, wenn alles zusammen in die Theosphäre – in die Sphäre der Vergöttlichung – eingegangen ist.

Natürlich kann man jetzt durchaus argumentieren, daß – wie alles aus Gott gekommen ist – so auch alles zu Gott zurückkehren werde und Teilhard hiermit recht habe. Aber die Offenbarung belehrt uns in ihren zuweilen erschreckend grandiosen Bildern darüber, daß eben nicht **alles** in Gott zurückkehren wird, weil „es" dies gar nicht will bzw. gar nicht glaubt, obwohl das Angebot allen gilt und Gott am liebsten „alles" zu sich zurücknehmen möchte. Daß hier in erster Linie der Mensch angesprochen ist, steht außer Frage.

Wenn man sich in der heutigen Zeit einmal über religiöse Fragen unterhält, dann erfährt man, wieviele Menschen den Glauben gering schätzen und praktisch gar nicht die Absicht haben, zu denen zu gehören, die in Gott bzw. zu Gott zurückkehren wollen. Die teleologisch-finale Problematik (sinn- und zielgerichtete Fragestellung) des Lebens interessiert sie nicht im mindesten, allenfalls lediglich als theoretisches Phänomen. Oder sie hängen dem Glauben an eine falsch verstandene All-Versöhnung an, die davon ausgeht, daß so oder so „alles" (insbesondere alle Menschen) dermaleinst zu Gott zurückkehren werden, egal, ob sie während ihres Erdenlebens bewußt danach gelebt haben oder nicht.

Der positivistische Philosoph Auguste Comte war vorher, in der ersten Hälfte des 19. Jahrhunderts, den umgekehrten Weg gegangen. Bei ihm beginnt die Entwicklung des Menschengeschlechts mit der theologischen oder religiösen Phase, um sich über die philosophisch-metaphysische Periode bis zum wissenschaftlichen als höchstem Stadium zu vollenden.[149]

Die Lehre Teilhards trägt nach meiner Meinung allzusehr den Stempel eines ersonnenen philosophisch-theologischen Konstruktes, für das es in der biblischen Theologie keinerlei Belege gibt. Auch wenn es der eine oder andere nicht gerne hört, Menschheit und Erde werden keinesfalls in einer sog. Theosphäre in Form des im Omega-Punkt vergöttlichten Menschen ein positives Ende finden oder eine „Neue Auferstehung" feiern. Menschheit und Erde werden ihre Existenz irgendwann apokalyptisch beenden[150] und nur diejenigen vermögen den katastrophalen letzten Akt noch ein wenig hinauszuschieben bzw. zu überstehen, die hier, heute und jetzt den Weg der „radikalen Humanität" einzuschlagen bereit sind. Überdies muß der Begriff des Guten als Grund der Moral und einer normativen Ethik wieder verstärkt in unser Bewußtsein treten.

Allen Kritikern, die an dieser Stelle den Finger erheben und von einer „elitären Propaganda" unter negativem Vorzeichen (des drohend erhobenen Fingers) sprechen, möchte ich entgegenhalten, daß Humanität und Glaube vielen Menschen dieser Erde möglich sind. Leider wissen wir schon jetzt und erleben es täglich, daß ein großer Teil keinen Gebrauch davon machen wird. Andernfalls würde es – das ist die allfällige Konsequenz daraus – keine so bestialischen, lebensverachtenden Kriege mehr geben, wie seinerzeit z.B. in Tschetschenien, Ruanda oder im zerfallenen Jugoslawien. Von Humanität beseelte Menschen führen keine Kriege – weder so noch so – es sei denn, sie werden „ganz persönlich" angegriffen und müssen sich ihrer Haut wehren. Von tiefer Humanität erfüllte Politiker kalkulieren keine Kriege ein. Der Krieg als Handlungsinstrument wird bei realistischer Sicht letztlich zwar unvermeidbar bleiben. Der Philosoph Immanuel Kant hat (leider!) recht mit seinem Ausspruch, daß der Friede nicht der Naturzustand sei. Ein Krieg sollte jedoch nicht aus ethnisch-hegemonialen oder wirtschaftlichen oder ideologisch-weltanschaulichen Gründen geführt werden, sondern nur in Phasen persönlicher Bedrohung oder politischer Strangulierung ohne eigene Schuld oder im Falle des Genozids eines unschuldigen Volkes.

Das einzige Mittel, den Krieg als Einrichtung prinzipiell abzuschaffen, so S. Haffner, wäre die Ausrufung eines „Weltstaates". Aber zum sog. Weltstaat gibt es wahrscheinlich keinen anderen Weg als den erfolgreichen Welteroberungskrieg. Die geschichtliche Erfahrung zeigt uns jedenfalls keinen anderen.[151] Diesen Krieg müßten wir dann als „war to end war" (als Krieg zur Beendigung aller Kriege) bezeichnen.[152] Ein schrecklicher Gedanke.

Analog zur Ausrufung eines Weltstaates wird neuerdings – vor allem von H. Küng – vom Weltethos zur irdischen Friedenssicherung geredet. Dieses – wie F.W. Graf unter Berufung auf einen Bericht der Bertelsmann-Stiftung an den Club of Rome (Hg. P.L. Berger) schreibt – ist jedoch keineswegs der Fall. „Ein Weltethos dient nicht dem Frieden, sondern bedroht ihn, weil es durch abstrakte Universalisierung partikularer Normen die besonderen Identitäten einzelner Gesellschaften schwächt".[153]

Dieser beim ersten Lesen etwas schwer verständliche Satz bedarf der Erläuterung. Graf will damit sagen, daß die Aufrichtung eines Weltethos den Völkerfrieden eher bedroht als herbeiführt. Denn es nimmt den Völkern ihre je persönliche Identität, indem es einzelne Richtgrößen bzw. Werte ohne Bezug zur Realität für alle Völker dieser Welt als verbindlich erklärt. Damit ebnet es die individuellen Unterschiede, die ja auch ihr Gutes haben, ein und dies wird kein Volk auf die Dauer unwidersprochen hinnehmen.

Mit H. J. Störig[154] ist hier zu fragen, ob der Mangel an „radikaler Humanität" insbesondere in unserer westlichen Welt seinen Grund nicht darin hat, „daß für uns Handeln, Selbstverwirklichung, Erfolg, Ruhm, Besitz (gesellschaftliches Ansehen, d. Verf.) ja sogar Aufregung und Risiko vom Sinn des Lebens nicht zu trennen sind. Die westliche Philosophie ist eine Philosophie des Machens, des Bauens, des Handelns. Über die letzten Ziele des Handelns jedoch besteht wenig Klarheit. Man könnte fast sagen, der Westen habe ein Maximum an Aktion bei einem Minimum an Warum und Wofür".[155]

Auch als Christ wird man zugeben müssen, daß der Osten dies in Frage stellt. „Ist Wünschen wirklich wünschenswert? Sucht der Mensch nicht eigentlich in und hinter allem Handeln eine dauernde Befriedigung? Ist es nicht wichtiger, dieses letzte Ziel vor allem ins Auge zu fassen? Blinde Aktivität ist gar nichts wert. Aktivität ist nur sinnvoll in ihrem Einsatz für ein klar erkanntes wertvolles Ziel. Erlösung und Frieden als solches Ziel – das ist die Botschaft des Ostens."[156] Und wir könnten jetzt hinzusetzen: das ist die Botschaft der wahren Humanitas, obwohl ich hier keinesfalls der fernöstlichen Religiosität das Wort reden möchte.

Denn diese birgt wiederum die Gefahr in sich, uns allzu schnell in die Fänge eines permissiven Synkretismus und eines dunklen Vielgötterglaubens bzw. einer Lebensphilosophie geraten zu lassen, wie es nicht nur in Ansätzen, sondern in voller Ausprägung bei der „New-Age-Bewegung" beobachtet werden kann. Diese sich lammfromm gerierende Welt- und Lebensanschauung ist eine der größten Gefahren und Verführungen der Gegenwart nicht nur in der westlichen Welt.

2. Solidarität und Identität

Wir haben oben von Solidarität gesprochen und als ihr wichtigstes Merkmal das verläßliche „Ich-Du-Wir-Verhalten" genannt. Solidarität wiederum ist ein bedeutsames Charakteristikum der Humanität. Es war Erich Fromm, der sich als Psychoanalytiker in vielen seiner Untersuchungen mit den Fragen der Humanität am intensivsten unter allen seinen Zeitgenossen auseinandergesetzt hat.[157] Immer wieder stößt man bei Fromm auf die Erwähnung der Kibbuzim-Bewegung in Israel, der Communeautés-de-Travail in Frankreich, der deutschen Hutterer in Kanada, bzw. auf die Nennung von Persönlichkeiten wie z.b. R.W. Emerson und Albert Schweitzer.[158] Mögen allen diesen Bewegungen und Persönlichkeiten auch völlig unterschiedliche, ja widersprüchliche Konzeptionen zugrunde liegen, so stimmen sie nach Fromm doch darin überein:

– *daß der wechselseitige Antagonismus durch Solidarität ersetzt werden muß;*
– *daß nicht maximaler Konsum, sondern vernünftiger Konsum, der das menschliche Wohl fördert, erstrebenswert sei;*

123

– *daß ein neues Verhältnis zwischen Mensch und Natur hergestellt werden müsse, das auf Kooperation und nicht auf Ausbeutung beruht;*
– *daß der einzelne zu aktiver Mitwirkung am gesellschaftlichen Leben motiviert werden soll.*[159]

Am augenfälligsten läßt sich der Versuch, diese vier Ziele zu realisieren, am Beispiel der deutschen Hutterer in Kanada demonstrieren. Die deutschen Hutterer bilden eine festgegründete religiöse Gemeinschaft urchristlichen Zuschnitts. Den Witwen, Waisen, Kindern, Alten und Kranken gilt die Solidarität aller in besonderem Maße. Auch im säkularen Bereich des alltäglichen Lebensablaufs hat ihr Glaube einen beachtlichen Transzendenzbezug. Da für sie alles Dasein letztlich theonom bestimmt (nach Gottes Ordnung ausgerichtet) ist, arbeiten die Starken immer Hand in Hand und treten nie in Konkurrenz zueinander. Dies bestätigt die These Fromms, daß hier der wechselseitige Antagonismus durch Solidarität ersetzt wird (s. erste Aussage oben). M. Holzach, der eine Zeitlang mit den Hutterern leben konnte, erzählt wörtlich: „Doch während draußen in der Wohlstandsgesellschaft das Unglück der Menschen mit wachsendem materiellem Besitz zunimmt, und die Unzufriedenheit trotz zunehmender Freiheiten wächst, strahlen die Hutterer eine innere Ruhe und Zufriedenheit aus, die mich fasziniert, seit ich in der Kolonie eintraf. Befreit von der zwanghaften Sucht nach ständigem Vergnügen, frei auch von der Möglichkeit, alles zu dürfen, scheinen sie einem erfüllten Leben näher als mancher westliche Glücksritter".[160]

Ähnliches berichten J. Stricker[161] und Chr. Steinke-Heyn[162] von den russischen Baptisten-Gemeinden, die sie im Rahmen ihrer christlichen Sozialarbeit (Hilfswerk Kirche Im

124

Osten) besuchten. Allen Gemeinden ist bei ihrem außerge-
wöhnlich solidarischen Verhalten aus Glauben zusätzlich
eine ganz säkular zu verstehende und unbewußt zutage tre-
tende Gelassenheit und tiefe Humanität zu eigen.

Das Wertbewußtsein wird erschüttert, wenn wir der in
unserer Zeit steigenden Tendenz des „Sowohl-als-auch"
huldigen und je nach Bedürfnislage verschiedene Werte
und Normen kombinieren im Sinne einer „extrem individu-
alistischen, situationskonformen Adaptation" (einer extrem
auf die persönliche Situation bezogenen Anpassung). Peter
Henning hat meines Erachtens zurecht warnend darauf
hingewiesen, daß der Mensch in der Postmoderne geneigt
sei, alle Gegensätze zu verwischen und eine – wie er es
nennt – „polyvalente Identität" zu entwickeln (= Versuch,
mit sich selbst zur Übereinstimmung zu gelangen durch
Kombination verschiedener Werte und Normen, je nach
Bedürfnislage). Das heißt: der Mensch vereint seinem Bedarf, Geschmack und Vorteilsstreben entsprechend verschiedene Werte und Normen miteinander bis hin zur
Akzeptanz multiethnischer, multikultureller und multireli-
giöser Praktiken. Hier von „ethischer Libertinage" als dro-
hendem Zukunftsübel zu sprechen, ist wohl nicht ganz ver-
kehrt.

Unter Bezugnahme auf G. Langemeyer und K. Seybold
schlüsselt Hansjörg Bräumer den Begriff „Identität" sehr
verständlich auf.[163] Das Wort Identität hat noch keine sehr
lange Geschichte. Es bedeutet soviel wie „das Wissen des
Menschen um sich selbst, und zwar von seiner Existenz
her". Dazu gehören sowohl die persönliche Identität (Na-
me, Befinden, Ehre, Leben), als auch die soziale Identität
(Familie, Lebenskreis, berufliches Umfeld), als auch die
religiöse Identität, also die Fragen des Glaubens, die hier

interessieren sollen. Der Verlust der Identität ist etwas sehr Schlimmes. Dadurch wird der moderne Konsument von heute zunehmend unberechenbarer – nicht nur für Wirtschaft und Institutionen, sondern auch für den persönlichen Bereich. Verbunden damit sei das wachsende Gefühl dafür, daß so etwas wie „Normalität" schon bald gar nicht mehr existiert.[164] Der Identitätsverlust kann sogar krankhafte Formen annehmen und dann zu einer noch tieferen Krise, nämlich der Identitätsdissoziation (Zerteilung oder Zerfall in verschiedene Persönlichkeiten innerhalb ein und desselben Menschen) führen. „Manche Krankheitszustände und auch manche schwer erklärbaren Verhaltensweisen, die man im Alltagsleben erfährt, lassen sich darauf zurückführen, daß eine konflikthafte Persönlichkeit ihre Zwiespältigkeit in verschiedenen Verhaltensweisen oder Lebensstilen in Erscheinung treten läßt und auslebt".[165]

Der Erhalt von Identität und Wertsensibilität – säkular wie religiös – ist nicht frei von geistigen Auseinandersetzungen, ja, fordert den Diskurs in besonderem Maße heraus. Wertsensibel zu leben bedeutet in der heutigen Zeit, Schlichtheit, bewußten Verzicht, naturkonformes Verhalten, Solidarität durch Verläßlichkeit, Zuwendung, Zuversicht und Glaubensstärke zu demonstrieren und sich möglicherweise dafür so manche Kritik gefallen lassen zu müssen. Humanität – gegründet auf Solidarität –, Glaube und Wertsensibilität sind wichtige zusätzliche Stabilisatoren unserer Identität. Sie umfassen nicht nur die öffentliche Existenz, sondern reichen auch in den privaten Bereich hinein. Hier begegnen wir wieder einer diakritischen Grundhaltung, die eng mit dem verbunden ist, was oben als „apologetisches Existenzverständnis" bezeichnet wurde.

Unser Wissen geht mit uns zu Grabe, unser Glaube geht mit uns zur Herrlichkeit.

Rudolf Alexander Schröder

E Polarität und Glaube

Was unsere Existenz in Spannung hält und ihr Farbe gibt, was sie uns andererseits aber auch leidvoll und schmerzhaft erfahren läßt, ist die Polarität des Lebens, ja die Polarität als Urphänomen allen Seins. Der Begriff „Polarität" darf hier keineswegs so gedeutet werden, als stünden sich Gegensätze radikal und unversöhnlich gegenüber. Polarität bedeutet hier, daß sich Gegensätze wie zwei Pole zueinander verhalten, also bei wesenhafter Zusammengehörigkeit letztlich doch zur Existenz eines „großen Ganzen" beitragen. Ein geläufiges Beispiel hierfür stellen etwa Nord- und Südpol unserer Erde dar, die einander entgegengesetzt sind, aber doch zum Ganzen unserer Erde gehören, beziehungsweise durch die die Ganzheit – besser noch: die Balance oder der spezielle Charakter unserer Erde – garantiert wird. Die Griechen sprachen angesichts dessen, was wir hier „Polares Prinzip" nennen, von der *antipalos hermonia,* der widerspenstigen Eintracht von Einzelmensch und Gemeinschaft etwa, oder dem dialektischen Miteinander von Herrschaft und Dienst, Freiheit und Bindung.[166]

Übertragen auf unser Leben bedeutet dies, daß das große und alles umspannende Ganze unseres Daseins als solches erst durch Polaritäten „in Spannung" gehalten wird. Gäbe es z. B. kein Leid in dieser Welt, sondern nur Freude und Glück, so würden wir allzu schnell dem „metaphysischen Leichtsinn" (Max Scheler)[167] aufsitzen. Das heißt für unser tägliches Leben, daß wir – einem utopischen Glückseligkeitsstre-

ben und einem Gewöhnungseffekt der Leidfreiheit zufolge –
sofort in Resignation, ja in Apathie verfielen, wenn wir nicht
mehr in beiderlei Hinsicht (also sowohl geistig-seelisch als
auch körperlich) „wie auf Rosen gebettet" lebten.

Polarität und Glaube konfrontieren uns mit einer komplexen Thematik. Deshalb erscheint es nach dieser Einleitung
geboten, eine Systematik zu versuchen, die die vielfältigen
Ecken und Nischen dieser Fragestellung auszuleuchten vermag. Dabei geht es darum, die Funktion des Glaubens (definiert als Zuverläßigkeit, Treue, Zuversicht, Gewißheit, liebende Akzeptanz, hoffende Erwartung) im Vergleich zum
Denken herauszustellen. Wir haben dies im Prinzip ja schon
im Kapitel „Erkenntnis und Glaube" im Zusammenhang
mit dem spekulativen Denken und den Begriffen Perspektive und A-perspektive getan. Trotzdem gibt es noch einige
weitere Gesichtspunkte, die hier aufgezeigt werden sollen.

I Strukturanalyse des polaren Prinzips

Bei der strukturellen Untersuchung des polaren Prinzips
in der menschlichen Existenz müssen wir stets der Tatsache Rechnung tragen, daß wir es mit Gegensätzen zu tun
haben, die letztlich einem großen Ganzen dienen. Dieses
große Ganze ist das Dasein in all seinen kollektiven und individuellen Variationen. Schon Heraklit und die anderen
griechischen Naturphilosophen des 5. Jahrhunderts v. Chr.
hatten das große Gesetz von der Einheit der Gegensätze erkannt, nach dem sich aus der einen Ur-Energie – wie sie es
nannten – unablässig die Vielheit entfaltet. Alle Entwicklung geschieht im polaren Zusammenspiel gegensätzlicher
Kräfte. Mit der Lehre vom Zusammengehören und Zusammenwirken des Gegensätzlichen schuf Heraklit übrigens

128

das Modell der dialektischen Entwicklungslehre[168] (Jedes Ding bedarf zu seinem Sein seines Gegenteils).

1. Diametrale und radiale Polarität

Der frühe Romano Guardini hat sich 1925 in seinen Versuchen zu einer Philosophie des Lebendig-Konkreten mit den Gegensätzlichkeiten der menschlichen Existenz des längeren auseinandergesetzt.[169] Guardini sagt u.a., soweit es (das Leben, d. Verf.) wirklich lebendig sei, wisse es sich als etwas tief Revolutionäres: stets rollend und morgen niederdrehend, was heute oben ist.[170] Hiermit meint er sowohl emotionale wie reale Zustände, als da sind Freude und Leid, Gesundheit und Krankheit, Tag und Nacht, also diametrale Gegensätze. Graphisch könnten wir dies mittels eines Kreises darstellen, bei dem zwei gegenüberliegende Punkte durch eine Linie verbunden werden, die durch den Mittelpunkt läuft (Kreisdurchmesser). Trotz aller Gegensätzlichkeiten handelt es sich um Polaritäten, denn sie führen erst zusammen die Vollständigkeit des geistig-seelischen oder biologischen Daseins herbei. Was wäre, wenn unser Leben ausschließlich aus Freude, Gesundheit, Sonnenschein und Leidfreiheit bestünde? Darüber haben wir gerade anhand des Scheler'schen Begriffs „Metaphysischer Leichtsinn" nachgedacht.

Bei aller erforderlichen Bekämpfung von Krankheit, der sich der Verfasser bisher fast 36 Jahre lang in engagierter und oft entbehrungsreicher Klinik-Tätigkeit gewidmet hat, ist doch zu fragen, wie unsere Existenz aussähe, wenn es nur Gesundheit gäbe. Und ohne einen Tag-Nacht-Rhythmus zu leben, d.h. sich entweder in immerwährender Helligkeit oder in permanenter Dunkelheit zu befinden, ist nicht auszudenken. Ebenso unvorstellbar ist ein Dasein, das entweder den permanenten Imperativen unseres „Über-Ich" (Moralinstanz) oder den nebulösen Befehlen unseres „Es" (Triebschicht) gehorchen würde. Trotzdem auch hier wieder: die beiden Pole dieses sog. psychoanalytischen Persönlichkeitsmodells (Über-Ich und Es) sind letztlich über die Brücke des „Ich" hinweg die Konstitutenten des Menschseins in seiner großen Ganzheit. Ja, ich möchte behaupten, daß unsere Existenz erst durch diese Gegensätze zur „Exsistenz" (zu einem Hervor- oder Heraustreten) wird; denn erst durch derartige Gegensätze im Sinne von Polaritäten kommt ein persönliches Profil zustande. Besser gesagt: erst daran, wie der Mensch mit diesen Polaritäten fertig wird, zeigt sich, wes Geistes Kind er ist.

Radiale Polarität läßt sich ebenfalls am Beispiel des Kreises verdeutlichen. Hier haben wir es – bildlich oder geometrisch gesprochen – mit einer Linie zu tun, die vom Kreismittelpunkt bis zu einem gegenüberliegenden Punkt auf der Peripherie des Kreises verläuft. Logischerweise sind die Endpunkte des Radius nur halb soweit voneinander entfernt wie beim Durchmesser (Diameter) des Kreises. Bei der radialen Polarität befinden wir uns auf etwas unsicherem Boden. Besser wäre es, von „weicher Polarität" zu sprechen, da die Gegensätze sich nicht so hart und deutlich gegenüber stehen wie bei der diametralen Polarität. Wenn sich im Mittelpunkt eines angenommenen Kreises z.B. der Begriff „Arbeit" (oder Investition) befindet, so dürfte die sog. „weiche" oder radiale Polarität zu einem gegenüberliegenden Punkt der Kreisperipherie in dem Begriff „Gewinn" und zu einem anderen diesem genau entgegengesetzten Punkt in dem Begriff „Verlust" liegen. Der Gegensatz Gewinn – Verlust entspräche dann der diametralen oder „harten" Polarität. Nun ist es aber für das Wort „Arbeit"(oder Investition) typisch, daß wir psychologisch dazu neigen, es eher mit dem Begriff „Gewinn" als mit dem Begriff „Verlust" zu assoziieren. So bin ich unter Bezugnahme auf gewisse psychologische Grundgegebenheiten der Meinung, daß „Arbeit" (Investition) und „Verlust" eher eine radiale (weiche) Polarität darstellen als „Arbeit" und „Gewinn". Letzteres ist zudem im Grunde weniger eine radiale Polarität als eine „konsequentielle Abfolge" mit gewisser, überzufällig häufiger Eintrittswahrscheinlichkeit.[171]

Bei der Gestaltung unserer Existenz – ein weiteres Beispiel – haben wir zwei Möglichkeiten, die der Individuation und die der Vermassung. Individuation (Entwicklung der Einzelpersönlichkeit) einerseits und totales Aufgehen in der Masse andererseits sehe ich als diametrale (harte) Polarität an. In der Mitte zwischen beidem liegt die Sozialisation. Die radiale (weiche) Polarität ist gekennzeichnet durch Individuation und Sozialisation, wenn wir die Tatsache nicht vergessen, daß Sozialisation ja Entwicklung des Menschen zu einem gemeinschaftsfähigen Wesen (unter Förderung seiner Persönlichkeit) und nicht Herausbildung eines „anonymen Massenproduktes" bedeutet.

2. Simultane und konsekutive Polarität

Hierbei haben wir es mit einem existentiellen Phänomen zu tun, bei dem gleichzeitig vorhandene „polare Gegensätze" von solchen zu differenzieren sind, die nacheinander auftreten. Wir wollen dabei die Unterscheidung des vorigen Kapitels (diametral-radial) vernachlässigen.

Die „simultane Polarität" ist dadurch gekennzeichnet, daß ihre „Gegensätze" eher auf existenzimmanenten Gesetzen, Regeln oder Tatsachen beruhen, die sozusagen seit „ewigen Zeiten" gültig sind, mithin geistige wie psychologische,

131

biologische wie historische Prinzipien darstellen. „Konsekutive Polarität" besteht in „Gegensätzen", die erst durch
unser Handeln offenbar werden, d.h., sich im Lebensvollzug nacheinander ergeben, also eher materieller Natur sind.
Um ein Beispiel für beides zu nennen: Krieg und Frieden
sind, wenn wir es recht bedenken und global betrachten, sowohl simultane wie konsekutive Polaritäten. Aus ethisch-
sittlichen wie religiösen Gründen weigert sich etwas in uns,
sie – was den Krieg angeht – als Konstituenten eines großen
Ganzen vorbehaltlos zu akzeptieren. Aber auf unserer Erde
wird es immer das „Zugleich" von Krieg und Frieden geben,
was uns im Augenblick bedauerlicherweise wieder ausreichend demonstriert wird. Aus lokaler Sicht (z.b. eines einzelnen Landes) können Krieg und Frieden logischerweise nur
im Nacheinander, also konsekutiv vorkommen. Was die Gebrochenheit und Unzulänglichkeit unserer Welt angeht, so
ist zu fragen, ob neben dem Frieden nicht leider doch auch
der Krieg zu jenen Teilen gehört, aus denen sich das große
Ganze des menschlichen Miteinanders (negativ!) zusammensetzt. Egal, ob wir dies ethisch-sittlich gutheißen oder nicht.

Für unsere eigene politische Sphäre wie für die Welt allgemein wird das Gesetz wohl nicht abzuschaffen sein, daß
auf eine mehr oder weniger lange Friedenszeit irgendwann
eine große oder kleine kriegerische Auseinandersetzung
folgt. Zwar haben wir hiergegen mit aller Kraft anzukämp-
fen, jedoch ist dieser Kampf im wahrsten Sinne tragisch.
Der ethische Auftrag „des Lebens, das leben will, inmitten
von Leben, das leben will"[172] ist nämlich, so zu handeln, als
sei der Krieg abschaffbar, obwohl wir wissen, daß er sich sozusagen als Parasit leider immer wieder einstellen wird.

Aus diesem Beispiel wird ersichtlich, wie sich simultane
und konsekutive Polarität durch eine dritte Form ergänzen

lassen, die beides – Simultanität und Konsekutivität – umfaßt. Wenn wir sagten, daß simultane Polaritäten eher psychologischer oder geistiger, kultureller oder historischer bzw. politischer Art sind und auf existenzimmanenten Gesetzen oder Regeln beruhen, so müssen an erster Stelle hier die psychologischen Gegensätze im Einzelmenschen wie in der Gesellschaft genannt werden (Ich – Es; Individuation – Vermassung[173]; Egoismus – Altruismus; Selbsterhaltung – Selbstaufopferung; Neigung – Pflicht; Freiheit – Gesetz). Konsekutive Polaritäten, die wir als eher materielle naturhafte Gegensätze bezeichnet haben, sind z. B. Saat und Ernte, Sommer und Winter, Regen und Sonnenschein, aber auch Arbeit und Spiel.[174]

Wenn sich in einem Menschen destruktive, regressive, unsittliche Verhaltensweisen in konstruktive, progressive, ethisch-moralisch hochstehende Wertvorstellungen verwandeln, so liegt ein psychologisches Beispiel einer konsekutiven „Polaritätsbewegung" vor. Danach müßten wir unsere Definition, konsekutive Polaritäten hätten eher materiellen Charakter, einer Revision unterziehen. Wir sollten besser sagen: Simultane Polaritäten existieren überwiegend in Gegebenheiten, Gesetzen, Regeln und Tatsachen, sind also eher statisch, konsekutive Polaritäten finden sich in Einstellungen, Handlungen und Ereignissen, sind also überwiegend dynamisch.

Gutes und Böses im Menschen bilden eine besonders beachtenswerte simultane Polarität. Die beiden amerikanischen Theologen Hunt und McMahon kritisieren, daß die Ansicht, der Mensch sei von Natur aus gut und in uns allen wohne ein unschuldiges Kind, die moderne Psychologie sozusagen als Eckstein weitgehend bestimme.[175] In die Kritik von Hunt und McMahon kann ich nur einstimmen. Denn die Psychologie von heute übersieht, daß neben dem

133

„unschuldigen Kind" in uns allen zugleich der „reißende Wolf" lebt. Das unschuldige Kind und der reißende Wolf sind diametrale und darüber hinaus auch simultane Polaritäten. Sie bilden zwar einen „extremen Gegensatz", sind im Menschen aber doch lebenslänglich zugleich vorhanden, also immer nebeneinander existent.

3. Permanente und temporäre Polarität

Bei der Strukturanalyse des polaren Prinzips können wir auch eine Unterscheidung zwischen dauerhaften und zeitlich begrenzten Gegensätzen vornehmen. So sind permanente Polaritäten z.B. in den Naturgesetzen vorhanden, die seit „ewigen Zeiten" Gültigkeit haben. Gleichnamige Pole stoßen sich ab, ungleichnamige ziehen sich an – dies ist solch ein uns allen bekanntes Naturgesetz, und wir wissen, daß hier der Gegensatz (zwischen Plus und Minus) vor allem auf dem Gebiet der Elektrizität besteht. Aber auch auf psychologischem Gebiet ist bekannt, daß sich einander ergänzende, „ungleichnamige" Partner zuweilen stärker anziehen können als „gleichartig gepolte". Daß in unserer Brust zwei Seelen wohnen bzw. bisweilen sogar miteinander ringen, wird ein polares Prinzip bleiben, solange der Mensch existiert – wovon wir ja schon gesprochen haben. Immanenz (das innerhalb der Grenzen des sinnlich Erfahrbaren Liegende) und Transzendenz (das die Grenzen des sinnlich Erfahrbaren Überschreitende) werden auf ewig Polaritäten bleiben, wobei sie zum Sein des großen Ganzen beitragen – z.B. zur Wahrheit des vollkommenen Seins –, was in der Geometrie für gewöhnlich als Kugel dargestellt wird.[176] Auch Werden und Vergehen, also Geburt und Tod alles Lebendigen, stellen einen fließenden Gegensatz dar, der immer vorhanden sein wird, solange es Leben gibt.

Eine temporäre Polarität sind Gesundheit und Krankheit, sofern sich eine Krankheit z. B. als konkretes, zeitlich begrenztes Phänomen in einem Individuum ereignet. Wir dürfen hier nicht das allgemeine „Lebensgesetz" des immerwährenden latenten Kampfes zwischen Gesundheit und Krankheit in allem Lebendigen sehen, denn dieses wäre wiederum eine permanente Polarität. Guardini führt ein meines Erachtens sehr treffendes Beispiel an, durch das temporäre Polarität einleuchtend erklärbar wird. „Soll nicht Selbigkeit (immer dasselbe im Leben, d. Verf) sondern lebendiger Zusammenhang sein, so muß ein Mindestmaß wenigstens von Scheidung wirksam werden. Ein Höher und Tiefer, Breiter und Schmäler, Länger und Kürzer; ein Schwellen und Abnehmen, ein Anziehen und Nachlassen; Über- und Unterordnung."[177] Die hier aufgezählten Gegensätze sind wechselnde Phänomene bzw. fluktuierende Ereignisse, so daß Polarität „auf Zeit" auch auf diese Weise verständlich wird. Denn was heute „Nachlassen" heißt, kann morgen schon „Anziehen" bedeuten. Was heute ein „Kürzer" oder „Tiefer" ist, kann morgen schon ein „Länger" oder „Höher" sein. Zwar bleibt die Polarität prinzipiell bestehen, doch wird die „Gegensätzlichkeit" sozusagen umgepolt, worin sich eben auch – jedenfalls bei permanenter Betrachtung aus derselben Richtung – eine zeitlich limitierte Polarität zu bekunden vermag. Wenn das „ Höher" von heute schon das „Tiefer" von morgen sein kann, so existiert es sozusagen unter anderem Vorzeichen und umgekehrt. Hier könnte in der Tat der Begriff „fluktuierende" oder besser noch „alternierende" Polarität angewandt werden. Tab. 4 stellt der Anschaulichkeit halber einige willkürlich ausgewählte Polaritäten einander gegenüber, wobei ich zwischen den „Gegensätzen" einen sog. „mittleren Zustand" anzugeben versuche, was – je nach Art der Gegensatzpaare – nicht immer einfach ist.

Gesundheit	Biologischer Grenzzustand	Krankheit
Höher	Vertikale Mitte räumlich) Emotionale Ausgeglichenheit (psychisch)	Tiefer
Anziehen (Anspannung)	Grundspannung (Grundtonus)	Nachlassen (Entspannung)
Überordnung	Grundordnung	Unterordnung
Über-Ich	Ich	Es
Geburt	Leben (Dasein)	Tod
Gewinn	Arbeit (Investition)	Verlust
Krieg	(Politischer) Indifferentismus	Frieden
Tag	Dämmerung	Nacht
Individuation	Sozialisation	Vermassung
Neigung	(Ambitionelle) Gleichgültigkeit	Pflicht
Egoismus	(Soziale) Gleichgültigkeit	Altruismus
Immanenz	Grenzbereich sinnlicher Erfahrbarkeit	Transzendenz

Tab. 4: Gegenüberstellung einiger wichtiger Polaritäten aus den vorgenannten Abschnitten. In Bezug auf das Beispiel „Individuation" betrachte ich die Sozialisation als eine „radiale", die Vermassung hingegen als eine „diametrale" Polarität. Denn unter Sozialisation ist ja keinesfalls Vermassung zu verstehen, was Psychologen und Soziologen ohne weiteres zugeben werden.

Wir haben oben gesagt, daß sich permanente Polarität in den „ewig gültigen" Naturgesetzen findet. In den biologischen und klimatologischen Gesetzen (z.B. Regen und Sonnenschein, Sommer und Winter) zeigt sich in konkreter Sicht – d.h. auf eine bestimmte Wetterlage oder Jahreszeit und ihren lebendigen Ablauf bezogen – temporäre Polarität. Permanente „Gegensätzlichkeit" liegt im Hinblick auf das gerade genannte Beispiel dann vor, wenn wir die beiden Witterungsverhältnisse oder Jahreszeiten aus übergeordneter abstrakter Sicht als sozusagen klimatologisches Natur- oder Grundgesetz betrachten.

So haben wir an dieser Stelle nun eine ganz wichtige Feststellung zu treffen. Ob eine Polarität diametral oder radial, simultan oder konsekutiv, permanent oder temporär ist, hängt ganz wesentlich von unserer Sichtweise und unserem aktuellen Erleben in seinem alltäglichen Bezug ab. Als aktuelle Erlebnisse (im Lebensvollzug) sind Regen und Sonnenschein bzw. Sommer und Winter eben sowohl temporäre als auch konsekutive Polaritäten. Aus naturgesetzlich-übergeordneter oder globaler Sicht stellen sie permanente wie simultane „Gegensätze" dar, d.h., sie sind als klimatologische Naturgesetze dauerhaft und zugleich vorhanden. Hier gilt also das „Sowohl-als-auch". Und dieser Gedanke nun bildet die Überleitung zum Verhältnis zwischen Polarität und Glauben.

II Die Position des Glaubens

Wir sind zu der Überzeugung gekommen, daß es sehr stark von unserer Sicht- und Erlebensweise abhängt, ob eine Polarität als simultan oder konsekutiv bzw. als permanent oder temporär empfunden wird. Mit gewissen Einschränkungen gilt dies auch für die Qualitäten diametral – radial. Im persönlichen Erleben und Handeln sind Freud und Leid, Krieg und Frieden, Regen und Sonnenschein, Sommer und Winter, Tag und Nacht, Liebe und Haß, Ich und Es, Gut und Böse, Über- und Unterordnung, das unschuldige Kind und der reißende Wolf in uns konsekutiv und temporär. Das heißt: jede „Qualität" hat – für sich genommen – ihre Zeit, denn persönliches Erleben und Handeln sind subjektiv und zeitgebunden. Andererseits jedoch wissen wir, daß es aus übergeordneter Sicht – also aus sozusagen zeitlos-universaler Perspektive oder globaler Zusammenschau – auf dieser Erde und in der Menschheit als ganzer immer ein „Zugleich" in Form von Simultanität und Permanenz gibt. Wir können allerdings aus unserer subjektiven, in unseren persönlichen Grenzen immer und ewig befangenen raum-zeitlichen Position dieses „Zugleichs" nie ansichtig werden.

Die Funktion des Glaubens ist es nun, diese Verbindung als Erlebnis herzustellen. Zwar kann uns z.b. eine meteorologische Karte sofort vor Augen führen, daß es an einem bestimmten Datum in Skandinavien tagelange Regenfälle gibt, wohingegen man zur selben Zeit in Südeuropa eine Hitzewelle und anhaltenden Sonnenschein zu verzeichnen hat. Und auch die Medien vermögen uns solche Gegebenheiten – allerdings für uns selbst immer aus der Distanz – plastisch vor Augen zu führen. Aber dies alles kann vom einzelnen Menschen ganz persönlich und sozusagen original – also im „Zugleich" – nicht erlebt werden.

Wenn wir das „Zugleich" von Polaritäten bzw. polaren Gegensätzen erfahren möchten, so ist uns dies unmöglich, weil wir im Grunde raum-zeitlich gebundene „Augenblicks-Menschen" sind, also nur in der Gegenwart, im

„Hier und Jetzt" aktuell erlebnisfähig werden. Es gehört zu unserem Menschsein, daß wir vielleicht vieles zugleich denken, aber nicht konkret erleben können, nach dem Motto: „die Gedanken sind frei", aber die aktuelle Erlebnisfähigkeit ist situationsgebunden. Insofern sind unsere Gedanken (unsere geistige Abstraktionsfähigkeit) raum-zeitlich ungebundener als unsere unmittelbar emotionale (psycho-physische) Erlebnisfähigkeit. Leib und Seele verwirklichen sich im „Nacheinander" des Lebens. Der Geist hingegen hat den Vorteil, sich sowohl im „Nacheinander" (in der Konkretion) als auch im „Zugleich" (in der Abstraktion) des Lebens betätigen und zurechtfinden zu können. Die subjektivische und perspektivische Position unserer menschlichen Existenz wird dadurch charakterisiert, daß sie erlebensmäßig fest im Hier und Jetzt verankert und an Raum und Zeit gebunden ist. Gedanklich bzw. geistig ist der Mensch in der Lage, den sog. Überblick herstellen und unabhängig von Raum und Zeit sowohl im „Nacheinander" wie auch im „Zugleich" leben zu können.

Was hat dies alles mit dem Glauben zu tun? Hier scheint mir eine grundsätzliche Klärung vonnöten zu sein. Ich möchte meine Überzeugung ausdrücken, daß der Glaube die Funktion eines Fermentes haben kann. Es katalysiert die Reaktion Abstraktion ---> Konkretion, wenn wir uns die menschliche Existenz als einen permanenten Prozeß, als ein ständiges Werden und Wachsen, vorstellen. Anders gesagt: der Geist (bzw. das Denken) sind Instrumente der Abstraktion, der Glaube ist – mag dies auch wiedersprüchlich erscheinen – ein Hauptwerkzeug der Konkretion. Nehmen wir als Beispiel das erste Gebot: „Ich bin der Herr, dein Gott, du sollst keine anderen Göttern neben mir haben". Ich vermag dieses Gebot durchaus geistig zu durchdringen, zu analysieren, zu vergleichen, historisch zu erforschen usw. Ich vermag es sogar zu akzeptieren und intellektuell „irgendwie" damit umzugehen. Aber wenn ich auf diese Weise mit dem Gebot verfahre, wird es für mich immer nur im Abstrakten verbleiben und niemals „Fleisch und Blut" bekommen. Erst wenn ich daran glaube und mich existentiell darauf einlasse, dringt es in jeden Winkel meiner Lebensführung ein, wird es für mich zu einem lebendigen Wegweiser, Schutzschild und Halt.

Natürlich mag man hier erneut einwenden,[178] daß die „freien Gedanken" ebenso wie der Glaube eine Abstraktion zur Konkretion werden lassen können. Rein gedanklich ist es möglich, in gleicher Weise eine Brücke zwischen Perspektive und A-perspektive, zwischen Immanenz und Transzendenz zu schlagen, wie es beim Glauben der Fall ist. Glaube und Denken wurden wiederholt als komplementäre (einander ergänzende) Begriffe (sozusagen „Lebenshaltungen") bezeichnet. Und deshalb sind sie zwar die Bausteine des sog. großen Ganzen unserer Existenz. Aber sie unterscheiden sich in Absicht und Intensität. Was das freie Denken ersinnt, entwirft und – je nach Abstand – überbrückt, wird vom Glauben internalisiert (F. Hacker), praktisch zusammengefügt und gelebt. Der denkende Mensch steht am Reißbrett, fertigt die Zeichnung des Hauses an und vielleicht überwacht er noch den Bau. Der glaubende Mensch baut das Haus praktisch auf, zieht ein und lebt „tatsächlich" darin. Im übrigen ist hier anzumerken, daß es einen ganzen Bereich gibt, der sich – wie schon gesagt – unserem Denken (und Verstehen) entzieht, nicht aber unserem Glauben. Insofern kann die „Reichweite" des Glaubens, wovon wir ja schon gesprochen haben, allemal eine größere sein als die des Denkens. Und schließlich dürfen wir den „Gnadencharakter" des Glaubens nicht vergessen, – ein Begriff, den wir so ohne weiteres auf das Denken nicht anwenden können.

Der Glaube verhilft uns dazu, die Abstraktion zu einer Konkretion werden zu lassen, indem er sie in Raum und Zeit hineinholt und für unsere Existenz erlebensfähig macht. Natürlich sind Beispiele wie Regen und Sonnenschein, Sommer und Winter, Tag und Nacht, die dem meteorologischen Bereich entstammen, im Kontext unseres Themas relativ banal. Von größerer Bedeutung für unsere Existenz wären in Ergänzung der bereits angeführten Polaritäten unzweifelhaft Antinomien wie z.b. Freiheit und Betrieb, Persönlichkeit und Masse, Weltordnung und Imperium, das chaotische Versinken der alten Ordnungsideale, und die Notwendigkeit, aus dem wachsenden Chaos zu einer neuen menschlich-beseelten Ordnung zu finden, die Befindlichkeit unserer westlichen Welt angesichts des Erwachens der ungeheuren Menschenmassen Asiens.[179]

Qualitativ ganz anders – weil nach meiner Meinung den sinn- und zielgerichteten Lauf unseres Lebens treffend – sieht es z.B. aus mit den Polaritäten Immanenz und Transzendenz. Immanenz, also das, was innerhalb der Grenzen unserer sinnlichen Erfahrung liegt, ist für uns Menschen etwas Selbstverständliches. Wir leben ständig darin. Der Transzendenz, also dem, was die Grenzen des sinnlich Erfahrbaren überschreitet, können wir uns in einem geistigen Höhenflug zwar nähern – allein der Glaube läßt es uns existentiell ganz konkret werden, indem er seine Inhalte im täglichen Dasein erlebensfähig macht. Nicht nur die reine Nächstenliebe, sowie die partnerschaftliche und erotische Form der Liebe (vorausgesetzt, sie erweist sich als beständig und fest), sondern auch die mütterliche Liebe hat einen transzendenten Bezug. Denn sie ist an keine Bedingung geknüpft, die das Kind erfüllen müßte. Die Intensität einer Mutterliebe wird auch nicht allein durch die erbbiologischen Bande (durch das „Fleisch-vom-eigenen-Fleisch-

Sein") bewirkt oder durch den kreatürlich-spontanen Appell des Kindes, mit dem es in seiner Hilflosigkeit die sorgende mütterliche Zuwendung veranlaßt, ja herausfordert. Genauso wie in der Partnerliebe liegt auch in der Mutterliebe – trotz aller erklärbaren psychischen, emotionalen und biologischen Motive – ein Quentchen Irrationalität und Unbegründbarkeit.

Im Gegensatz zu dem, was ich oben von ihm zitiert habe, schreibt Erich Fromm andererseits aber: „Kein Wunder, daß Mutterliebe in Kunst und Religion zum Symbol für die reinste Form der Liebe geworden ist. Das hebräische Wort, mit dem Gottes Liebe zu den Menschen und die Liebe des Menschen zu seinem Nächsten bezeichnet wird, heißt *rachamim*. Die Wortwurzel von *rachamim* ist *rechem* = Mutterschoß"[180]. Hier wird Gottesliebe mit Menschen- und Nächstenliebe in Verbindung gebracht und umgekehrt. Somit wird auf gleichsam ganz natürliche Weise angedeutet, daß Liebe – zumindest in Anteilen – über eine transzendente Qualität verfügt oder sich wenigstens in einer gewissen Relation zur Transzendenz befindet.

Albert Schweitzer, der unvergessene Theologe, Arzt, Musiker und Humanist hat die Liebe wie kaum ein anderer zu seinem Lebensmotto erklärt. Wie wir alle wissen, dachte Schweitzer eben nicht an die Liebe unsteten, hedonistisch-erotischen Charakters ohne dauerhafte Beziehung, die den Menschen am Ende als unerfüllt gebliebenen seelischen Torso zurückläßt. Schweitzer meinte die „denknotwendige Liebe" und hat oft darauf hingewiesen, daß, wenn einmal mehr Denken unter den Menschen sein wird, es auch mehr Liebe in der Welt gibt.[181] Es war Schweitzers Anliegen, allen, „denen ich begegne, den Glauben entgegen zu bringen, durch den Glauben an andere Sonne für das zu sein, was sich in ihnen entfalten will".[182] Für mich ist nicht zu bezweifeln, daß bei Schweitzer und allen Menschen, die so denken, eine derartige Liebe sich zu einem großen Teil aus der Quelle der Transzendenz speist. Der Schweitzer'sche Ausdruck ... Sonne für das zu sein, was sich in ihnen entfalten will," ist verwandt mit der Fromm'schen Definition „Liebe ist die produktive Form der Bezogenheit zu anderen und sich selbst. Sie zeichnet sich aus durch Verantwortungsgefühl, Fürsorge, Achtung und Erkenntnis und den Wunsch, daß der andere Mensch wachsen und sich entfalten möge."[183]

Welches nun sind die Inhalte der Transzendenz? Hier kommen wir nicht daran vorbei, schon jetzt auf einen – säkular ausgedrückt – absoluten Geist bzw. eine lenkende Instanz oder eine „transintelligible Wesenheit" hinzuweisen. Diese Begriffe scheinen mir – wiederum säkular gesehen – die tiefsten und letzten Inhalte der Transzendenz darzustellen. Ein weiterer Transzendenzinhalt ist die Liebe. Zumindest enthält sie eine transzendente „Komponente", oder besser: eine bestimmte Komponente des Begriffes Liebe hat transzendenten Charakter. Jedem von uns ist sicher schon einmal ein Paar begegnet, von dem gesagt wurde, daß es allen Freunden und Bekannten ein Rätsel sei, wie ausgerechnet diese Zwei sich finden und lieben konnten. Ich vermag für die Liebe zu meiner Frau (meinem Mann) sicher gute Gründe anzuführen (z.b. Schönheit, anziehendes Wesen usw.), die einen „sicheren Boden" bedeuten.

Ja – bedeuten sie dies wirklich? Ist der sog. Boden nicht nur vermeintlich sicher? Eine Liebe, die sich nur auf guten und plausiblen oder gar ausschließlich ästhetischen Gründen aufbaut, verliert ihren Halt, wenn diese Gründe ins Wanken kommen oder völlig schwinden, z.B. durch plötzliche Behinderung oder chronische Krankheit eines Partners. Eine echte Liebe bleibt dann aber weiter bestehen, und eben dieses Phänomen der „letzthinnigen" Unbegründbarkeit (des Festhaltens aneinander) möchte ich den transzendenten Inhalt der Liebe nennen. Mit dieser Feststellung befinde ich mich im Widerspruch zu Erich Fromm, der die Liebe als höhere Macht, die gleichsam von oben zum Menschen hinuntersteige, leugnet. Er sieht sie ausschließlich als eine den Menschen eigene Kraft.[184] Dabei wird der Geschenk- oder Gnadencharakter der Liebe – eben ihr transzendenter Anteil – nicht gesehen.

Was heißt dies im Zusammenhang unseres Kapitels „Die Position des Glaubens"? Wir haben anhand des polaren Prinzips zu erklären versucht, daß der Glaube eine Abstraktion durch persönliches Erleben zur Konkretion werden lassen kann. Konkretion bedeutet im Kontext unseres Themas das Entstehen einer zugleich wirklichen und wirksamen Relation. Das heißt, daß eine Dimension, also eine Sphäre, ein Wirkungs- oder Einflußbereich in meiner persönlichen Existenz durch Wirklichkeit und Wirksamkeit konkret erlebensfähig wird. Dies gilt für die angeführten Inhalte der Transzendenz in ganz besonderem Maße, als da sind – unter säkularem Aspekt – z. B. absoluter Geist, lenkende Instanz bzw. transintelligible Wesenheit einerseits und z. B. Liebe andererseits. Glaube – definiert als Treue, Zuverlässigkeit, Gewißheit, Zuversicht, hoffende Erwartung, liebende Akzeptanz – macht diese Inhalte im Alltagsablauf konkret erlebensfähig, existenzbestimmend und lebensformend, verleiht ihnen den Charakter eines Ur-Erlebnisses und läßt sie dadurch zu einer Wirklichkeit von „hohen Graden" werden.[185]

Im Kapitel „Perspektive – Dimension – Glaube" haben wir festgestellt, daß Leben Beziehung, verläßliches „Ich-

Du-Wir-Verhalten" ist. Wenn wir die faktoriellen Bestandteile des Glaubens dabei praktizieren, dann leben wir in der Konkretion transzendenter Inhalte und im Einflußbereich dimensionaler Wirklichkeit – also in einer zugleich wirklichen und wirksamen Relation. Denken wir an das Beispiel des Ehepaares, das beruflich bedingt acht Monate lang getrennt zu leben gezwungen war und sich in dieser Zeit persönlich nur selten zu Gesicht bekam. Trotz räumlicher Entfernung wußten sich die beiden Partner **in** oder gerade **wegen** ihrer Liebe gegenseitig gehalten und in ihrer Lebensenergie beflügelt. Es kam in ihrem Leben zu einem inneren Kraftgewinn durch eine Beziehung von dimensionalem Charakter.

Eine „Ich-Du-Relation" auf dieser Ebene ist verstandesmäßig im letzten eigentlich nicht mehr begründ- und begreifbar und stellt eine Beziehung dar, die über transzendente Anteile verfügt. Gewiß – Unbegründbarkeit und Unbegreiflichkeit sind für sich allein noch kein Ausdruck von Transzendenz. Aber es geht doch darum: wenn z. B. eine Liebe zwischen zwei Menschen trotz längerer Trennung oder trotz chronischer Krankheit bzw. Behinderung eines Partners beständig bleibt oder sich womöglich noch vertieft, dann ist dieser Sachverhalt im letzten unbegreiflich und irrational. Trotz oder gerade wegen der Unbegründbarkeit dieses erstaunlichen Sachverhaltes die Liebe (unter den gegebenen Umständen) als ein Gnadengeschenk glaubend und dankbar zu empfangen – genau dies läßt uns ihren transzendenten Hintergrund staunend erahnen.

Glauben bedeutet annehmen, daß ich angenommen bin, obwohl ich unannehmbar bin.

Paul Tillich

F Existenz und Geschichte

„Die Geschichte, die Politik, das ökonomische und soziale Universum, die physische Welt, ja sogar der Himmel umgeben mich wie konzentrische Kreise. Jedem dieser genannten Bereiche konzediert der Mensch einen Teil seiner Person, im Denken wie im Handeln, d.h. er partizipiert daran. So wie ein Stein, der auf der Oberfläche des Wassers, in das er fällt, Ringe erzeugt,[186] ... muß auch der Mensch sich zuerst ins Wasser der verschiedenen Lebensbereiche stürzen, um erkennbare Effekte oder Wirkungen zu erzeugen". Dieser Gedanke veranlaßt mich, im Kontext unseres Themas die verschiedenen Dimensionen der menschlichen Existenz darzustellen, bei denen wir – soweit ich sehe – drei voneinander unterscheiden können. Wenn sie zunächst einzeln und für sich dargestellt werden, so heißt das nicht, daß sie in mannigfacher Weise nicht miteinander verknüpft wären. Überdies sind sie für den Menschen gleichzeitig vorhanden, und jedem einzelnen von ihnen „konzediert der Mensch einen Teil seiner Person".

I Persönliche Lebensgeschichte (Individualgeschichte, i.w. S. res privata)[187]

Die persönliche Lebensgeschichte eines Menschen kann sich durchaus früh vollenden. Aber sie gelangt zeitlich erst dann zu ihrer vollen Entfaltung, wenn sie kein vorzeitiges Ende findet. Die durchschnittliche Lebenserwartung in den

146

wohlhabenden Ländern der westlichen Welt beträgt – Männer und Frauen zusammengenommen – etwa 75 Jahre mit seit einiger Zeit steigender Tendenz. Die Hauptaufgaben des Lebens lagen früher inhaltlich auf zwei Gebieten, nämlich der Berufs- und der Partnerfindung. In der heutigen Zeit und verstärkt in der Zukunft kommt eine dritte Ebene[188] hinzu, die des „zweiten Lebens". Gemeint ist hiermit nicht etwa das ewige Leben des christlichen Glaubens oder irgendeine Form vermeintlicher Reinkarnation, sondern ganz einfach die Zeit nach Beendigung der beruflichen Tätigkeit zwischen 60 und 65 Jahren. Es geht hierbei um die inhaltliche Gestaltung jener 15 oder 20, zuweilen sogar 30 Jahre, die dem alt werdenden Menschen als sog. Zeit des Ruhestandes möglicherweise noch verbleiben.

Gerade für die Phase des „zweiten Lebens" (dritte Ebene) ist es von Bedeutung, daß wir uns in unserer schaffenskräftigen Vergangenheit einen Fundus angelegt haben, aus dem wir dann später schöpfen können. Andererseits gilt es, auch während des zweiten Lebens, also gerade in der Zeit des Ruhestandes, diesen Fundus noch zu erweitern. Leben heißt ja, bis zum Ende Vorräte anlegen, geistig und erkenntnismäßig wachsen, hinzugewinnen, auch wenn es manchmal schwierig ist, auf den verschlungenen Pfaden unseres Lebens eine sinnvolle Spur zu entdecken. Auf dem Fußboden alter Kathedralen findet sich zuweilen nahe dem Eingang ein Labyrinth, um dieses Gefühl augenfällig auszudrücken. Das Gebundensein des Menschen an seine persönliche Vergangenheit gehört zu den Ur-Phänomenen der individuellen Lebensgeschichte. Das „Sein-werden" wird über die Transitstrecke des „Jetzt" ganz wesentlich aus dem „Gewesen-sein" heraus beeinflußt.[189]

Die Existenz des Individuums wird verständlicherweise in der persönlichen Lebensgeschichte am stärksten auf die Probe gestellt; in seiner individuellen Biographie „steht" der Mensch am unmittelbarsten „aus sich heraus", tritt er am sichtbarsten hervor. Am Anfang haben wir davon gesprochen, daß sich unser Sein im Kontext einer dimensionalen Anthropologie realisiert, also im Zusammenhang einer zugleich wirklichen und wirksamen Beziehung. Lévi-Strauss spricht in einem treffenden Vergleich von Geschichte, Politik, physischer Welt und Universum als konzentrischen Kreisen, die den Menschen dann umgeben, wenn er sich in das Wasser des Lebens stürzt. So befindet sich der Mensch als Individuum im innersten der von mir auf drei bezifferten konzentrischen Kreise an besonders exponierter Stelle.

In diesem innersten Kreis gestaltet der Mensch seine persönliche Lebensgeschichte (= aktiver Weg), oder er wird durch außerhalb seiner selbst liegende Umstände bzw. durch immanente erbbiologische Gegebenheiten gezwungen, einen bestimmten Lebensweg einzuschlagen (= passiver Weg). Unter Berufung auf Vico, Kant, Hegel und Marx bezeichnet Alfred Stern Leidenschaften, Bedürfnisse, Wünsche und Begierden als Treibstoff, der den Motor der Geschichte in Bewegung hält.[190] Dies gilt für den innersten der drei konzentrischen Kreise, also für die Lebensgeschichte des einzelnen Menschen (Individualgeschichte) wie für den mittleren Kreis der allgemeinen bzw. profanen politischen Geschichte unserer Kommune, unseres Landes, unseres Erdteils bzw. der ganzen Welt. Stern hat recht, wenn er feststellt, daß Geschichte – und wir ergänzen jetzt: auch die persönliche Lebensgeschichte – ein fortdauernder Wille ist. Er besteht darin, einer als unvollkommen betrachteten Gegenwart zu entfliehen, um einer als vollkommener erträumten Zukunft entgegenzugehen.[191] Wer vermöchte dies nicht von sich zu sagen, zumindest dann, wenn er sich in einem Alter befindet, wo er noch Zukunft hat.

Was Stern bei der Aufzählung der Treibstoff-Bestandteile für den Motor der Geschichte unberücksichtigt gelassen hat, ist neben der Freiheit (Näheres dazu s.u.) das Phänomen der Angst. Die alten Griechen sprachen von der „Heilsamkeit der Angst", worauf H. Weinstock hinweist.[192] „Angst hält im Recht", stellt Weinstock unter Hinweis auf ein Zitat aus der „Orestie" fest.

> „Verbannt, was Angst macht,
> nicht ganz aus der Stadt!
> Denn wer, den nichts mehr ängstet,
> bleibt im Recht?"[193]

Nur in der Angst begreift sich die menschliche Natur als tragisch insofern, als der Sterbliche nach dem Willen, der ihn so gewollt hat, sich aus wissender Verantwortung entscheiden muß. Wenn eine tragische Situation besteht, d.h. ein unüberbrückbarer Gegensatz vorliegt, dann wird sich der Mensch so oder so falsch entscheiden (müssen). Hier nun kommen wir zu einer Feststellung von ganz besonderer Tragweite. *Die Existenz des Humanisten ist geprägt von einer tragischen Verantwortung. Die Existenz des Christen gründet in einer befreit-hoffenden Zuversicht (Gewißheit). Der humanistische Mensch muß sich letztlich selbst halten, der christliche Mensch weiß sich ohne jegliche Vorleistung gehalten. Im Humanismus muß die menschliche Existenz am Ende in wissender Verantwortung scheitern. Im Christentum empfängt sich die menschliche Existenz im gewis-*

sen Glauben täglich neu. Dies sind die tiefsten existentiellen Implikationen (Verflechtungen) des einzelnen Menschen im innersten der drei konzentrischen Kreise.

Und nun erkennen wir, daß wir unbedingt neben der Angst und der Freiheit (s.u.) noch einen letzten, vielleicht den wichtigsten, Treibstoff-Bestandteil für den Motor der Geschichte hinzufügen müssen, den Alfred Stern vergessen hat: den Glauben. Wenn die Angst (nach Heinrich Weinstock) den Menschen in der Lebenstragödie des Humanismus im Recht hält, so hält der christliche Glaube den Menschen auf den „verschlungenen Pfaden des Lebens" in der Wahrheit. Recht und Wahrheit seien hier nicht als konkurrierende, sondern eher als komplementäre (einander ergänzende) Begriffe gebraucht. Auch der Christ wird nicht völlig bestreiten können, daß sich in der menschlichen Existenz das gesetzeskonforme Verhalten zu einem gewissen Teil aus der Angst („Angst vor ..." = Furcht) motiviert. Dieses tiefenpsychologisch in jedem Menschen vorhandene Faktum wird durch den Glauben nicht einfach beseitigt, wohl aber seines zwanghaften Charakters entkleidet. Christlicher Glaube motiviert mehr als die Angst zu einer von innen her akzeptierten Selbstverständlichkeit des sog. positiven Verhaltens. Soviel zur Psychologie der Angst einerseits und des Glaubens andererseits und ihrer „Funktion" im Hinblick auf das Recht (lat. rectus = richtig, gerade, ordnungsgemäß, schicklich, sittlich gut).

Wir haben festgestellt, daß „Angst im Recht" und „Glaube in der Wahrheit" hält. Diese beiden Begriffspaare sind nicht vertauschbar. Wenn wir uns an die im Teil C gegebene Definition von Wahrheit erinnern, so ist Wahrheit mehr als Richtigkeit, nämlich „liebende Entbergung des Seienden", Erschließung eines Tatbestandes, Eröffnung des Sinnes, der hinter der bloßen Richtigkeit steckt. Dies alles ist nicht von der Angst, sondern nur vom Glauben „zu leisten".

Warum habe ich mich hier so ausführlich über den Komplex „Angst – Recht – Glaube – Wahrheit" als Motive der persönlichen Lebensgeschichte, also des innersten Kreises, verbreitet? Schlicht und einfach deshalb, weil ich den Gegensatz zum nun zu beschreibenden zweiten oder mittleren Kreis aufzeigen möchte. In diesem sind die genannten Motive für gewöhnlich weniger bestimmend.

II Profane Geschichte
(Politische Geschichte, i.w. S. res publica)

Wenn ich die am Anfang dieses Kapitels zitierte Feststellung von Lévi-Strauss richtig verstehe, so ist der Mensch mit einem Teil seiner Person und damit seiner Existenz auch in die Welt der sog. profanen bzw. politischen Geschichte einbezogen. Sie bildet den mittleren oder zweiten der drei konzentrischen Kreise. Jeder Mensch verhält sich auf die eine oder andere Weise politisch. Was heißt dies, bzw. was heißt Politik? Man versteht, kurz gesagt, unter Politik die verfassungskonforme Teilnahme von Einzelnen, Gruppen, Institutionen oder Parteien und somit des ganzen Volkes an der Führung, Ordnung, Erhaltung bzw. Weiterentwicklung des Gemeinwesens (res publica). Die sozusagen „aktive Abwicklung der Geschäfte" obliegt dabei den Parlamenten, Ministerien und Einzelpersönlichkeiten mit besonderer Aufgabenstellung. Das Gemeinwesen ist die Summe aller materiellen und ideellen Bereiche, die für die menschliche Gemeinschaft als ganze eine stabilisierende – mithin also konservative wie progressive – Funktion haben. Wir sind uns unserer Teilnahme am Zeitenlauf der Geschichte in der Regel nur dann bewußt, wenn wir beruflich oder ehrenamtlich unmittelbar in ihn impliziert sind (Politik, Verwaltung, Militär, Justiz, Medien, Wissenschaft, Kultur). Unbewußt jedoch verhält sich jeder Mensch politisch, d. h., er ist auf seine Weise ein Rad im Getriebe des Gemeinwesens, mag er auch als Einzelmensch beruflich wie privat noch so zurückhaltend leben. Der basale, fundamentale, unerschütterliche Fortgang der sog. alltäglichen Geschichte kommt – sozusagen im Kleinen – erst durch die „lautlosen Beiträge" (oder ihre Verweigerung) aller einzelnen Menschen zustande.

Auf dem Fundament des gleichmäßigen Laufs der „Alltags-Historie" entwickeln sich die herausragenden politischen Ereignisse – durch Gruppen, kollektive Kräfte oder sog. „monumentalische Einzelmenschen" (z. B. Napoleon, Bismarck) herbeigeführt. Aus heutiger Sicht muß man wohl sagen, daß nicht nur einzelne Männer und Frauen Geschichte machen, sondern auch Gruppen, Verbände, Bewegungen, Organisationen und Institutionen. Zu dem, was wir im allgemeinen oder profan-politischen Sinn unter Geschichte verstehen, gehört neben der mündlichen auch die schriftliche Tradierung (Überlieferung). „Geschichtslosigkeit" gibt es nicht. Nach Alfred Stern existieren keine angeblich geschichtslosen Gesellschaften. Denn das Studium primitiver Stämme zeige immer wieder, daß selbst solche vermeintlich geschichtslosen, weil nicht schriftlich tradierenden, Gesellschaften doch ihre objektive Geschichte haben. „Sie entwickeln ihre Sprachen, ihre religiösen Vorstellungen und Institutionen, ihre Künste, ihre Tabus und sonstigen sozialen Sitten, sie erfinden ihre Werkzeuge, Riten und Feste, führen Kriege, erobern neue Gebiete etc. Kurzum, sie schaffen ihre öffentliche Welt, ihre res publica, und entwickeln sie, und das ist Geschichte, ob sie nun erzählt wird oder nicht.[194]

Angesichts dieser Aussagen möchte ich daran erinnern, daß es zwei Formverständnisse von Geschichte gibt. Auch der katholische Theologe Kurt Koch (Luzern) geht in einem seiner ansprechenden Bücher darauf ein.[195] Damit komme ich wieder zur Partizipation der einzelnen menschlichen Existenz am Phänomen Geschichte. Wenn es einerseits eine Vergangenheitsgeschichte bzw. eine imperfektivische oder perfektivische Geschichtsform gibt, also eine Geschichte mit „Chronos-Qualität" (Zeitcharakter), so gibt es andererseits auch eine Geschichte mit wirklicher und wirksamer „Kairos-Qualität" (frei übersetzt: Ereignischarakter). Letztere ist die Form, an der der einzelne Mensch unmittelbar partizipiert, nämlich die Gegenwartsgeschichte, die er selbst erlebt oder, in wie kleinem Maße auch immer, mitgestaltet. Wir können uns den Zeitenlauf der Geschichte als eine Aneinanderreihung von „Gegenwartsgeschichte(n)" vorstellen, einer Geraden vergleichbar, die sich aus lauter dicht aneinandergereihten Punkten zusammenfügt. Jeder Punkt ist eine kleine Gegenwart, und so scheint mir denn der Geschichtsverlauf im Grunde nichts anderes zu sein als eine Aneinanderreihung (oder Überlagerung) einer Unzahl von gewöhnlichen oder herausragenden menschlichen Wirklichkeiten (kairoi = geschichtsträchtigen Augenblicken). Dies beweist die enge Verknüpfung von Geschichte und Existenz, ein Thema, über das sich viele Philosophen, Theologen und Historiker bereits den Kopf zerbrochen haben.

Auch viele Politiker haben sich darüber Gedanken gemacht, lobenswerte wie verdammungswürdige. Zur letzten Kategorie zählen die abstrusen, ja dämonischen Vorstellungen eines Mannes, der – Gott sei' s geklagt – leider einen gewissen Abschnitt (12 Jahre) deutscher Geschichte negativ geschrieben hat – Adolf Hitler. Einer Definition von Politik, wie sie oben gegeben wurde, völlig fernstehend, waren für ihn weder gewählte Volksvertreter oder Parlamente, weder Staaten, noch Klassen, noch Religionen „Träger alles geschichtlichen Geschehens, sondern ... nur Völker und Rassen ... Der Zweck des Staates liegt in der Erhaltung und Förderung einer Gemeinschaft physisch und seelisch gleichartiger Lebewesen". So beschreibt S. Haffner das politische Credo Hitlers.[196] Ein solches Geschichtsbild – selbst wenn wir es mit einigen positiven ethischen Zutaten würzten – lehne ich ausdrücklich ab, ja erwäge es erst gar nicht, da es neben seiner geradezu ans Dämonische grenzenden Schau ausgesprochen dumm ist, wie Haffner ja auch betont. Wenn ein Staatsmann „Politik nach den Maßstäben seiner persönlichen Biographie macht"[197] (wie Hitler, der im übrigen ja keineswegs ein echter Staatsmann war), führt das immer ins Chaos.[198]

Durch die enge Verknüpfung von Existenz und Geschichte kommt der einzelne Mensch – gewollt oder ungewollt – auch in der profan-politischen Geschichte zur Geltung und hinterläßt in ihr, wenn wir genau hinsehen, seine oberflächlichen oder tiefen Spuren. Alfred Stern faßt dies mit den folgenden Worten zusammen: „Es gibt, in der Tat, zwei Arten der Geschichte: die eine, die erzählt wird, die andere, die geschieht. Die erzählte kann, offenkundig, sich nur auf das beziehen, was in der Vergangenheit geschehen ist, sei es auch nur einen Augenblick zuvor. Dies ist die Geschichte als Wissen, mündlich erzählt oder in geschriebenen Dokumenten niedergelegt. Aber diese Geschichte als Wissen – auch Geschichtswissenschaft genannt – hat einen Gegenstand: die geschichtliche Wirklichkeit. Was diese anbelangt, so hat sie offensichtlich eine Vergangenheit, eine Gegenwart und eine Zukunft. Sie strömt aus der Vergangenheit in die Gegenwart und wirft sich der Zukunft entgegen".

Auch in der profanen Geschichte hat der Glaube seinen Stellenwert, genauso wie im innersten Kreis der persönlichen Lebensgeschichte, wenngleich wir oben gesagt haben, daß die Phänomene Angst – Recht – Glaube – Wahrheit in der persönlichen Lebensgeschichte stärker motivierend sind als im politisch-historischen Weltgeschehen. Zwar haben Ost und West jahrelang mit der scheußlichen Einrichtung der atomaren Abschreckung ihre Politik der Angst voreinander „gestaltet". Jedoch ist bisher in der Welt politisch wohl kaum etwas aus Angst einerseits oder aus lauterem Rechtsempfinden andererseits (im Sinne von Sittlichkeit, Ordnungsgemäßheit, „Gutheit" und Richtigkeit) geschehen. Ebensowenig basiert die „hohe Politik" auf Glauben oder Wahrheitsliebe, andernfalls wäre es zu solch aggressiven Willensbekundungen wie z.b. „right or wrong – my country" gar nicht gekommen. Frei übersetzt heißt dies: Ob es nun richtig oder falsch ist, was ich tue, mein eigenes Land geht mir über alles. Dies mag richtig sein, wahr und recht ist es jedenfalls nicht.

Ich möchte keinesfalls behaupten, daß der christliche Glaube in Politik und Geschichte nichts zu suchen habe oder daraus verbannt werden müsse. Aber es ist allemal gescheiter, Politik von christlich glaubenden und lebenden Menschen machen zu lassen, als die Politik als „Pauschal-Instrument" zur Realisierung christlicher Glaubensinhalte zu benutzen. Denn das hieße, die Arbeit am Gemeinwesen von einem einzigen Gesichtspunkt bestimmt sein zu lassen, so wie es derzeit in einer anderen monotheistischen Glaubensform, dem islamischen Fundamentalismus, geschieht. Das theonome Existenzverständnis des christlichen Glaubens darf nicht dazu verleiten, die Politik einem rigiden religiösen Monismus unterzuordnen, wonach einzig und allein (also monistisch) die Gesetze der Religion bestimmen, **was** in der Politik **wie** zu geschehen hat. Hingegen ist es zu begrüßen, wenn sich glaubende Christen in der Politik engagieren. Daß dies für alle demokratischen Parteien gilt, bedarf keiner besonderen Erwähnung.

Wir erkennen: auch aus dem mittleren der drei konzentrischen Kreise, also der allgemeinen politischen Geschichte, ist der Glaube nicht hinwegzudiskutieren. Aber auch hier ist er nicht als pauschaler oder kollektiver Wirkfaktor (als Massenbewegung) anzusehen, sondern hat seine Bedeutung einzig und allein als Motiv im Leben und Handeln der Einzelexistenz. Von hier aus wird er dann allerdings – sozusagen punktuell – in die profan-politische Geschichte hineingetragen. Was möchte ich hiermit sagen? Das politische Handeln einer Partei, eines Landes, einer Nation oder eines Kontinentes kann nie aus einem kollektiven, unterschiedslos intensiven Glaubens-Antrieb aller erfolgen, sondern ist immer eine Angelegenheit einzelner, im Idealfall „vieler Einzelner".

III Universalgeschichte (Heilsgeschichte, i.w. S. res salutaris)[199]

Hier nun gelangen wir zum größten der drei konzentrischen Kreise, der die beiden vorgenannten als äußerer umgibt. Er enthält oder umfaßt sowohl den inneren Kreis der individuellen Lebensgeschichte = i. w. S. res privata als auch den mittleren Kreis der profan-politischen Geschichte der

Länder und Völker = i.w.S. res publica, also der menschlichen Gemeinschaft insgesamt. Die Menschen – mögen sie nun stille und zurückhaltende Individuen oder „monumentalische" und herausragende Persönlichkeiten sein – kommen und gehen im Kreis ihrer unbedeutenden oder berühmten Lebensgeschichte. Genauso ergeht es den Völkern und Nationen im Kreis ihrer politisch-historischen Existenz. Von den einzelnen Menschen wie auch von den Völkern und Nationen (Staaten) – ob groß oder klein – ist manchmal viel, manchmal wenig, manchmal gar nichts geblieben, und außer ihrem Namen erinnert vielleicht kaum mehr etwas an sie. Doch sie alle – vergangene und gegenwärtige – sind in einen universellen Plan hineingenommen.

K. Berger wendet hiergegen u.a. ein, von einem Plan Gottes zu reden, sei theologisch nicht haltbar, weil ein Plan Gottes zum modernen Freiheitsbegriff in unheiliger Opposition stehe und ein solcher Plan suggeriere, daß der Mensch von Verantwortung entlastet und befreit wird.[200] Wenn diese Aussage Bergers unwidersprochen stehenbliebe, wären alle weiteren Überlegungen bezüglich der „res salutaris" hier zuende. Ich möchte auf die Problematik des modernen Freiheitsbegriffes antworten, daß nicht der Plan Gottes zum Freiheitsbegriff der Moderne in unheiliger Opposition steht. Vielmehr ist es umgekehrt. Der Freiheitsbegriff von heute, der sich ja erst später herausbildete, steht zum Plan Gottes, der ja sozusagen zuerst da war, in Opposition. Opponieren, d.h. aussprechen kann ich mich nur gegen etwas, das mir Anlaß dazu gibt, also schon vorher als Tatsache oder als Argument vorhanden war.

Mag der moderne Freiheitsbegriff nun sein, wie er will, am universalen Heilsgeschehen als glaubensmäßig vorgegebenen Faktum wird – personal ausgedrückt – Gott keine

Korrektur vornehmen, um die angeblich unheilige Opposition zu beenden. Im übrigen entlastet ein solcher Plan den Menschen nicht von Verantwortung, sondern bürdet ihm – im Gegenteil – noch mehr Verantwortung auf. Denn die wahre Freiheit des Christen besteht darin, seinen bescheidenen Teil dazu beizusteuern, daß Gottes Heilsplan in dieser Welt erkennbar wird. Je mehr Menschen nämlich von einem solchen Plan als Absicht Gottes wissen, desto mehr wird sich das nicht gerade attraktive Klima dieser Welt ändern.

Alles nun, was im Folgenden zur Sprache kommt, geht von einer Grundfeststellung des christlichen Glaubens aus: es ist die im oder aus Glauben gewonnene Überzeugung der „Theonomie" (theos = Gott, nomos = Gesetz, Ordnung), also die der Gottesordnung. Gemeint ist die Annahme, daß alles Geschehen auf dieser Welt – das Leben des einzelnen Menschen wie die Geschichte der Länder, Völker und Nationen – in der Ordnung Gottes steht. Damit verbindet sich die Vorstellung von Zweckmäßigkeit, Sinn und Hinführung auf ein Ziel, nicht nur in Bezug auf die Einzelexistenz, sondern auch im Hinblick auf die gesamte Geschichte. Es ist der tief verwurzelte Glaube an den Gott der Bibel als den Lenker der Geschichte, der Sinn, Zweck und Ziel (Telos) den Vorzug vor Willkür, Unordnung und Wirrwarr (Chaos) gibt. Hier nun ist dezidiert auf den christologischen Aspekt hinzuweisen. Durch Kreuz und Auferstehung Jesu Christi ist diese Welt mit ihrer Geschichte eine mit Gott versöhnte geworden. Der Glaube zieht daraus die Konsequenzen für den einzelnen wie für die Welt insgesamt. Erst durch die Heilstat Christi wird der Schutt beiseite geräumt, wird aus Sinnlosigkeit und Chaos Sinnhaftigkeit und Ordnung („Heilheit"), ergibt sich im weiteren Sinne aus der res mala (damnata), aus der schlechten, ja verworfenen Situation dieser Welt die res salutaris, die Wende zum Heil.

Dadurch wird der Glaube mitten ins Herz getroffen bzw. auf seine schwerste Probe gestellt. Er wird sich den Vorwurf gefallen lassen müssen, den letzten Rest an kritischem Denken aufgegeben und sich in ein rein spekulatives System verwandelt zu haben. Alfred Stern, in diesem Buch schon einige Male zitiert und fraglos einer der Altmeister der Geschichtsphilosophie, würde sich diesem Vorwurf sicher anschließen. Aber immerhin erkennt Stern an, daß alle spekulativen Systeme teleologisch (sinn- und zielgerichtet) sind und fast alle großen Systeme der Geschichtsphilosophie, von Augustinus bis Hegel und Toynbee diesem spekulativen Typus angehören.[201]

Es ist das universale Buch der Bibel, das innerhalb der Weltgeschichte die Heilsgeschichte Gottes mit den Menschen bezeugt. „Diese spannt sich von der Schöpfung der Welt über das Christusgeschehen bis hin zum Ende der Welt und der Vollendung des Reiches Gottes … Es gehört zum prophetischen Amt der Kirche, das Geschehen der Gegenwart im Zusammenhang der Heilsgeschichte Gottes zu deuten, seinen Sinn im Heilsplan Gottes, so wie er in Jesus Christus offenbart ist, zu verkünden, heißt es im Evangelischen Erwachsenenkatechismus."[202] Und ich möchte hier ergänzen, daß es nicht nur zum prophetischen Amt der Kirche gehört, auf den Heilsplan Gottes hinzuweisen und ihn zu „propagieren". Es ist genauso eine Aufgabe des einzelnen Glaubenden, diesen Plan Gottes mit seiner Existenz bzw. im persönlichen Leben zu bekennen (apologetische Existenz).

Wie kann dies am besten geschehen? Einfach dadurch, daß der persönliche Glaube bezeugt wird, wann und wo

immer es angebracht ist **und in Würde geschieht**. W. Bühne verbindet hiermit drei Fragen, die sich jeder Glaubende
stellen sollte: „Was hat sich Gott bei der Erschaffung des
Menschen gedacht? Welche Aufgabe habe ich hier auf der
Erde zu erfüllen? Was macht mein Leben sinnvoll?"[203]
Wenn wir es recht bedenken, sind die drei von Bühne formulierten Fragen nicht nur für den glaubenden Menschen
von wegweisender Bedeutung, sondern auch für die Strukturierung des Lebens bei Nicht-Glaubenden. Die Voraussetzung dafür ist, daß man sein Dasein sinn- und planvoll
auszurichten gedenkt und nicht wie die Schlaraffenlandbe-
wohner planlos in den Tag hinein leben möchte.[204] Ein Mittel-
ding zwischen Telos (Sinn, Zweck, Ziel) bzw. Ordnung und
Chaos (Willkür, Unordnung, Durcheinander) gibt es nicht.

In der mathematischen Logik wird seit vielen Jahren zwischen Ordnung und Chaos zwar die sog. Komplexität (Re-
chenaufwand bei gewissen mathematischen Denkvorgän-
gen) als mittlerer Zustand diskutiert. Sie hat aber für das
praktische Leben keine Bedeutung. Der Komplexität
kommt kein glaubensrelevanter bzw. ethisch-sittlicher
Wert zu (vgl. dazu Tor Nørretranders Werk: Spüre die
Welt). Entweder ist das Leben des Menschen sinnerfüllt
und geordnet oder es ist sinnlos bzw. chaotisch. Sinnloses
Sein kann – von seiner Endbestimmung her definiert – in
der Tat als chaotisch bezeichnet werden. Denn aus dem
Durcheinander einer planlosen Sinnsuche und einer letztlich verpaßten oder gar nicht erst angestrebten Sinnfindung
resultiert nichts anderes als das, was man – milde gesagt –
als Schwammigkeit oder Nebel oder – drastisch formuliert
– als Chaos bezeichnen muß.

Bei allem, was ich hier darzulegen versuche, geht es um
das Phänomen Glauben, als dessen faktorielle Bestandteile

160

Gewißheit, Zuversicht, Vertrauen, Zuverlässigkeit, Gehorsam, Treue, hoffende Erwartung und liebende Akzeptanz genannt worden sind. Es gilt, auch den Lauf der Geschichte in diesem Licht zu betrachten. Ja – es kann sogar vorkommen, daß Gott ein profan-geschichtliches Ereignis benutzt, um seinen heilsgeschichtlichen Plan zu realisieren. In Jesaja 45, Vers 1-8 wird uns berichtet, wie ein König von Gott inthronisiert wird: der Perserkönig Kyros. „Das Besondere: Er ist ein König, der eigentlich anderen Göttern dient, der nicht aus Israel kommt. Und doch inthronisiert Gott ihn nach altem, weit über Israel hinaus bekanntem Ritual: Gott hält seine Rechte, er umgürtet ihn, er salbt ihn, er ruft seinen Namen, er gibt ihm Ehrentitel. Gott verheißt ihm Macht und Erfolg. Warum macht Gott das? Um Israels, meines Erwählten willen. Denn Israel ist untreu geworden, seine Könige haben versagt. Das Volk lebt im Exil unter dem neuen König Kyros. Aber Gottes Heilsgeschichte geht weiter ...“ (P. H. Blaschke).[205]

Der Glaube, daß auch die profane Weltgeschichte in den Heilsplan Gottes einbezogen ist, wird gewiß von sehr vielen Menschen als „spekulativer Nonsens" abgetan. Sie glauben eher an das Gegenteil, nämlich an den Untergang der Heilsabsichten Gottes im Gewühl und Getöse der profanen Weltgeschichte, an deren Ende das Chaos und das Nichts stehen.[206] Dafür habe ich durchaus Verständnis. Aber, so möchte ich jetzt fragen, ist unter naturwissenschaftlich-exakten und erkenntnistheoretischen Gesichtspunkten nicht letztlich beides unbeweisbar, der Sieg des universellen Heilsplanes Gottes über die Profangeschichte wie auch der gottunabhängige, „gott-lose" Verlauf der Weltgeschichte? Wenn das aber so ist, d. h. dieser Gegensatz wirklich besteht, – warum muß ich dann dem zufallsgesetzlichen, gottlosen Geschichtsverlauf den Vorzug in meinem Glaubensleben geben? Ganz profan und schlicht formuliert: können nicht genauso gut 50% auch für das Gegenteil sprechen, für den gottgewollten Heilsplan mit dieser unserer Weltgeschichte trotz allen negativen Anscheins?

Denn wenn es einen Gott gibt, dann hat dieser auch einen Plan mit der Welt. Und daß es einen Gott gibt, hat selbst einer der kritischsten Geister der Philosophie, Immanuel Kant, (positiv formuliert) als möglich eingeräumt. Natürlich ist dies alles unter völlig säkularen Aspekten zu verstehen, aber die Gedanken sind doch beachtlich. Kant hat gezeigt, wo die Grenzen unserer Vernunft liegen. Sie befinden sich genau da, „wo der Bereich möglichen Erfahrungswissens aufhört. Was darüber hinaus liegt, darüber kann die Vernunft nichts ausmachen. Das bedeutet aber zweierlei: Die Vernunft kann allgemeine metaphysische Ideen wie Gott, Freiheit und Unsterblichkeit – und das sind für Kant die alleinigen Zwecke ihrer Nachforschung, alles andere ist bloßes Mittel dazu – **nicht beweisen.** Sie kann sie aber auch **nicht widerlegen.** Insofern ist Platz geschaffen, sie zu glauben".[207] Genau hier hat – in säkularer Hinsicht – der Glaube seine „Nische", sein Terrain, von dem er sozusagen nicht vertrieben werden kann und darf.

Gerade diese Möglichkeit trifft auch die Anthropologie des christlichen Glaubens ins Herz. Natürlich ist Gott in christlicher Hinsicht keine Idee, wie Kant meint, sondern eine in Jesus Christus (seinem Sohn) in das Leben der Menschheit „hineingeoffenbarte" personal-wesenhafte Wirklichkeit. Warum sind wir nicht bereit, uns in Gewißheit, Zuversicht und hoffender Erwartung existentiell auf eben dieser einen der zwei großen perspektivischen

Waagschalen des Daseins niederzulassen? Warum sind wir nicht bereit, uns von den großen Prophetien der Bibel anstecken und uns von der Vorweg-Ereignung des Heilsplanes Gottes in der Auferstehung Jesu Christi begeistern zu lassen? In der Auferstehung Jesu ist ja der Heilsplan Gottes nicht nur für den einzelnen Menschen, sondern für die Menschheit insgesamt bereits offengelegt und als existenztragendes Angebot allen Menschen unterbreitet worden. Warum eigentlich geben wir diesem Glauben so wenig Raum in unserem Leben? „Wer der Wahrheit Gottes teilhaftig werden will, muß sich dorthin begeben, wo sie ausgeteilt wird, und, um sie zu erproben, muß er es mit ihr probieren – nur dann wird er sehen, ob es Gott gibt"[208]. Nenne man mir doch bitte einen triftigen Grund, es nicht zu probieren, es sei denn, man möchte permanent auf der Theodizee-Frage (Rechtfertigung Gottes, d.h. der Frage: wie kann Gott das zulassen?) herumreiten.

An der kritischen Denkweise in Bezug auf den Heilsplan Gottes ist nicht nur das von mir schon erwähnte Phänomen des Panskeptizismus schuld, sondern möglicherweise auch ein falsches Freiheitsverständnis. Die Theologie sagt u.a. folgendes dazu: der Mensch ist – wie z.B. K. Douglass betont – ursprünglich ein Wagnis Gottes.[209] Auch wenn der Mensch aufgrund eines festen Willensentschlusses Gottes geschaffen worden ist, besagt dies nicht, daß das menschliche Leben nicht „geschöpflichen Wagnis-Charakter" habe. Denn der Mensch – mag er noch so robust sein – befindet sich als Geschöpf in einem außerordentlich labilen psychophysischen Gleichgewicht. Ein Quentchen Unberechenbarkeit (nämlich, sich gegen seinen Schöpfer zu stellen und dessen Plan zu durchkreuzen) ist in jedem Menschen vorhanden, was den „geschöpflichen Wagnis-Charakter" unserer Existenz nur unterstreicht.

K. Douglass benutzt unter Berufung auf H. Thielicke des öfteren allerdings auch das Wort „Risiko". Persönlich möchte ich mich jedoch lieber auf den Begriff „Wagnis" festlegen, bei dem die „gefahrbedingte Verlustmöglichkeit" nicht ganz so stark zum Ausdruck kommt wie im Begriff „Risiko". „Das Wagnis (Douglass: Risiko), das Gott mit der Erschaffung des Menschen eingeht, ist dasjenige der Freiheit eines seiner Geschöpfe".[210] Mit dem Freiheitsbegriff lernen wir neben dem Glauben einen weiteren ganz wichtigen Treibstoff-Bestandteil für den Motor unserer individuellen Existenz wie der allgemeinen politischen Geschichte kennen. „Wenn Gott ein Wesen schafft, das frei ist, muß er auch in Kauf nehmen, daß dieses Wesen etwas tut, was er, Gott, nicht so will. Es ist tatsächlich so, daß Gott sein Schicksal an das Schicksal der Menschen knüpft ... Der Mensch wurde geschaffen, weil Gott nicht absolut geblieben ist, weil Gottes Liebe nicht bei sich selbst bleibt, sondern ausstrahlt und schafft und ‚anstecken' und schließlich wiederum Liebe hervorrufen will".[211] Weil vielen Menschen gerade dieser Zusammenhang unbekannt ist, lehnen sie die Integration der profanen Weltgeschichte in den Heilsplan Gottes ab. Sie neigen zu der Ansicht, die Weltgeschichte ende im totalen Chaos, und in diesem versinke auch der göttliche Heilsplan, was man eigentlich nur als „finalen Nihilismus" bezeichnen kann.

Wir erkennen an den beeindruckenden Darlegungen von K. Douglass, wie eng sich die Freiheit im „Bewußtsein Gottes" mit der Liebe verbindet. Im Heilsplan Gottes, in der „res salutaris" bzw. in der „via salutis" (Heilsweg), fallen Freiheit und Liebe insofern in eins zusammen, als sowohl der Einzelmensch wie auch die menschliche Gemeinschaft insgesamt allein aus der Gesinnung der Liebe heraus wirklich frei sind. Nur so ist eine „qualitativ hochwertige" und sinnvolle Lebensgestaltung möglich.

Wie sieht es mit der engen Verbindung von Freiheit und Liebe nun in der Praxis aus? Schauen wir auf das Verhalten der Menschen oder auf den Verlauf der allgemeinen politischen Geschichte in Vergangenheit und Gegenwart, so läßt sich diese Feststellung keineswegs bestätigen. Der Mensch versteht seine Freiheit vielfach anarchisch, also im Sinne einer absoluten Bindungs-, Ordnungs- und Gesetzlosigkeit, zuweilen sogar chaotisch, d.h. im Sinne von Wirrwarr, Unordnung und gestaltlosem Durcheinander. Hier – innerhalb dieses bindungslos-willkürlichen bzw. anarchischchaotischen Verständnisses von Freiheit („kein Gott, kein Staat, kein Herr = Freiheit") – hat sich im Blick auf die Folgen einzig und allein der Mensch selbst zu rechtfertigen und nicht Gott. K. Berger spricht im Hinblick auf diesen Sachverhalt von „tragischer Autonomie". Die Freiheit des Menschen wird insofern als tragisch angesehen, als seine höchste Würde in der Regel zugleich der Anlaß zum Untergang ist. Berger sieht hier eine Verwandtschaft zur Position des römischen Schriftstellers Seneca (ca. 55 v. – 40 n. Chr.), für den die höchste Freiheit darin besteht, sich das Leben nehmen zu können, wenn man schon nicht in der Lage ist, es sich selbst zu geben.[212]

Man bezeichnet die Aufgabe des Menschen, sich mit all seinem (bindungslos-autonomen) Tun rechtfertigen zu müssen, in Anlehnung an die griechische Sprache auch als „Anthropodizee". Der Mensch als „Wagnis Gottes" befindet sich mit der Mitgift seiner geschenkten Freiheit existentiell in der Situation der Anthropodizee. Hierbei nun einerseits permanent auf die persönliche Freiheit und Autonomie zu pochen, oder sogar immer mehr davon zu verlangen, und andererseits ständig auf die Verantwortung Gottes zu verweisen, sobald uns „das Schicksal" übermannt – genau das ist für mich eine moderne Form von Hybris (frevelhafter Übermut, Selbstüberhebung, Verblendung). Die Frage der Theodizee (der Rechtfertigung Gottes) stellt sich einzig und allein für Situationen, an denen der Mensch unschuldig ist[213], die also nicht in seinen von ihm zu verantwortenden, wiewohl ständig beanspruchten Freiheitsbereich fallen. Mit anderen Worten: die „via salutis" (Weg des Heils) ist aus der Sicht des Menschen nicht ohne Schlichtung des Gegensatzes zwischen Theodizee und Anthropodizee begehbar.

In der Praxis sieht das folgendermaßen aus: Kriege (wie jüngst z. B. in Jugoslawien, Tschetschenien und Ruanda), das Risiko persönlicher Erkrankungen infolge einer bewußt gesundheitswidrigen Lebensführung und „hausgemachte" politische Konflikte sind von Menschen verursacht. In ihnen drückt sich ein (chaotisches) Freiheitsverständnis ohne Liebe aus, und in dieser seiner schuldhaft-falsch verstandenen Freiheit stellt sich für den Menschen die Frage der Anthropodizee. Erst anhand von Gescheh- oder Widerfahrnissen, an denen der Mensch unschuldig ist (z.B. Erdbeben) könnte die Frage „Wie kann Gott so etwas zulassen", also die Frage der Theodizee aufgeworfen werden.[214] Natürlich weiß ich, daß auch beim Anthropodizee-Problem zwischen Verursachern und Betroffenen unterschieden werden muß. So haben bestialische Menschen z. B. den Flugzeugabsturz bei Lockerbie verschuldet (Frage der Anthropodizee). Die unschuldig zu Tode Gekommenen und ihre Hinterbliebenen haben ihn hingegen als völlig Unbeteiligte (sozusagen Ahnungslose) „erlitten". Hier kann keinem verwehrt werden, die Frage der Theodizee zu stellen. Vielleicht sollten wir jetzt doch eingestehen, daß bei genauem Nachdenken über diese Problematik die Frage der Anthropodizee auf der einen Seite immer auch die der Theodizee auf der anderen Seite einschließt und umgekehrt. Das heißt: Anthropodizee und Theodizee wären dann zumeist zwei Seiten ein und derselben Münze.

Mithin wird wohl erst am Ende der „via salutis" – so müssen wir nun zugeben – die Rechtfertigungsproblematik zwischen Gott und Mensch endgültig zur Ruhe gekommen sein.[215] Erst wenn die große Weltgeschichte zu ihrem gottverheißenen Ziel gekommen ist, wird sich auch die „kleine" Geschichte zwischen Gott und Mensch im Frieden der Zweifel- und Fraglosigkeit erfüllt haben. Hier sieht sich unser Glaube erneut auf eine schwere Probe gestellt, in der eine für unsere Existenz nicht unbedeutende Herausforderung erkennbar wird. Trotz der vielen „Negativ-Beispiele" Gott dennoch als den Lenker der individuellen und allgemeinen Geschichte anzuerkennen – genau dies ist eine der größten Aufgaben für ein Leben aus Glauben. Sie hält das Schwungrad unserer Existenz in Bewegung. Die geistige Auseinandersetzung darüber bewahrt uns vor innerer Übersättigung, die man als die schlimmste Form von existentieller Lethargie bezeichnen könnte. Ich gebe zu, daß z.b. die Angehörigen der Opfer von Lockerbie in ihrer unmittelbaren Betroffenheit solche Gedanken kaum oder nur mit erheblichen Schwierigkeiten akzeptieren würden.

Und so möchte ich denn am Ende dieses Kapitels die von Alfred Stern angeführten „Treibstoff-Bestandteile", die den Motor der Geschichte in Gang halten, korrigieren bzw. ergänzen. Natürlich spielen Leidenschaften, Bedürfnisse, Wünsche und Begierden in der individuellen Lebensgeschichte wie in der profan-politischen Weltgeschichte eine Rolle. Entscheidender scheinen mir jedoch die Begriffe Angst – Freiheit – Wahrheit – Glaube zu sein. Bei der Stern'schen Aufzählung handelt es sich im wesentlichen um (individuelle oder kollektive) „trieb-psychologische Motivationen" (Antriebe).[216] Die vier von mir angeführten Begriffe sind im Gegensatz dazu (individuelle oder kollektive) „seins-konstituierende Existentialien" (Eigenschaften des Daseins).[217] Nach meiner Meinung kommt erst durch sie der „Kairos-Charakter" der Geschichte (s.o.) zustande. Das heißt: wenn im Fortgang der Zeit die Phänomene Angst – Freiheit – Wahrheit – Glaube sich im Menschen gegenseitig sinnstiftend motivieren, kommt es zu jenen fruchtbaren Momenten bzw. entscheidungs- und verheißungsträchtigen Augenblicken, die den Kairos-Charakter der Geschichte offenbar werden lassen. An dieser Erkenntnis könnte auch die nüchterne Zweck-Ursächlichkeit des historischen Pragmatismus, wenn er denn mit den Augen des Glaubens vom Ende her zu schauen gewillt wäre, nicht achtlos vorübergehen.

Wie die individuelle Existenz, so befindet sich auch die Weltgeschichte in einer „heilsamen Spannung". Mit anderen Worten: das Einzel- wie das Gesamtgeschehen in dieser Welt kann als autonom und nach dem Zufallsgesetz ablaufend, aber auch als unter der Ordnung Gottes stehend (Theonomie) geglaubt werden. Wenn die menschliche Existenz letzteres als für sich selbst maßgebend akzeptiert, dann dürfen wir – in der Sprache des Glaubens ausgedrückt – getrost folgendes festhalten: Die „heilsame Spannung", in der sich Einzelexistenz wie Weltgeschichte befinden, wird von dem „Schon-jetzt-Erlöst" und dem „Noch-nicht-Vollendet" (K.H. Knöppel)[218] aufrechterhalten.

In einer lebendigen, Geborgenheit bietenden Kirche (so es eine solche als allgemeine Volkskirche denn noch gibt),[219] läßt sich das „Schon-jetzt-Erlöst" durchaus mit dem Wort Heimat verbinden. Hingegen steht hinter dem „Noch-nicht-Vollendet" das Wissen, trotz allem hier keine „bleibende Stadt" (= Heimat, d. Verf.) zu haben.[220] Was heißt dies für die menschliche Existenz? Nichts anderes, als sich des Lebens zu erfreuen und es aktiv zu gestalten, Vorsorge zu treffen und zu planen, jedoch in dem Bewußtsein, im entscheidenden Augenblick – d. h. im Grunde jederzeit – loslassen zu können. Obwohl wir uns einerseits in diesem Leben und auf dieser Erde durchaus heimatlich einrichten dürfen, sollten wir andererseits nicht vergessen, daß wir hier keine bleibende Stadt haben. Im übrigen wird dem aufmerksamen Leser nicht entgangen sein, daß hier wieder eine existentiell bedeutsame radiale (weiche) Polarität erkennbar wird.

Im Sinne des Theonomiebegriffs haben wir oben davon gesprochen, daß die Geschichte der Einzelexistenz wie der gesamten Welt sich im Heilsplan Gottes vollenden wird. Dieser Heilsplan sieht die Aufrichtung eines Reiches vor, in dem Frag-, Rechtfertigungs- und Angstlosigkeit, Liebe, Wahrheit und Freiheit nicht terrestrisch, extraterrestrisch oder stellar **lokalisiert** sind, sondern in einer neuen bzw. anderen Dimension **begriffen** werden. Das für die Einzelexistenz wie für die Menschheit insgesamt kommende Reich Gottes, das sich durch die Auferstehung Jesu Christi vorweg-ereignet hat, wird zwar nicht örtlich bestimmbar, aber zeitlich glaub- und dermaleinst in seiner ganzen Fülle dimensional erlebbar sein. Wie Menschen, die ein Haus bauen möchten, sich schon vorher mit Plänen und Zeichnungen beschäftigen und im Geist schon vor dem Einzug ganz in ihrem schönen neuen Haus leben, so sind die an das Reich Gottes Glaubenden „Schon-jetzt-Erlöste", aber noch nicht definitiv Eingezogene, also „Noch-nicht-Vollendete".

H. Braun hat zwar recht, wenn er die neutestamentliche Naherwartung des Reiches Gottes als zeitlich unerfüllt geblieben ansieht. Sie aber statt dessen im Hören des Wortes Gottes sich ereignen zu lassen, scheint mir nur ein Teil der Wahrheit zu sein. Denn bei Braun wird das futurisch-eschatologische Endakt-Ereignis vollständig durch das im Hören präsentisch-situativ vorgestellte Geschehnis ersetzt.[221] Ich denke, letzteres hat den Charakter eines „Versprechens" im Glauben, ersteres den Charakter einer „Erfüllung" im Glauben. Kehren wir die falsche Reihenfolge um und sagen, daß das Versprechen bzw. die Hineinnahme in eine Situation und die endgültige Erfüllung untrennbar zusammengehören. Braun begeht den Fehler, die Zukunft Gottes vom chronologischen Zukunftsdenken des menschlichen Verstandes abhängig zu machen. Das ist es, was ihn und viele andere Theologen dazu bringt, die in der ersten Christenheit – ja bis heute – nicht zur Erfüllung gekommene Naherwartung des Reiches Gottes als „Fehlrechnung" zu bezeichnen.[222]

In seinem hervorragenden Aufsatz „Das Recht, ein Ketzer zu sein"[223], führt uns J. Roß vor, wie z. B. Albert Schweitzer sich mit dem Faktum auseinandergesetzt hat, daß die Aussagen Jesu und die Feststellungen des Apostels Paulus in Bezug auf die alsbaldige Herabkunft des Gottesreiches sich bis heute nicht erfüllt haben. Schweitzers Auffassung und die vieler anderer Theologen der liberalen Epoche litt eben an der Krankheit des chronologisch-lokalistischen Verständnisses. Das heißt: das Reich Gottes hätte in Abhängigkeit von der Zeit längst sicht-, spür- und fühlbar werden müssen. Das Ausbleiben des Reiches Gottes – in der Theologie allgemein mit dem Terminus „Parusieverzögerung" bezeichnet – wurde alsdann durch den allseits bekannten „Kulturprotestantismus" ersetzt. Er begann um die Jahrhundertwende, sah das Christentum als die Seele des Kulturschaffens und als den Motor des Fortschritts an und zielte auf eine Bewährung der christlichen Sittlichkeit auf staatlicher, völkischer und kultureller Ebene. „So kommt man zum Fortschrittsglauben der Aufklärung, den Schweitzer immer hochgehalten hat, obwohl er als Gelehrter so offenkundig in den skeptischen Historismus gehört. Denn Fortschrittsglaube bedeutet Ausrichtung auf die Zukunft und tritt insofern das Erbe der Reich-Gottes-Erwartung an".[224]

In diesem Zusammenhang wird bei Schweitzer und vielen anderen bewußt der Begriff Nächstenliebe – wenngleich ersatzweise – in das Denken eingeführt. So richtig dies einerseits ist, so sehr wird andererseits dadurch doch der Blick für die Eigenart des Evangeliums sowie für den Unterschied zwischen dem Reich Gottes und dem Reich dieser Welt getrübt.[225] Das Reich Gottes, so meine ich, erfüllt sich eben sowohl in einem „**dimensional**-eschatologischen" als auch in einem „**futurisch**-eschatologischen" Horizont. Das Futurisch-Eschatologische muß dabei als das „Noch-Kommende" – und deshalb in der Haltung steter Bereitschaft – **erwartet** werden. Das Dimensional-Eschatologische sollten wir in diesem Zusammenhang als die schon jetzt mögliche totale und endgültige Hineinnahme der menschlichen Existenz in den Einflußbereich Gottes **verstehen** lernen. Das so im Glauben ergriffene „Heil" darf deshalb keinesfalls in eine sozio-kulturelle Ethik umgedeutet werden, nur weil das chronologisch-lokalistisch begriffene Gottesreich bis heute noch nicht erschienen ist.

Im Unterschied zu anderen vorhandenen Reichen wurde der Begriff „Reich Gottes" von Jesus wahrscheinlich in seiner aramäischen Muttersprache mit *malkuta d'alaha* bezeichnet.[226] Einer der kundigsten Bibelwissenschaftler, Neutestamentler und Qumranforscher, der Göttinger Ordinarius H. Stegemann erklärt sehr sinnfällig den Dimensionscharakter der Reiches Gottes unabhängig von jeglichem lokalistischen Verständnis oder sich selbst unter Zeitdruck setzenden Denken. „Am einfachsten bleibt es, den Ausdruck *Reich Gottes* beizubehalten in dem Bewußtsein, daß Jesus damit meist die aktuelle Herrschaftsdurchsetzung Gottes meinte, mitunter auch den dadurch bereits entstandenen Herrschaftsbereich Gottes, relativ selten das Gegenüber zu anderen bestehenden Reichen – und wenn, dann nicht ein politisches Gegenüber zum Römerreich, sondern den Gegensatz zum bisherigen Reich der Satansherrschaft. Sagt man statt dessen *Himmelreich*, dann ist im Rahmen der Worte Jesu an genau die gleichen Sachverhalte zu denken, nicht an einen Bereich jenseits dieser Welt, sondern an die Herrschaftsdurchsetzung des Himmels (= Gottes) insbesondere auch im irdischen Bereich".[227]

Der Dimensionscharakter des Reiches Gottes hindert uns als an dieses Reich Glaubende nicht daran, seine Vollendung dermaleinst zu erwarten. Der Begriff „Vollendung" wird in der Bibel metaphorisch mit „Neuem Himmel" und „Neuer Erde" umschrieben. „Neu" ist hier meiner Meinung nach im Sinne von „innerlich erneuert" zu verstehen, ähnlich einem Menschen, der alte, schlimme Gewohnheiten (z.B. Süchte, anstößige Verhaltensweisen) abgelegt hat und nach einer Phase der Läuterung als ein völlig neuer Mensch auftritt, obwohl er noch am alten Ort und im selben Haus wohnen geblieben ist. Ich denke, daß das dimensionale Verständnis des jetzt schon angebrochenen und in seiner Fülle kommenden Gottesreiches uns eine große Glaubenshilfe sein kann, mit dem Problem der chronologisch-lokalistisch unerfüllt gebliebenen sog. Naherwartung fertig zu werden.

In dimensionaler Hinsicht hatte Jesus von Nazareth dann doch Recht mit seinem Wort „Das Reich Gottes ist inwendig in euch" (Luk. 17, 21) oder „Es sei denn, daß jemand von neuem geboren werde ..." (Joh. 3,3), womit er die Wiedergeburt meint, aber nicht im esoterischen Sinne eines sog. zweiten Lebens (Reinkarnation), sondern im Sinne eines nach Gottes Ordnung (theonom) geänderten Menschen. An anderer Stelle[228] habe ich diesen existentiellen Wandel als Hineinnahme des Menschen in eine Neue Ontologie (ontischer Paradigmenwechsel) bezeichnet.

Die äußeren Zeichen des „ontischen Paradigmenwechsels" sind die nach Gottes Ordnung und durch Gott selbst innerlich gewandelten (bekehrten) Menschen. Sie bilden die vielen dicht bei dicht liegenden „lebendigen Pflastersteine" des weiten Platzes, auf dem das Zelt des Reiches Gottes aufgebaut werden kann. Die Errichtung des Zeltes ist dann vollendet, wenn sich die Herrschaft Gottes endgültig durchgesetzt hat. Verstehen wir die „Herabkunft" des Reiches Gottes als akuten, globalen Ereignis-Akt, so kann das Phänomen der Parusieverzögerung in der Tat nicht bestritten werden. Wenn wir die Aufrichtung des Gottesreiches jedoch als sozusagen chronisch sich entwickelnde, beim Einzelnen ansetzende Herrschaft durch Umkehr von Lebensstil und Lebensziel begreifen, dann gibt es keine Parusieverzögerung, dann ist die Gottesherrschaft bzw. das Gottesreich längst angebrochen und bricht immer wieder neu an.

Das Kapitel „Existenz und Geschichte" mit den drei konzentrischen „Geschichtskreisen" soll nicht abgeschlossen werden, ohne daß ich die Bemerkungen von H. Zahrnt zitiert habe, die sich in seinem neuesten Buch finden.[229] Sie sind eine gute Zusammenfassung unserer Überlegungen. Auf die sich durch alle drei Geschichtsbereiche hindurchziehende Grundfrage, wie Gottes Spur im Verlauf der Geschichte erkennbar sei, antwortet Zahrnt: „Hier gibt es noch weniger als sonst fertige Antworten und glatte Lösungen. Das entscheidende Kriterium theologischer Geschichtsdeutung und damit Wegweisung für die Existenz des Christen zwischen Glaube und Politik bleibt allemal die Warnung, die Berufung auf Gottes Willen und Walten zur **Selbstrechtfertigung** zu mißbrauchen: um sich ein gutes Gewissen zu verschaffen, das eigene Verhalten zu bestätigen, den erreichten Erfolg zu erklären, die für die Erlangung des Zwecks angewandten Mittel zu heiligen, eine politische Idee zu sanktionieren. Vielmehr darf die christliche Sinndeutung der Geschichte immer nur den einen Sinn haben, den Menschen zur **Sinnesänderung** zu bewegen: schlafende Gewissen aufzurütteln und angefochtene zu trösten, eigene Schuld zu bekennen und fremde zu vergeben, vor Vermessenheit und Übertreibung zu bewahren und zu Nüchternheit und Demut anzuhalten, von Menschenfurcht und Todesangst zu befreien und selbst im Scheitern noch zu vertrauen – und am Ende Gott für alles zu danken.“

Als Hinweis auf die unmittelbar beginnende Gottesherrschaft wie auch auf die persönliche Sinnesänderung können auch die Verse 23 und 24 aus Johannes 4 verstanden werden: „Aber es kommt die Zeit **und ist schon jetzt**, daß die wahrhaftigen Anbeter werden den Vater anbeten im Geist und in der Wahrheit; denn der Vater will haben, die ihn so anbeten. Gott ist Geist (dimensionales Verständnis! d. Verf.), und die ihn anbeten, die müssen ihn im Geist und in der Wahrheit anbeten".[230] Wer aus ganzem Herzen danach handelt, ist ein geänderter Mensch und damit „lebendiger Pflasterstein" des Platzes, auf dem Gott das Zelt seines Reiches aufschlagen und so seine Herrschaft durchsetzen wird.

Einen Gott haben heißt nichts anderes, denn ihm von ganzem Her-
zen trauen und glauben, wie ich oft gesagt habe, daß alleine das
Trauen und Glauben des Herzens machet beide, Gott und Abgott.

Martin Luther

G Korrekturen und Additionen

Nachdem wir ganz bewußt mehr und mehr zur Bestim-
mung unserer Existenz nach christlichen Maßstäben „hinübergeglitten" sind, sollen im folgenden nun einige der
Auffassungen, Feststellungen und Ansichten einer Prüfung
unterzogen und – wo nötig – ergänzt oder korrigiert werden.

I Naturwissenschaft und Glaube

Ein möglicherweise erfundenes, vielleicht aber auch
wirklich geführtes Gespräch[231] wird in aller Kürze von Kardinal Faulhaber und Professor Albert Einstein aus den 20er
Jahren berichtet.

Einstein: „Ich achte die Religion, aber ich glaube an die
Mathematik, und bei Ihnen, Eminenz, wird es umgekehrt
sein."
Faulhaber: „Sie irren, Professor, Religion und Mathematik
sind für mich nur verschiedene Ausdrucksformen derselben ‚Göttlichen Exaktheit'."
Einstein (erstaunt): „Aber wenn nun die mathematische
Forschung eines Tages ergäbe, daß gewisse Erkenntnisse
der Wissenschaft denen der Religion widersprechen?"
Faulhaber (lächelnd): „Ich schätze die Mathematik so hoch
ein, daß Sie, verehrter Professor, dann nie aufhören sollten,
nach dem Rechenfehler zu suchen."[232]

175

Für unsere weiteren Überlegungen soll zunächst darauf hingewiesen werden, daß unter dem Begriff ‚Naturwissenschaften' in erster Linie Physik, Chemie und – als exakteste von allen – die Mathematik zu verstehen sind. Ich möchte aus Gründen der Konkretion bewußt von den anderen als sog. Naturwissenschaften bezeichneten Disziplinen, wie z. B. Biologie, Geologie, Astronomie, Zoologie, Botanik usw. absehen. Wir bewegen uns bei der Problematik „Naturwissenschaft und Glaube" zwischen den beiden Imperativen *sapere aude* (wage zu denken, dich deiner Vernunft zu bedienen) und *credere aude* (wage zu glauben). Diese beiden Imperative schließen sich nicht aus, sondern ergänzen einander. Inwiefern sie dies tun, soll im folgenden untersucht werden. Dabei möchte ich davon ausgehen, daß „das neue Naturbild der Physik die Wirklichkeit um uns auf Grund tieferer Einsicht grundsätzlich anders sieht als das Weltbild der Neuzeit". Dabei „zeichnet sich eine Annäherung zwischen Theologie und Naturwissenschaft ab, die man nicht mehr für möglich gehalten hätte".[233]

Sehr wahrscheinlich ist die Zeit – rückwärts gesehen – begrenzt, d. h., der Beginn des Phänomens Zeit fällt mit dem Anfang des Kosmos zusammen. Gäbe es keinen Kosmos (also kein Weltall), gäbe es auch keine Zeit. Der Beginn des Kosmos ist sozusagen datierbar – und somit auch der Zeitbeginn – und liegt zwischen 5 und 10 Milliarden Jahren zurück. Hier soll uns nicht so sehr die relativ große zeitliche Schwankungsbreite stören als vielmehr die Tatsache zu denken geben, daß unser Universum nicht „von Ewigkeit her" bestanden hat, sondern mit ziemlicher Sicherheit einen „datierbaren Anfang" aufweisen kann.

Auch nach vorne gesehen kann von einer Begrenztheit der Zeit gesprochen werden. Wir dürfen mit großer Wahrscheinlichkeit annehmen, daß in ferner Zukunft einmal ein Zustand im Kosmos eintreten wird, bei dem alles ausgeglichen ist, sich also die Gesamtmasse im ganzen Weltraum gleichmäßig verteilt hat und dann sich nichts mehr ereignen kann (thermo-dynamisches Gleichgewicht, Wärme- oder Kältetod des Weltalls). Wie lange der Kosmos wirklich noch bestehen wird, wissen wir nicht. Vorausgesetzt, wir nähmen mit einigen Forschern hypothetisch eine „Gesamtlebenszeit" von 12 bis 15 Milliarden Jahren an, so stände dem Weltall noch etwa eine Zeitspanne von 5 bis 7 Milliarden Jahren zur Verfügung, wenn wir sein Alter auf bisher ca. 8 bis 10 Milliarden Jahre schätzen.[234] Also auch nach vorwärts ist die Zeit begrenzt und findet mithin „dermaleinst" ihr Ende.

Neuerdings hört man zwar davon, daß die Astrophysiker in zwei Lager gespalten sind, die sich in der Berechnung der „Gesamtlebenszeit" des Weltalls deutlich voneinander unterscheiden. Und auch die Hubble-Konstante[235] – so wird gesagt – sei mittlerweile als eine relativ unzulängliche Berechnungshilfe entlarvt. Das mag alles astrophysikalisch bzw. astronomisch interessant sein. Für uns ist es hier nicht so sehr von Belang, da es mir darum geht, die prinzipielle Endlichkeit des Universums beispielhaft herauszustellen.[236]

Unter diesem Aspekt ist zu fragen, wie der Begriff Ewigkeit („von Ewigkeit zu Ewigkeit") verstanden werden muß, bzw. ob wir das Phänomen Ewigkeit so ohne weiteres als Zeitlosigkeit oder Unbegrenztheit interpretieren dürfen. Hier ist davor zu warnen, Ewigkeit mit Zeit in dem Sinne in Verbindung zu bringen, als sei das Phänomen Zeit mit seinem Anfang und Ende (abhängig vom eben erörterten Beginn und Ende des Kosmos) sozusagen die zentrale zeitliche Kernstrecke von 12 bis 15 Milliarden Jahren auf der nach vorne und hinten endlosen Schiene der Ewigkeit.

„Ewigkeit ist das Gegenteil von Zeit und also kein unendli-
ches Fortbestehen von etwas auf derselben Zeitschiene im
Sinne von Unsterblichkeit."[237] Ewigkeit ist – und hier hilft
am ehesten die theologische Vorstellung weiter – das Eingehen in die Zukunft Gottes. Ewigkeit entfaltet sich – und
zwar dynamisch – in die Tiefendimension unseres Lebens
hinein.[238] Die schönste und umfassendste – wenngleich
nicht leicht zu begreifende – Definition gibt Romano Guardini, indem er Ewigkeit als „die reine Gegenwärtigkeit
vollkommenen Daseins" bezeichnet.[239]

Als nächstes ist nach dem Begriff des Raumes zu fragen,
denn unser Denken ist ja an Zeit **und** Raum gebunden. Hin-
sichtlich der räumlichen Unendlichkeit des Weltalls darf ver-
mutet werden, daß auch hier die Ausdehnung ins Unendliche
zu verneinen ist. „Wir haben gut fundierte theoretische Überlegungen für die Annahme, daß der Weltraum gekrümmt und
endlich, aber trotzdem unbegrenzt ist. Anschaulich ist das
nicht mehr vorstellbar, da es die gedankliche Einordnung in
einen Raum von mehr als den drei unseren Sinnen faßbaren
Dimensionen voraussetzt."[240] Die Möglichkeit einer Endlichkeit des Raumes ist für unser Denken genauso aufregend und
abenteuerlich wie die Endlichkeit der Zeit.

Wir fragen: „Was war vorher – vor dem Beginn der Zeit –
und was wird nachher – nach dem Ende der Zeit – sein;
was ist außerhalb des Raumes, wenn er endlich – wenngleich unbegrenzt – ist." Für die Wissenschaft ist die Frage
gegenstandslos, da sie nur das Gegebene, unseren Metho-
den und Sinnen Zugängliche untersucht.[241] Für den Glauben hingegen hat diese Frage große Bedeutung. Hier kommen wir zu einer wichtigen Addition in dem Sinne, daß wir
uns von den kleinen alltäglichen Glaubensinhalten über die
größeren Probleme nun bis zu einer der wichtigsten Glau-

bensfragen überhaupt bewegt haben, die unser Denken, Fühlen und Wollen, also unsere ganze Existenz, betreffen. Denn wie die Einzelexistenz – und mag sie noch so klein und unbedeutend sein – in der politischen Profan-Historie und in der Heilsgeschichte ihren Platz hat, so kommt ihr dieser Platz auch im Kosmos zu. Also liegt es nahe zu fragen, was ist vorher gewesen und was wird hinterher sein (zeitlich gesehen), bzw. was befindet sich außerhalb (räumlich gesehen).

Hier sind nun zwei Antworten möglich. Für eine von ihnen muß sich der denkende Mensch existentiell entscheiden. Die eine Antwort lautet „Nichts". Wenn die Antwort aber „Nichts" lautet, so darf die Frage, was vor und nach der Zeit bzw. außerhalb des Raumes sei („ist"), gar nicht gestellt werden. Denn ein „Nichts" existiert nicht, mit anderen Worten: „Nichts" ist nicht; „Sein" (oder vorhanden sein) und „Nichts" schließen sich gegenseitig aus. Die andere Antwort lautet „Etwas". Hier hat die Frage ihre Berechtigung, denn „Etwas" „ist" immer, muß „sein", sonst wäre es nicht „Etwas".

Dieses „Etwas" vor Beginn und nach Ende der Zeit bzw. außerhalb des Raumes kann ich mit der Anwesenheit eines all-einen, höchsten Geistes beschreiben (in Anlehnung z.B. an Hegel) oder mit dem Begriff des „Absoluten" (z.B. nach Goethe). Diese Begriffe haben eines gemeinsam: sie sind extrem unpersönlich. Im Glauben jedoch bleibt mir eine einzige Möglichkeit – wiederum eine Addition oder besser: Korrektur – Gott! Denn wir hatten ja gesagt, daß der Glaube dazu verhilft, eine Abstraktion zur Konkretion werden zu lassen, indem er es (das Abstrakte) in Raum und Zeit hineinholt und auf diese Weise für unsere Existenz erlebensfähig macht. Gott – selbst wenn ihn die Atheisten als metaphysische Spekulation abtun – wird in der „personalen Ich-Du-Relation" für mich erlebensfähig und erfahrbar in diesem meinem Leben. Ja – Gott hat die Eigenschaft (die ich im Glauben erkenne), in Raum und Zeit zu sein und zugleich über sie hinaus zu gehen (sie zu transzendieren), also jenes „Etwas" darzustellen, das allein mir die Frage erlaubt: was **ist** vor Beginn der Zeit gewesen bzw. was wird nach Ende der Zeit sein, und was **ist** außerhalb des Raumes.

Gott selbst ist der „Inhalt" dessen, wonach wir oben bei der Definition des Begriffes Ewigkeit gefragt haben. Mit Gott – wenn wir ihn in Jesus Christus in die tiefsten Schichten (Tiefendimension) unseres Lebens glaubend hineinlassen – erreichen wir als fehlbare Menschen zwar nicht die „reine Gegenwärtigkeit vollkommenen Daseins" (Guardini), kommen ihr aber doch nahe, besitzen wir zwar nicht die Zukunft Gottes in ihrer ganzen Fülle, haben aber doch teil an ihr, sind wir zwar nicht das Urbild Gottes, stellen aber doch sein Ebenbild dar. Letzteres ist eine hohe Qualifikation für den Menschen. Bei der Gottebenbildlichkeit handelt es sich nicht um eine ontologische Größe, also eine „Aussage über das Sein des Menschen, sondern sie ist eine Aussage über die Funktion (funktionale Größe, d. Verf.), die dem Menschen zugesprochen wird. Sie bestimmt, wozu der Mensch da ist" (O. Rüther)[242], hat also eine teleologische Bedeutung.

Der Mathematiker H. Rohrbach – hier schon einige Male zitiert – sagt: „Ist man bereit, an den Schöpfer zu glauben, so kann man versuchen, unsere in Zeit und Raum endende Erkenntnis einmünden zu lassen in den vom Glauben her erschlossenen Bereich der Ewigkeit, und in aller Ehrfurcht und Nüchternheit etwa sagen: Raum und Zeit sind aus der

Ewigkeit heraus durch einen Schöpfungsakt Gottes entstanden. Sie gibt es für uns nur deshalb, weil wir periodische Bewegung von Körpern beobachten. Messen wir doch die Zeit durch die Drehung der Erde um sich selbst und um die Sonne. Wir hätten gar nicht die Möglichkeit einer Zeitmessung, wenn nicht diese geregelte Bewegung im Raum stattfände mit den Fixsternen als Hintergrund."[243]

Ein weiteres Faktum, das hier erwähnt werden muß, ist die Erkenntnis, daß wir es entgegen dem Weltbild der Neuzeit nicht mit einer absoluten, an sich seienden Welt zu tun haben, sondern mit Wirkungen. Das heißt: die Erscheinung dieser Wirkungen, also die Art, wie sie sich in unserem Erkennen manifestieren, hängt davon ab, wie wir uns als Beobachter dazu stellen. Somit ist das Geschehen um uns im letzten nicht mehr trennbar vom beobachtenden Subjekt, die Natur ist also nicht objektivierbar.[244] Diese Argumentation erscheint vollkommen einsichtig und logisch.

In diesem Zusammenhang möchte ich noch einmal auf die Gedanken im Kapitel „Erkenntnis und Glaube" zurückkommen. Es wurde dort zwischen Perspektive und A-perspektive unterschieden. Erst wenn Perspektive und A-perspektive zusammengeschaut werden könnten, wäre umfassende, wahre (objektive) Erkenntnis möglich. Dieser Fall aber wird niemals eintreten, mithin also unser Begreifen immer nur ein perspektivisches, ein von unserer beobachtenden Position abhängiges, relatives Erkennen sein und bleiben. Wenn wir einen gültigen naturwissenschaftlichen Zusammenhang, also z. B. ein sog. Naturgesetz, erforscht haben, so sollten wir von jetzt an wissen, daß immer noch ein mehr oder weniger umfangreicher Rest bestehen bleibt, der sich unserem Verstande als dauerhaft abgewandte Seite, als A-perspektive, verschließt.

Hier sei noch einmal an Gebsers Kriterien „Temporik", „Diaphainon" und „Wahren" erinnert.

1. Temporik: Gerinnung der Zeitabschnitte Vergangenheit, Gegenwart und Zukunft zu einer reinen, immerwährenden Gegenwart.

2. Diaphainon: das in allem Materiellen durchscheinende Geistige, womit „der schaffende Geist" gemeint ist, wird nur in der Zeitfreiheit, im immerwährenden Gegenwärtigsein des Ursprungs, erkennbar. Da dies eine Utopie ist, müssen wir uns des Hilfsmittels des „Kairos" bedienen, also des letztgültigen, entscheidenden Augenblicks, der – so könnte man sagen – nie mehr wiederkommt.

3. Wahren: die Tatsache, daß erst ein neuer, heiler, verganzheitlichter Mensch etwas mehr von der Welt als nur das perspektivisch Gegebene gewahrwerden, also hinter das unseren Sinnen Zugängliche blicken kann.

Gebsers Kriterien sind im Grunde unzureichende Versuche, der a-perspektivischen Seite der Welt-Wirklichkeit einen durchscheinenden Charakter zu verleihen. Auch der denkerische Kunstgriff Reiningers, das aktuelle Erleben und das in ihm Erlebte als Ur-Tatsache zu bezeichnen, über die hinaus nichts einen höheren Wirklichkeitsgrad hat, bringt uns hier kaum weiter, obwohl wir Reiningers These später noch einmal unter anderen Vorzeichen als hilfreich aufgreifen werden. Was aber die Erkenntnis nicht leisten kann, schafft der Glaube. Ich habe ihn als das „Vehikel" bezeichnet, das uns an den Ort trägt, wo die Gegensätzlichkeiten von Perspektive und A-perspektive reduziert sind. Diese Reduktion ist keine objektiv meßbare oder verstandesmäßig begreifbare im naturwissenschaftlich reinen Sinne, sondern vielmehr eine praktisch erfahrbare, im Lebensvollzug sich bestätigende, sofern wir uns existentiell darauf einlassen.

Die wahre Wirklichkeit, das Absolute, das „An-sich" ist identisch mit Gott. Dieser selbst ist Ewigkeit, ist das „Etwas", das innerhalb und zugleich außerhalb von Raum und Zeit existiert. Hier möchte ich nun wieder eine Ergänzung vornehmen, bzw. eine Korrektur anbringen. Es handelt sich bei diesem Gott nicht um einen „absoluten Geist" oder eine „lenkende Instanz", wie es im Verlauf dieses Buches mehrmals formuliert worden ist. Der zugleich immanente und transzendente Gott, der das einzig denkbare überraum-zeitliche „Etwas" und mit dem Phänomen Ewigkeit identisch ist, besitzt die kontingenteste (unableitbarste) Eigenschaft, die sich denken läßt. Er ist nämlich als der Fernste, Erhabenste, Unnahbarste zugleich der Nächste, Niedrigste, Persönlichste, daß wir ihn im Sinne höchstmöglich denkbaren Ur-Vertrauens (durch Tod und Auferstehung Jesu Christi) als „Abba, lieber Vater" bezeichnen dürfen.[245] Eine – profan ausgedrückt – größere Glaubenssensation gibt es schlechthin nicht.

Was möchte ich hiermit sagen? Das einzig denkbare „Etwas", das immer da ist und das insbesondere vor Beginn des Universums war und nach seinem Ende sein wird, das einzig denkbare „Etwas", das auch außerhalb des gekrümmten, endlichen und doch unbegrenzten Weltraumes existiert, ist Gott. Hier versagt jede Naturwissenschaft, hier beginnt die größte Herausforderung des Glaubens. Da genau an dieser „Stelle" die naturwissenschaftliche Beweis- und Erfahrbarkeit ihr Ende hat, ist die Ablehnung Gottes („gibt es nicht") wie die Akzeptanz Gottes („gibt es") ein

Glaubensakt, worüber insbesondere die Atheisten mit sich ins reine kommen sollten.

Ich persönlich möchte mich nicht für das „Nichts", sondern für das „Etwas" entscheiden. Und darum hat der Gottesglaube für mich noch immer die erhabenste aller Funktionen, nämlich die Wirklichkeit in schrittweiser Annäherung begreifbar zu machen und damit eine Ahnung vom Zusammenfall von Perspektive und A-perspektive zu vermitteln. Genau das heißt „Wirklichkeit glaubend verstehen", denn wie anders sollte sie je begriffen werden können, wenn doch alle naturwissenschaftlichen Erkenntnismöglichkeiten versagen.

„Die Wirklichkeit glaubend verstehen" ist sehr einprägsam und persönlich in folgenden Worten formuliert: „Die eigentlichen Spannungen zwischen Glauben und Wissen (Denken, d. Verf.) lösen sich nicht auf intellektueller Ebene, sondern letztlich nur dadurch, daß wir in einem echten täglichen Zusammenleben mit Jesus Christus ihn selbst und seinen Heiligen Geist mehr und mehr auf uns wirken lassen... Dies hat sich in der Vergangenheit wie auch in unserer Generation im Leben vieler Menschen bestätigt, die sowohl auf dem Boden des christlichen Glaubens als auch auf dem Gebiet objektiver Erkenntnis gleichermaßen eine Heimat gefunden haben. Man denke etwa an den Philosophen, Physiker und Mathematiker Blaise Pascal, an die Physiker Maxwell und Faraday, an Wernher von Braun und an manche anderen ...["246]

In Anlehnung an das zuvor Dargelegte muß man jetzt zwar korrigierend feststellen, daß uns objektive Erkenntnis verwehrt ist. Vielleicht sollte man dementsprechend hier besser von objektiver „naturwissenschaftlicher Erkenntnis" reden, wodurch jedoch die Wahrheit, die die obigen

Sätze enthalten, nicht in Frage gestellt wird. Das vor und nach (der Zeit) und außerhalb (des Raumes) existierende „Etwas", das wir als Gott glaubend erkannt haben, hat sich uns aus seiner Position der Ferne, Erhabenheit und Unnahbarkeit in Jesus Christus zugleich als der Nächste, Niedrigste und Persönlichste zu erkennen gegeben. Die Tatsache, daß wir – wie oben schon erwähnt – „Abba, lieber Vater" zu ihm sagen dürfen, ist nachgerade eine Sensation, die man erst einmal auf sich wirken lassen muß. Mir ist keine andere Art und Weise bekannt, wo „Überraumzeitlichkeit" und kaum noch vorstellbare Distanz mit größtmöglicher ganz persönlicher, geradezu väterlicher Nähe verbunden werden. Hier läßt der Glaube – und nur er allein schafft es – eine durch Denken wohl nicht mehr nachvollziehbare Abstraktion zu einer höchstpersönlichen, lebendigen, existentiellen Konkretion werden. Noch einmal – welch eine geistig-geistliche Sensation!

Wenn wir oben das „Abba, lieber Vater" als Ausdruck des höchstmöglich denkbaren Ur-Vertrauens bezeichnet haben, so könnte man nun zusätzlich von einem existentiell kaum noch unmittelbarer erfahrbaren Ur-Wunder sprechen. Nur der Glaube (so hoch schätze ich ihn ein) schafft es, die Gegensätzlichkeit von Perspektive und A-perspektive nicht nur zu reduzieren, sondern – so müssen wir jetzt wohl korrigieren – gänzlich aufzuheben. Um es etwas wissenschaftlicher auszudrücken: die Zusammenschau (Synopse) von Perspektive und A-perspektive kommt nicht durch theoretische oder experimentelle naturwissenschaftliche Erkenntnisse zustande, sondern durch Erfahrungen des Glaubens im praktischen Lebensvollzug, sofern man bereit ist, sich existentiell darauf einzulassen. Schon die, die es nur probeweise – gleichwohl ehrlich – tun, bringen eine große Freude in die Gemeinschaft all der Menschen hinein, die sich mit dieser Frage ernsthaft auseinandersetzen. „Ernsthaft" soll in diesem Zusammenhang bedeuten, daß man die Inhalte des Glaubens in das tägliche praktische Leben hineinzunehmen gewillt ist und damit aufrichtig prüft, wie es sich unter diesem Aspekt führen läßt.

Der Glaube an Gott „als unseren lieben Vater" bringt ein Instrument zum Klingen, durch das die intensive Kommunikation hör- und fühlbar wird. Es ist „das Instrument" des Gebets. Wie man im Glauben auf ihm spielt, ist uns durch Jesus Christus gelehrt worden. Selbst ein so nüchterner Theologe wie der Holländer H. M. Kuitert (Freie Universität Amsterdam) bezeichnet das Gebet als Kontaktsuche mit dem „Oben", das wir immer wieder spontan als ein „Jemand-artiges" Wesen ansprechen dürften. Die Kontaktsuche des Gebets gehöre zum religiösen Bewußtsein und dieses hinwiederum zur Existenzweise des Menschen.[247] Der theologische Realist Kuitert führt eine Liste von Ausnahmen von dieser Regel an und unterscheidet:

1. Die Entlarver (für sie ist Beten eine überholte Form von Magie. Wir sind über solche Ansichten hinaus.)
2. Die Kenner (Beten ist verlorene Liebesmüh, die Dinge kommen doch, wie sie kommen müssen).
3. Die Enttäuschten (Beten hilft nicht. Warum soll man es also weiterhin tun?)
4. Die Skeptiker (Beten verlangt eine Gewißheit des Glaubens, die wir nicht haben).
5. Die Kritiker (Beten ist Egoismus. Menschen erbitten für sich eine Vorzugsbehandlung).
6. Die Erwachsenen (Beten ist eine Form von Quengeln, das gehört in die Kinderzeit).
7. Die Bescheidenen (Wer bin ich, daß ich Gott zur Last fallen dürfte, Beten ist Hochmut).

8. Die postmodernen Dekonstruktivisten (Wir müssen für uns selber sorgen. Beten ist Schwäche, tüchtige Menschen beten nicht).

9. Die Naturwissenschaftler (Durch Beten ruft man die Wundermacht Gottes an, die es nicht gibt).

10. Die schnellen Jungen (Ich habe für das Beten keine Zeit).

Dennoch – und zwar ungeachtet dieser „Ausnahmen" – mißt Kuitert dem Gebet einen sehr hohen Stellenwert bei. Allerdings kann ich ihm in dem Punkt nicht zustimmen, daß die Kommunikation des Betens nur in der eigenen Kammer gedeihe.[248] Gerade auch durch das Gebet in der Gemeinschaft – laut oder leise – kann „das Herz Gottes" entscheidend bewegt werden. Und auch die Liturgie des christlichen Gottesdienstes ist ja im Grunde nichts anderes als ein „lautes" in der Gemeinschaft vorgebrachtes Gebet bzw. eine „Anbetung".

Beten bedeutet die Gott zugewandte Haltung des Menschen.[249] Der Glaube braucht ein Gegenüber, das vertrauenswürdig ist. Dieses Vertrauen wächst durch Erprobung und Kommunikation. Wahrer Glaube kann nicht leben ohne das Gebet, das der Ausdruck einer Beziehung ist. So offen wie im Gebet wendet man sich nur an jemanden, dem man zutiefst vertraut. Dabei ist es nicht so wichtig, wie man seine Gebete formuliert, sondern ob es aufrichtig und um „seinetwillen" geschieht. „Gott will nicht etwas Neues von uns hören, sondern er will uns hören – und das immer wieder aufs neue.[250]

„Glauben heißt Beten", schreibt J. Cochlovius und weist ebenfalls auf den Beziehungscharakter hin, indem er fortfährt: „eine Ehe kann nur frisch bleiben und wachsen, wenn die beiden miteinander sprechen und sich aneinander Anteil geben. So ist es auch in der Gemeinschaft mit Christus. Das ... Geben und Nehmen geschieht nicht automatisch, sondern im Gebet."[251] Cochlovius betont aber zugleich, „daß Gott unser Heil sucht. Deswegen erhört er unsere Gebete so, daß die Erhörung unserem Heil dient. Er gibt nicht immer das, was wir wollen, aber er gibt immer das, was wir brauchen".[252] Das Evangelium legt dem Gebet eine große Verheißung bei.

II Humanismus und Glaube

Im Kapitel „Die Bedeutung der Glaubensinhalte" war mehrfach von Humanität die Rede, und zwar in dem Sinne, daß es für unsere Zeit und unsere Kultur notwendig sei, zur radikalen Humanität zurückzukehren. Des weiteren wurde in diesem Kapitel die Auffassung vertreten, daß Menschheit und Erde ihre Existenz irgendwann apokalyptisch beenden werden und nur die Menschen den katastrophalen letzten Akt ein wenig hinauszuschieben vermögen, die hier, heute und jetzt den Weg der radikalen Humanität zu gehen gewillt sind.[253] Natürlich bezogen sich diese Begriffe bzw. Formulierungen auf die säkulare Seite der in diesem Buch angestellten Überlegungen, und in diesem Zusammenhang sind sie sicher richtig. Mittlerweile aber sind wir mehr und mehr im Sinne des zu Anfang erwähnten „Glissandos" in den christlichen Glaubensbereich hinübergeglitten, wie es ja auch beabsichtigt war. Hier nun stellen sich Humanität (edle Menschlichkeit, Menschenfreundlichkeit) und Humanismus (Höherentwicklung des Menschen und seiner Menschlichkeit durch die griechisch-römischen Bildungsideale zum Zwecke einer höherstehenden ethischen und ästhetischen Daseinsgestaltung) unter einem völlig anderen Blickwinkel dar. Dies gilt es im folgenden zu untersuchen und herauszustellen.

1. *Humanismus*

Die Existenz des humanistisch denkenden und handelnden Menschen ist geprägt von einer tragischen Verantwortung, so haben wir in Abschnitt F unter I „Persönliche Lebensgeschichte" (res privata) festgestellt. Diese Verantwortung steigert sich noch, wenn der Mensch versucht, sich über das Menschliche (also sich selbst) hinauszurecken. Sofern er dies nicht tut, bezeichnet ihn z.b. Seneca als verächtlich: „o quam contempta res est homo, nisi supra humana se erexerit (ein wie verächtlich Ding ist doch der Mensch, wenn er sich nicht über das Menschliche hinausreckt)".[254] Der Leitgedanke jeder humanistischen Lehre vom Menschen (Anthropologie) lautet dementsprechend: „Der Mensch ist das Wesen, das erst und nur im Transzendieren seiner sich selbst ergreift. Menschsein geschieht nur im Menschwerden und vollzieht sich als Bildung, die auf den wahren Menschen erst hin will."[255]

Im Humanismus griechischer Prägung wird das über sich selbst hinauswachsende Menschsein mit „dem Göttlichen" gleichgesetzt oder doch in eine enge Verbindung gebracht. So verheißt der christliche Humanist Pico della Mirandola dem Menschen: „poteris in superiora, quae sunt divina, ex tui animi sententia regenerari (du wirst in das Höhere, welches das Göttliche ist, aus der wahren Meinung deines eigenen Geistes wiedergeboren werden können)".[256] Der Glaube an die Gottverbundenheit des Menschen zieht sich durch die gesamte Geschichte des

Humanismus. „Der Mensch ist sich als sein eigener Vorwurf gegeben, der erfaßt und besorgt, hervor- und ausgeführt werden will."[257] „Reckt der Mensch sich nicht über das Menschliche, als das er sich vorfindet, in ein Menschlicheres hinaus, das dann erst das wahrhaft Menschliche wäre, so verkennt und verfehlt er sich selbst."[258] Dieser Satz könnte mit H. Weinstock als das „humanistische Grundaxiom" bezeichnet werden, d.h. er ist keines Beweises mehr bedürftig.

Wenn wir in diesem Sinne weiterdenken, dann kommen wir leicht in den Bereich der Selbsterlösung („wer immer strebend sich bemüht, den können wir erlösen"), bzw. in den Bereich der „Selbstvergöttlichung" des Menschen. Somit wird der Mensch zum Maß aller Dinge. Dieses Vollbringen seiner selbst, oder – um den von mir kritisierten Gedanken Teilhards noch einmal aufzugreifen – dieses Streben, sich zum im „Omega-Punkt" vergöttlichten Menschen hinzuentwickeln, ist die Hybris (Verblendung), die dem griechischen Verständnis von Bildung (Paideia) anhaftet. H. Weinstock sagt sinngemäß, daß die Paideia spätestens im fünften Jahrundert alle Fragen des Menschen in sich aufnahm, um alsbald ihr Menschenbild auch bewußt zu erfassen und gültig darzustellen.[259]

Ein wichtiges Kennzeichen des Humanismus ist darüberhinaus das Streben nach dem Absoluten, die Sehnsucht nach dem Augenblick der echten, dauerhaften Erfüllung. Wenn diese Sehnsucht jemals erlöschen sollte, würden irdischer Genuß, irdische Zufriedenheit dem Menschen vollauf genügen. Dies kommt dichterisch in einem der größten literarischen Werke – in Goethes Faust – zum Ausdruck, wo nach dem raschen Einverständnis des Teufels Faust sein Anerbieten noch steigert, indem er spricht:

„Werd' ich zum Augenblicke sagen:
Verweile doch! Du bist so schön!
Dann magst du mich in Fesseln schlagen,
Dann will ich gern zugrunde gehn!
Dann mag die Totenglocke schallen,
Dann bist du deines Dienstes frei,
Die Uhr mag stehn, der Zeiger fallen,
Es sei die Zeit für mich vorbei!"   (V. 1699–1706)

Was hier im Grunde geleugnet wird, ist die Möglichkeit,
auf dieser Erde die Gegenwart Gottes als Einheit von Augenblick und Ewigkeit zu besitzen.[260] Dies ist im christlichen Glauben aber insofern möglich, als im erfüllten Augenblick einer unmittelbaren Gottesgegenwart (z.B. in Not
und Gefahr, aber auch in Freude und Glück) durchaus ein
Stück Ewigkeit erfahrbar werden kann. Augenblick und
Ewigkeit haben im Glauben einen anderen Stellenwert als
im Humanismus. Der Glaube sieht im gesegneten Augenblick (zeitlich) ein Mosaiksteinchen oder (inhaltlich) einen
Abglanz der Ewigkeit Gottes. Die Auseinandersetzung mit
dem Triumph des Augenblicks im Verhältnis zum Glanz
der Dauer (Ortega y Gasset) ist eines der Probleme, die im
Faust dichterisch erörtert werden.

Woran krankt der Humanismus des griechisch-römischen Bildungsideals, so bedeutsam und wertvoll er in sich
ist, und so wegweisend er in dieser oder jener Form für die
Existenz des abendländischen Menschen noch heute sein
kann? Er krankt letztlich am Prinzip „Eigenleistung", an
der Tatsache, daß der Mensch aus eigenem Wollen meint,
die Weihen einer höheren Menschlichkeit, die ans Göttliche grenzt, erreichen zu können. Die Geburt der Polis
(griechischer Stadtstaat) aus dem tragischen Geiste hat dies

hinreichend bewiesen. Der Mensch als geborener Widerspruch – mit all seiner Angst permanent in den Widerstreit der Mächte verstrickt – muß im Humanismus als tragische Figur aufgefaßt werden, die letztlich zum Scheitern verurteilt ist, egal, wie sie sich entscheidet. Daß der Mensch trotz dieses Wissens immer wieder und immer neu dagegen anrennt (anlebt), verdient unsere uneingeschränkte Hochachtung, aber auch unser Mitgefühl.

So möchte ich selbst auf das humanistische Bildungsideal, das ich zumindest in Teilen auf gymnasialer Ebene genossen habe, zwar nicht verzichten, aber dennoch die Fundamente meiner Existenz anders gegründet sehen. Daran kann auch die gedankliche Arbeit eines christlichen Humanismus, wie sie etwa durch Erasmus von Rotterdam im ausgehenden Mittelalter geleistet worden ist, nichts ändern. Erasmus vermochte nicht wie Luther, in mächtigem Aufbäumen die Fesseln der Überlieferung gänzlich zu zerreissen und sich dadurch für den Aufbruch zum Ursprung frei zu machen.[261] Erasmus war und blieb überzeugt, daß alles Gute und Wahre, was die Stoiker, was Plato, was Epikur, Aristoteles, Sokrates, Diogenes, Epiktet lehrten und wollten, bei Jesus vereinigt und bekräftigt ist durch seine himmlische Autorität.[262]

Wie richtig und doch wie falsch! Denn das Menschenbild Jesu ist in keinem einzigen Punkte das der griechischen Philosophie gewesen, mögen sich auch einzelne Aussagen Jesu zufällig in der griechischen Philosophie wiederfinden bzw. bereits vor Christi Geburt sich in ihr befunden haben. Als eines von vielen Beispielen sind hier die Tugenden Demokrits zu nennen, wie etwa Genügsamkeit, Reinheit in Taten und Gesinnung, Wohltätigkeit und Milde gegen die Mitmenschen, Verhaltensnormen, die zur Erlangung des unerschütterlichen Gleichmuts der Seele (Ataraxia, eigentlich Unverwirrtheit) wesentlich beizutragen vermögen.[263]

Gleichwohl ist die Übereinstimmung zwischen Humanismus und Christentum auf der Ebene einzelner Worte oder Aussagen eine lediglich äußerlich-formale. Inhaltlich werden die Begriffe aus völlig unterschiedlichen Quellen gespeist. Im Humanismus ist es die Einsicht in die Notwendigkeit eines sich selbst immer mehr vervollkommnenden Menschentums, im Christentum ist es die heilskonstituierende Gnade einer angebotenen Erlösung aus der Gebrochenheit dieser Welt. So mögen denn einige Begriffe, die im Humanismus und im Christentum auftauchen, vielleicht die **gleichen** sein – **dieselben** sind sie sicher nicht.

2. Glaube

Es wäre ein großer Fehler zu meinen, für den Glauben sei das Streben des Menschen nach einem sozusagen reineren Menschentum, also das Bemühen um eine intensive höhere Menschlichkeit, völlig belanglos. Die Frage ist nur, in welchen Kontext wir die Bewältigung dieses Problems hineinstellen und auf welchem Wege wir die Lösung herbeigeführt wissen möchten. Im Verlaufe dieses Buches sind mehrfach die sog. faktoriellen Glaubensbestandteile genannt worden. Man kann den Glauben auch als eine Mauer bezeichnen, die sich aus vielen Steinen zusammensetzt. Die wichtigsten Mauersteine sind dann die faktoriellen Glaubensbestandteile, also Hoffnung, Zuversicht, Gewißheit, Gehorsam, liebende Akzeptanz, Treue, Zuverlässigkeit.

In Kapitel „Glaube und Wahrheit im Alltagsleben" hatten wir den Glauben mit einer Haltevorrichtung verglichen, die den Filter des Gewissens, der angemessenen Zeit, der Liebe, Güte, Auferbauung und Sinnerschließung in einer unverrückbaren Position hält. Diese Haltevorrichtung – eben der Glaube – bedarf einer ständigen „Materialkontrolle" und Überwachung. Letztere kann entweder aus einer humanistisch-ethischen oder spezifisch christlichen Lebenseinstellung heraus geschehen. Schon am Ende jenes Kapitels wurde die Frage aufgeworfen, welches der beiden Motive eine größere Tragfähigkeit garantiere. Hier soll nun versucht werden, die Frage zu beantworten.

Dabei ist es von entscheidender Bedeutung, die charakteristischen Begriffe für das humanistische Lebensideal einerseits und für die christliche Glaubenspraxis andererseits herauszustellen. Auf den Humanismus können wir – so scheint es – ehestens Begriffe wie z. B. Selbsterlösung, Angst, strebendes Bemühen, Tragik, Möglichkeit des Scheiterns, Versuch einer Vergöttlichung des Menschen anwenden. Für das Christentum sind vor allem Begriffe wie z.B. Gnade, innerer Friede, Furchtlosigkeit, Zukunftshoffnung, ewiges Leben, seligmachende Kraft der Erlösung bezeichnend.

Um es in aller Kürze zu sagen, der Humanismus hat Leistungscharakter, der Glaube Geschenk- oder Gnadencharakter. Der Humanismus produziert den „in der Freiheit von..." lebenden, aufgeklärten, heldenhaften, der Glaube den „in der Freiheit zu..." lebenden, gehorsamen, demütigen Menschen. Der Humanismus verhält sich ästhetisch-wertend, der Glaube ethisch-praktizierend. Allerdings ist dies zugegebenermaßen eine relativ grobe Unterscheidung.

Im ausgehenden Mittelalter ist die weltbewußte und weltläufige Persönlichkeit das Ideal des Humanismus und sie macht Florenz zum geistigen und kulturellen Zentrum ihres Lebensideals. Für den christlichen Glauben ist der demütige, gehorsame, gottesfürchtige Mensch charakteristisch. In seiner Existenz ist er kaum weniger frei als der humanistische, allerdings „sub specie aeternitatis (unter den Augen Gottes, wörtlich: der Ewigkeit)". In seiner römischen Glaubensprägung ist für den Christen die italienische Hauptstadt das geistige und kulturelle Zentrum, in seiner reformatorischen Überzeugung – ab etwa 1500 – die Stadt Wittenberg im heutigen Sachsen-Anhalt.[264]

Diese Unterscheidung wurde aus historisch-kulturellen Gründen gemacht, sehr wohl wissend, daß Humanismus und Glaube durchaus keine „Todfeinde" sein müssen. Denn besonders im 16. und 17. Jahrhundert gab es zahlreiche Persönlichkeiten (Erasmus, Zwingli), die Humanismus und Christentum aus tiefem Ernst heraus auf das engste zu verknüpfen trachteten. Luther, den die Geschichte eine Zeit lang für den bedeutendsten unter ihnen gehalten hat, entsprach in Wirklichkeit – zumindest in seinen reiferen Jahren – nicht dem Bild des christlichen Humanisten, und er hat dies selbst auch zum Ausdruck gebracht.

Die größere existentielle Tragfähigkeit bietet – so meine ich – nicht der Humanismus mit seinem leistungsstarken, immer strebend sich bemühenden, zu immer höheren Stufen der Menschlichkeit (Humanitas) sich entwickelnden Menschenbild, dessen Vergöttlichung im Unsterblichkeitsgedanken seinen höchsten Ausdruck findet. Dabei muß die Möglichkeit tragischen Scheiterns – ungebeugten Hauptes und tapfer – in Kauf genommen werden. Der christliche Glaube schafft im Gegensatz zum Humanismus eine ver-

läßlichere Basis. Ausgehend vom biblischen Offenbarungs-
gedanken hat es der Glaubende nicht nötig, Leistung zu
bringen, sondern weiß sich von der liebenden Gnade Gottes in Jesus Christus angenommen und geführt und nicht in
der Unsterblichkeit verewigt oder gar reinkarniert, sondern
in der Auferstehung erst- und einmalig zu einem Neuen
Menschen bereitet. In diesen Kontext möchte ich das oben
erwähnte Problem einer intensiveren Menschlichkeit hin-
eingestellt wissen.

Hier bemerken wir nun schnell die fundamentalen Unterschiede. Das fast etwas rastlos anmutende geistige Streben
des Humanismus nach höheren Weihen und edlerem Menschentum wird im christlichen Glauben von der gelassenen
Erlösungsgewißheit durch eine grenzenlose Gottesliebe ersetzt, die mir im Glauben Frieden schafft und Geborgenheit
vermittelt, wenn ich darum bitte. Der humanistische Sturm
wird im christlichen Glauben gestillt. Wenn wir gewillt
sind, uns im praktischen Leben auf diese Konkurrenz einzulassen und mit ihr, in ihr und durch sie unsere existentiellen Erfahrungen zu sammeln – ehrlich, solidarisch, mit
Respekt voreinander und als transparent lebende Menschen – dann sind wir auf die Seite Gottes gestellt bzw.
Gott stellt sich in Jesus Christus uns zur Seite. Auf diese
Weise wird uns nicht nur in geistlicher, sondern auch in
geistiger Hinsicht ein anregendes Leben ermöglicht. Warum? Weil wir zu intensiverem Nachdenken angehalten
werden. Wenn wir nicht dahinvegetieren, sondern wahrhaft
„existieren" wollen, dann ist diese Reflexion eine unabdingbare Voraussetzung für ein wirkliches „Herausstehen"
als Mensch.

Warum gehen die meisten von uns bei derartigen Überlegungen immer gleich auf Konfrontation? Warum versu-

chen wir nicht einfach einmal, danach zu leben, bevor wir das hier Dargestellte in Bausch und Bogen ablehnen? Für Naturwissenschaft und Philosophie – zwei wichtige Stützen, auf denen unsere Vernunft ruht – ist die „Nicht-Existenz" eines Lebens nach dem Tode nicht beweisbar. Oder – positiv ausgedrückt – die Existenz einer postmortalen „Neuen Wirklichkeit" muß für Naturwissenschaft und philosophische Logik als möglich einkalkuliert werden. Genauso verhält es sich mit der Wahrheit des Glaubens in unserem Leben. Man kann sie ungeprüft leugnen und bestreiten – gewiß! Aber wer so handelt, agiert im Hinblick auf den christlichen Glauben ausgesprochen schlicht und unaufgeklärt. Denn es gibt keinen einzigen hinreichenden Beweis, durch den die praktische Erfahrbarkeit christlicher Wahrheit in dem Sinne widerlegbar wäre, als sei sie prinzipiell nicht gegeben.

III Der Mensch in der Umkehr (Metanoia)

In der Einleitung war von dem Schriftsteller Stephan Hermlin die Rede. Was Hermlin als Motto damals für sein persönliches Leben ausgegeben hatte – mag es auch historisch vielleicht so nicht stimmen – kann für sich selbst gesehen nur unterstrichen werden: Leben als Bewährung, geistige Auseinandersetzung, Ungesichertheit, Herausforderung. Ich denke, ein jeder von uns wird sich der Ansicht anschließen, daß es eine absolut gesicherte menschliche Existenz nicht gibt, Leben also permanente Bewährung bedeutet. Allerdings ist die Intensität der geistigen Auseinandersetzung mit den gestaltenden Inhalten unserer Existenz und ihrer Ziel-Ursächlichkeit von Mensch zu Mensch verschieden. Hier tut es not anzuregen, aufzurütteln, zu ermuntern – gerade angesichts der Wende zu einem neuen Jahrtausend. Damit auch dieses nicht als gesichts- und geschichtslose Epoche beginnt, ist es von ausschlaggebender Bedeutung, sich auf die kommenden Herausforderungen einzustellen. Eine besondere von ihnen wird sein, dafür zu sorgen, daß das lebenswichtige Phänomen Glauben – in säkularer wie in religiöser Hinsicht – nicht dem Untergang anheimfällt. Hat man den genetischen Code in einigen Jahren erst einmal vollständig entschlüsselt, hat man alle Orte und Angelegenheiten dieser Welt erst einmal informativ miteinander vernetzt und uns obendrein in Natur- und Geisteswissenschaften immer mehr Zusammenhänge logisch aufgeschlüsselt, dann – so sollte man vermuten – dürfte es all die Bereiche nicht mehr geben, wo der Glaube noch gefordert ist. Sollte Glaube in Zukunft überflüssig werden?

Auf den ersten Blick mag es so scheinen. Wenn alles erklär- und durchschaubar und alles mit allem informativ vernetzt ist – sozusagen offen zutage liegt –, wenn alles rational kontrolliert werden kann und einleuchtend erscheint und selbst innerseelische und tiefenpsychologische Zusammenhänge im Menschen psycho-technisch zu bewältigen sind, dann wird es kaum noch Unerklärbarkeit und Verborgenheit, „Staunen-können" und „Überrascht-sein" geben. Dann wird unsere Welt sicht- und spürbar verarmen, ja dahinwelken. Wird das dritte Jahrtausend als ein ausschließlich materiell bestimmtes, egomanisches (krankhaft ich-bezogenes), mit anderen Worten **kaltes** seinen Anfang nehmen? Ich möchte hier keine sozial-, kultur- oder wirtschaftswissenschaftlichen Prognosen abgeben, sondern lediglich Vermutungen anstellen, die den Bereich des rein Menschlich-Existentiellen (der Anthropologie) betreffen. Und darum ist es in erster Linie der Mensch bzw. der Grad seiner Menschlichkeit – und erst in zweiter Linie die sog. Verhältnisse – von denen der Charakter der neuen Epoche geprägt wird.

Ich weiß, daß ich mich mit dieser Aussage im Widerspruch zu gewissen sozialwissenschaftlichen, politischen, historischen und philosophischen Aussagen befinde. **Aber ich bin ganz entschieden der Meinung, daß nicht geänderte Verhältnisse einen geänderten Menschen schaffen, sondern umgekehrt, daß erst durch einen geänderten Menschen geänderte Verhältnisse zustande kommen.** Allerdings bedarf es einer Klärung, in welcher Weise der Begriff „geänderter Mensch" verstanden werden sollte. Dieses Verständnis ist angesichts der obigen komplexen Problematik eine ganz wesentliche Aufgabe für die Anthropologie. Letztlich sollen alle in diesem Buch dargelegten Gedanken zur Lösung dieses Problems beitragen.

Der Glaube wird auch nach der Jahrtausendwende nicht überflüssig werden. Wir haben im Verlauf dieses Buches einige Male von der menschlichen Solidargemeinschaft gesprochen. Gerade sie wird auf den Glauben nicht verzichten können, allein schon, um der Ver-materialisierung, Ver-rechtlichung und Ver-objektivierung der interpersonellen Beziehungen vorzubeugen. Auch in den kommenden Jahrzehnten und Jahrhunderten, ja, solange Menschen auf dieser Erde leben, wird sich der Mensch „verhalten", d. h., sich selbst in Beziehung zu jemandem oder zu etwas setzen müssen. Dies ist – wie wir sahen – ein „dimensionales Geschehen", dessen Ablauf sehr wesentlich auf Glauben beruht.

Mit dieser Einsicht wurde ja auch die These Fromms zu widerlegen versucht, daß Glaube ein Charakterzug sei. Und auch dann, wenn nach vermeintlich erfolgreicher „Wegrationalisierung" alles Überweltlichen der Mensch nur noch sich selbst gegenübersteht (s. Einleitung), wird Glaube nicht entbehrlich sein. Der Grund für diese Feststellung liegt in der Tatsache, daß ich mich mir selbst nicht vollständig und lückenlos beweisen kann. Ich muß schon in einem gewissen Maße an mich glauben. Hier ist das „Cogito" des Philosophen Descartes durch ein kräftiges „Credo" zu ergänzen. Auch für die sich selbst beweisen wollende Einzelpersönlichkeit gilt das, was über Perspektive und A-perspektive gesagt worden ist. Mit H. Rohrbach haben wir ja erkannt, daß das Geschehen um uns im letzten nicht mehr trennbar ist vom beobachtenden Subjekt – die Natur ist also nicht objektivierbar. Auf den nur noch sich selbst gegenüberstehenden Menschen übertragen bedeutet dies: der Mensch als einzelner ist sich selbst nicht objektivierbar, da er es nicht fertig bringt, aus sich selbst herauszutreten,[265] um gewissermaßen von außen die für das „Beobachtungsexperiment" erforderliche Distanz herzustellen. Da der Mensch also gleichsam in seiner „Hülle" verbleiben muß, kann er auch in Bezug auf sich selbst auf Aussagen des Glaubens nicht verzichten.

Nach diesen säkularen Überlegungen müssen wir uns aber auch für die Chancen des Glaubens im Lichte des Christentums interessieren. Obwohl vieles darüber schon auf den vorausgehenden Seiten dargelegt wurde, soll hier noch einmal in sozusagen abschließender Form dazu Stellung bezogen werden. Ich möchte dabei von drei wichtigen Überzeugungen ausgehen, die in diesem Buche in der einen oder anderen Weise auch schon angeklungen sind.

1. Ich glaube an die „Ziel-Ursächlichkeit" der menschlichen Existenz.

Das Wort „Ziel-Ursächlichkeit" ist zwar ein gängiger wissenschaftlicher (philosophischer) Begriff, obwohl er ziemlich gespreizt wirkt. Er will nichts anderes besagen, als daß menschliches Leben eine Ursache und ein Ziel hat. Wohlgemerkt – wir befinden uns hier nicht mehr auf naturwissenschaftlichem, objektivem, experimentell beweisbarem Terrain – andererseits allerdings auch nicht im Bereich der reinen Metaphysik – sondern auf der Ebene des „existentiellen Credo". Denken wir über die Ursache unseres Lebens nach, dann kann ein so kostbares Gut wie Leben als „Hineinrufung in die Ebenbildlichkeit Gottes" zwar – wie wir schon hörten – ein Wagnis Gottes, aber kein Zufall sein.[266]

Wenn also die Ursache kein Zufall ist, muß – damit der Sinn nicht verloren geht und die Frustration nicht auf den Plan tritt – auch ein Ziel vorhanden sein. Dieses Ziel ist im Abschnitt F („Existenz und Geschichte") aufgezeigt worden und besteht, wie wir gesehen haben, darin, daß die individuelle Lebensgeschichte und die profan-politische Weltgeschichte in den großen Zusammenhang der universalen Heilsgeschichte (res salutaris) eingebettet sind. Diese Aussage ist eine Angelegenheit des Glaubens, den wir als „Vehikel" bezeichnet haben, durch das abstrakte Inhalte in die Konkretion der Erfahrung und des Erlebens (in Raum und Zeit) hineingeholt werden können. So kommt eine zugleich wirkliche und wirksame Relation zustande. Könnte der schon früher zitierte transzendentale Realist R. Reininger (s. Kapitel „Perspektive – Dimension – Glaube") in diesem Zusammenhang nicht doch Recht haben? Reininger spricht ja von der „Ur-Tatsache", über die hinaus nichts einen höheren Wirklichkeitsgrad hat. Er sieht diese „Ur-Tatsache" in der Einheit des aktuellen Erlebens mit dem in ihm Erlebten („Ur-Erlebnis") und hält es für schlechthin unmöglich, dieses in Frage zu stellen.

In unserem Sinne würde das heißen: ein besonderer Inhalt des Glaubens – die Ziel-Ursächlichkeit der menschlichen Existenz als Wille Gottes – bekommt im aktuellen, konkreten Erleben bzw. in dem darin Erlebten eine Wirklichkeitsqualität von höchsten Graden. Darum ist das Wort des Apostels Paulus in Römer 14, 8+9, das ja u.a. auch die gottgewollte Ziel-Ursächlichkeit unseres Lebens beschreibt, nicht nur eine Wahrheit, sondern als Inhalt glaubenden Erlebens auch eine Wirklichkeit, die als „Ur-Tatsache" eigentlich nicht mehr bezweifelt werden kann:

„Leben wir, so leben wir dem Herrn; sterben wir so sterben wir dem Herrn. Darum: ob wir nun leben oder sterben, so sind wir des Herrn. Denn dazu ist Christus gestorben und wieder lebendig geworden, daß er über Tote und Lebendige Herr ist."

202

2. Ich glaube an den dimensionalen Charakter der Existenz Gottes

Jedem nur halbwegs gebildeten Menschen dürfte einleuchten, daß es einen „festen Aufenthaltsort" Gottes nicht gibt. Wenn das, was wir unter Ewigkeit verstehen, Gott selbst ist, Gott also eine über-raumzeitliche „Qualität" hat, so ist er an jedem einzelnen Ort sozusagen punktuell gegenwärtig (ubiquitär) und doch überall gleichzeitig anwesend (universal). Wir finden ihn überall auf Erden (terrestrisch-global), aber auch zugleich „im Himmel" (kosmisch-universal) und ohne zeitliche Grenze (zeitlosewig).[267] Gott ist analogielos (ohne Entsprechung) und kontingent (unableitbar) und insofern die höchste Einmaligkeit und Besonderheit, die sich überhaupt denken läßt. Nur Gott kann der Besondere und der Allgemeine zugleich sein. Diese Feststellungen sind ein hinreichender Grund dafür, daß wir uns Gott nicht lokalistisch, sondern dimensional vorstellen müssen, wobei ich natürlich weiß, daß es im Grunde unmöglich und vermessen ist, sich Gott „vorstellen" zu wollen.

Im Kapitel („Perspektive – Dimension – Glaube") hatten wir das Wort Dimension mit Sphäre, Beziehung, Wirkungs- und Einflußbereich übersetzt, Begriffe, auf die die Qualitäten „Wirklichkeit" und „Wirksamkeit" zutreffen. Im Glauben ist es möglich, eine Ich-Du-Beziehung zwischen mir und Gott zustandekommen zu lassen (z.B. im Gebet) und somit Gott in einer zugleich wirklichen und wirksamen Beziehung konkret zu erfahren. Diese persönliche Kommunikation geht – wie wir gesehen haben – so weit, daß Gott in Tod und Auferstehung seines Sohnes Jesus Christus zu meinem „lieben Vater" (Abba), ja zu meinem „Ein-und-Alles" geworden ist bzw. immer wieder neu wird.

Die Abkehr von der ausschließlich überweltlich-räumlichen Auffassung und die Hinwendung zum dimensionalen Verständnis als Wirkungsbereich Gottes läßt uns auch das Phänomen der sog. Transzendenz besser verstehen. Die Transzendenz bleibt dann zwar nach wie vor ein Bereich, der die Grenzen meines Verstandes überschreitet. Sie trägt unter dimensionalen Aspekten aber nicht mehr so stark den Charakter des „Dortigen" (der Ferne) im Gegensatz zur Immanenz, die als innerhalb der Grenzen meines Verstandes liegend eher den Charakter des „Hiesigen" (der Nähe) hat. Dimension müßte – in Erweiterung der bisher gegebenen Definition – jetzt erklärt werden als Bereich oder Sphäre, in der „Dortiges" und „Hiesiges" erfahrbar zusammenfallen. Der dimensional wirklich und wirksam existierende Gott ist unser **zugleich** immanenter und transzendenter, hiesiger und dortiger, naher und ferner, ganz konkret beim Einzelnen und doch bei allen Menschen zugleich sich befindender „lieber Vater". Immanenz und Transzendenz sind also keine getrennten „Gebiete", sondern sich gegenseitig sinnstiftend durchdringende Bereiche.

3. Ich glaube an die Vollendung der Zeit in Gott

In Kapitel „Die Bedeutung der Glaubensinhalte" wurde im Zusammenhang mit der Lehre Teilhard de Chardins die Aussage gemacht, daß Menschheit und Erde ihre Existenz irgendwann apokalyptisch (wörtlich: durch Enthüllung über die letzten Dinge am Ende der Tage) beenden werden. Wann dies sein wird, vermag keines Menschen Verstand zu sagen. Es kann sich schon morgen, aber auch erst in einigen hundert oder tausend Jahren ereignen; für den Glaubenden ist dies mit der Konsequenz verbunden, allzeit bereit zu sein. Gewisse Tendenzen in unserem ausgehenden zweiten Jahrtausend deuten – so könnte man meinen – darauf hin, daß die Endzeit angebrochen ist. Das heißt, daß sich bestimmte, im biblischen Buch der Offenbarung prophezeite Ereignisse schon heute ankündigen. Aber dies ist eine heiß umstrittene Angelegenheit, über die man besser nicht spekulieren sollte, wenn man das Thema nicht verfehlen will.

In Bezug auf das große Problem des Endes unserer Zeit (unseres Äons = Weltzeitalter) sollte es nicht unser Bestreben sein, mit Hilfe komplizierter theologischer, philosophischer, naturwissenschaftlicher oder gar astro-physikalischer Forschungen Zeit und Stunde festzulegen bzw. wahrscheinlich zu machen. Die eigentliche Aufgabe des angekündigten apokalytischen Endes von Raum und Zeit besteht darin, den Menschen zu einem Leben im „Als-ob" bzw. im „Schon-jetzt" zu ermuntern. Was kann dies anderes heißen, als sein Leben in Ordnung zu bringen und im Glauben an Tod und Auferstehung Jesu Christi mit Gott so intensiv zu kommunizieren, als stünde das Ende jederzeit bevor.

Wer hieraus eine mit der Knute der Schwarzmalerei oder mit bewußter Verängstigung veranlaßte zwanghafte Aufforderung abzuleiten versucht, irrt gründlich. Für den Christen bedeutet das Leben unter Gottes Liebe und Schutz schon jetzt eine Vereinigung, die frei und glücklich macht und die das Ende der Zeit – wann immer es kommen mag – jederzeit in gelassener Glaubensgewißheit zu akzeptieren bereit ist.[268] Diese Feststellung gilt zum einen für das Ende der persönlichen Lebenszeit, also den eigenen Tod. Zum anderen ist diese Aussage aber – und darum geht es hier vor allem – im Hinblick auf das Ende unserer Erde gemacht worden. Der Begriff der Ziel-Ursächlichkeit kann dann auch bedeuten, daß die „res publica" bzw. die politische

Geschichte in die „res salutaris", die Heilsgeschichte, eingebettet ist, an deren Ende der Glaube das Reich Gottes in seiner definitiven Endgültigkeit und Vollendung erwartet.

Wir haben uns auf den vorstehenden Seiten ja schon zur Genüge damit beschäftigt. Das Reich Gottes können wir in geistiger Hinsicht jetzt schon dort erkennen, wo Menschen nach Gottes Ordnung (theonom) miteinander leben, was uns Jesus Christus in sinnfälliger Weise vor Augen geführt hat. Dadurch wird ein Christentum der biblischen Wurzeln als umfassendste und tiefgreifendste Alternative erfahrbar, die der einzelnen menschlichen Existenz und der Gesellschaft als ganzes je gestellt wurden. „Das Christsein der biblischen Wurzeln impliziert das Wagnis zum Umdenken und damit eine andere Art, Mensch zu sein, eine andere Art, mit Randfiguren der Gesellschaft umzugehen, einen anderen Umgang mit der eigenen Vergangenheit, ein anderes Verhältnis zum eigenen und fremden Leiden, eine neue Weise, mit Ängsten umzugehen, eine neue Weise, Liebe wirken zu lassen, eine andere Weise, Konflikte zu durchleben, eine neue Weise, die Zukunft der Welt zu skizzieren, und eine neue Weise, dem eigenen Tod entgegen zu gehen. Kurz – das Christentum der biblischen Wurzeln ist ein Aufbruch in allen Lebensbereichen und Lebenslagen, ein Aufbruch in Richtung neues Leben und neue Welt."[269]

In ihrer ganzen Fülle wird die Herrschaft Gottes dann anbrechen, wenn das Ende unseres Äons gekommen ist. Nach biblischem Befund dürfte dies den Charakter eines über eine gewisse Zeit sich hinziehenden Endakt-Ereignisses haben, dessen Einzelheiten in beeindruckender, allerdings teils verschlüsselter, teils metaphorischer Form in der Offenbarung des Johannes nachzulesen sind und sicherlich einer kundigen Auslegung bedürfen.[270]

Wenn Gott selbst Ewigkeit ist und über Zeit und Raum hinaus existiert, so habe ich kaum Zweifel, daß Raum und Zeit – und innerhalb dieses kosmischen Geschehens vor allem unsere Erde – endlich sind. Dieses Faktum ist einerseits physikalisch, geologisch und astronomisch zu erklären, anderseits aber auch historisch. Mit dem Ende der Zeit ist das Finale der Geschichte verbunden. Denn Geschichte ist Zeit und Zeit ist Geschichte. Daß diese wissenschaftlich begründbare Tatsache unter der Regie Gottes ablaufen wird, bleibt eine Feststellung des Glaubens, aber eine durchaus einleuchtende. Denn wenn vor Beginn der Zeit nicht „Nichts" war, und nach Ende der Zeit ebenfalls nicht „Nichts" sein wird, kann nur Gott – der Fernste und in Jesus Christus zugleich der Allernächste – derjenige sein, mit dem es dann in einer Neuen Wirklichkeit weitergeht.

Für unsere Existenz als im „Hier" und „Jetzt" auf dieser Erde mit Hoffnung auf Zukunft Lebende ist es von prägender und sinnstiftender Bedeutung, wenn wir

– *an die Ziel-Ursächlichkeit des menschlichen Daseins*
– *an den dimensionalen Charakter der Existenz Gottes und*
– *an die Vollendung der Zeit in Gott*

glauben. Diese drei großen fundamentalen Glaubensinhalte – mag es auch für viele unverständlich oder gar ärgerlich klingen – regen unser Dasein zu einer permanenten Verhaltenskontrolle und zu einem veränderten Leben (Metanoia = Umkehr) an, sofern wir positiv in diesen „universalen" Prozeß Hineingenommene werden möchten. Da sich im Leben das Große, wie die Erfahrung zeigt, immer irgendwann mit dem Kleinen verbindet, wird sich unter dem Dach dieses übergreifenden Glaubensentwurfs ohne Zweifel auch unsere Glaubensfähigkeit in den kleinen Alltäglichkeiten des Lebens erneuern können.

So dürfen wir denn einerseits mit Psalm 31 unseren Glauben im großen dadurch ausdrücken, daß wir auf Gott, den Herrn, hoffen, weil unsere Zeit (wie auch die Weltzeit, der Verf.) in seinen Händen steht (universaler Aspekt). Andererseits ist uns mit Markus 9,23 das Bekenntnis gestattet, daß dem, der glaubt, alle Dinge möglich sind. Ich bin gewiß: diese Wahrheit betrifft nicht nur Probleme wie im vorliegenden Vers die Heilung von Krankheit, sondern auch die kleineren alltäglichen Glaubensfragen, wie immer sie geartet sein mögen (partikularer Aspekt). Voraussetzung für die Gnade des Glaubens ist allerdings, daß wir uns aufraffen, mit Herz und Verstand all dies an uns geschehen zu lassen. Dabei möge unser Verstand wach und umsichtig und unser Herz bescheiden und aufnahmebereit sein – und dies ein Leben lang und in völliger innerer Freiheit.

Allerdings ist es eine unabdingbare Notwendigkeit für den Menschen, seine Erlösungsbedürftigkeit aus der Gebrochenheit und Widersprüchlichkeit seiner Existenz und seine kreatürliche Distanz zu Gott (= Sünde) als Grundgegebenheit des Lebens anzuerkennen.Erst durch Kreuz und Auferstehung Jesu hat sich dieser Sachverhalt in dem Sinne geändert, daß wir vor Gott unser Leben transparent machen können. Wir dürfen nun zu ihm – worauf oben ja schon hingewiesen wurde – in einer ganz personalen Relation oder Dimension „Abba – lieber Vater" – und sogar noch viel Persönlicheres sagen und daraufhin Vergebung und Befreiung erlangen. Befreiung wovon oder woraus? Aus den Widersprüchen und der Gebrochenheit unserer persönlichen Existenz und den Ungereimtheiten und Widrigkeiten dieser Welt.

Schon immer habe ich Zweifel angemeldet, wenn ich die Behauptung hörte, der Mensch sei von Natur aus gut und bedürfe keiner Befreiung aus der Schuld seiner gebrochenen Existenz. Auschwitz und die Tragödien anderer Lager, wo auch immer auf der Welt, der Archipel Gulag, die unbegreifbaren Kriege z. B. in Tschetschenien und Jugoslawien, das sinnlose Morden, die Kinderprostitution und -pornographie, von sog. Erwachsenen erzwungen, die das Prädikat Mensch kaum noch verdienen, und die in den Kindern lebenslänglich bleibende seelische Verstümmelungen hinterlassen (Zerstörung des Menschen auf Raten)[271], all das und noch vieles mehr hat mich – allein schon in säkularer Hinsicht – an der „natürlichen Güte" des Menschen zweifeln lassen. Wer hier noch die Erlösungsbedürftigkeit des Menschen mit dem Einwand bestreiten möchte, das seien ja nur Einzelfälle, argumentiert wider besseres Wissen. Er schaue still-verschämt tief in sich selbst hinein.

Dies soll nicht heißen, daß in fast allen Menschen – und selbst im schlimmsten Verbrecher – nicht noch eine mehr oder weniger große Menge an „Rest-Güte" vorhanden ist. In einem saloppen Bild ausgedrückt: wenn es möglich wäre, den inneren Menschen wie eine Flüssigkeit zu zentrifugieren, dann wäre die Farbe des Sediments (Bodensatzes) bei einigen schwarz, bei den meisten grau und bei keinem einzigen weiß (= von Natur aus gut, also nicht erlösungsbedürftig). In seinem Buch „Der letzte Feind" erzählt der Dichter W. Kramp in ergreifender Weise vom Sterben seines Bruders. Als Kramp einmal bemerkt, daß am Ende nur das Gute gelte, das jeder gemeint hat, korrigiert ihn – nicht zu Unrecht – sein sterbender Bruder, indem er sagt: „Der Glaube gilt, der Glaube."[272]

Warum die Niederschrift all dieser Gedanken hier in solcher Ausführlichkeit? Um auf dem Wege liegende Hindernisse und noch zu erklimmende Höhen, aber auch Chancen, Segensreichtum und innere Freiheit eines durch Glauben veränderten Menschen darzustellen. Da hierbei der Geist des Christentums maßgebend ist, wird das rein humanistische Lebensideal – so wertvoll es auch sein mag – ins zweite Glied zurücktreten müssen. „Der Mensch in der Umkehr" habe ich dieses Kapitel überschrieben. Damit soll ausgedrückt werden, daß es sich hierbei um einen lebenslangen Prozeß handelt und nicht um das Resultat eines in sich abgeschlossenen, einmaligen Geschehens.[273] Glauben und Lebensänderung als geistige und spirituelle Daueraufgabe unserer Existenz bedeuten ein Leben in steter Bewährung, ohne das Versprechen absoluter Sicherheit, aber in der Gewißheit, an der „res salutaris" zu partizipieren, die als Heilsgeschichte über den persönlichen Tod hinauswirkt. Mit anderen Worten: die Gewißheit, Teilhaber eines Neuen Lebens in veränderter, nicht objektivier- oder beweisbarer Form werden zu können, dessen a-perspektivische Seite uns derzeit noch verborgen bleibt, stellt eine sehr große existentielle Herausforderung für den Glauben dar. Sie ist insofern eine echte Herausforderung, als in unserer vielwissenden und aufgeklärten Zeit Glauben zweifellos nicht leichter geworden ist.[274]

Unsere Kirche – so habe ich manchmal den Eindruck – meint, dem entgegentreten zu können, indem sie sich dem Zeitgeist an den Hals wirft. Nur dort, wo sich innerhalb oder anstelle unserer zunehmend blutleerer werdenden Volkskirche aktive Gemeindegruppen mit eigenständigem (geistlich erneuertem?, missionarischem?) Profil etablieren, sind die Gotteshäuser noch oder wieder gefüllt. In ihnen ist ein lebendiges, evangeliumsgemäßes „Innenleben" erfahrbar und es findet eine zurüstende und stärkende Verkündigung der frohen Botschaft statt. Insofern mögen die nächsten Jahre möglicherweise das Ende der Kirche in ihrer bisher verfaßten Form einläuten – ich weiß es nicht, fürchte es aber doch sehr und sehne diesen Zustand keinesfalls herbei. Was die nächsten Jahre nicht bringen werden, ist das Ende des christlichen Glaubens, vorausgesetzt, wir wollen unsere Existenz – und wer möchte dies nicht – in einer befreienden, höheren Verfügung aufgehoben wissen.[275] Früher benutzte man hierfür den Begriff „Gottinnigkeit". Heute würden die meisten wohl über ein solches Wort lächeln – es klänge ihnen zu pathetisch, zu emotional, und würde dem nüchternen, „aufgeklärten" Menschen von heute zu nah ans Herz gehen.

4. Die größte Glaubensbewährung

Der christliche Glaube als tragendes Lebensfundament muß sich in vielerlei Hinsicht bewähren – in den kleinen Alltäglichkeiten wie in den großen Glaubensfragen, in Situationen von Freud und Leid, aber auch in Phasen höchster existentieller Erschütterung. Letzteres wird dann der Fall sein, wenn ein Mensch z.b. auf biologischer Ebene mit einer tödlichen Krankheit konfrontiert wird, die ihn mitten aus seiner subjektiv noch als gesund empfundenen Situation in wenigen Wochen bis Monaten „ins Grab bringen" wird. Dies erlebe ich von Zeit zu Zeit in der Klinik, in der ich tätig bin. So gibt es etwa Patienten mit bereits vorhandener Metastasen-Leber z.B. infolge eines bislang unbemerkt gebliebenen Bronchial- oder Bauchspeicheldrüsentumors, die sich (nichts ahnend) noch relativ gesund fühlen. Sie sind zutiefst erschüttert, wenn sie – in langsamer Hinführung – erfahren müssen, wie es um sie steht.

Wenn es sich um glaubende Menschen handelt, muß im Anblick des Theodizee-Problems (Wie kann Gott das zulassen?) bzw. angesichts der „Warum-Frage" um Bewahrung und Bewährung des Glaubens nicht selten auf das heftigste gerungen werden.[276] Gelegentlich erlebt man auch bei Christen, wie sie kurz davor stehen, ihren bisher durchgehaltenen Glauben in einer solchen letzten Lebensphase wie eine rostige Konservendose von sich zu werfen (aufzugeben). Hier ist dann die Solidargemeinschaft der glaubenden Gemeinde in besonderem Maße helfend und stellvertretend gefordert.

In Analogie zum neutestamentlichen Bericht von der Heilung des Gelähmten (Matthäus 9, 1–8; Markus 2, 1–12; Lukas 5, 17–26) kann man wohl auch von einem „stellvertretenden Glauben" sprechen. In allen drei neutestamentlichen Stellen heißt es: „Als nun Jesus ihren Glauben sah..." (den Glauben der Krankenträger; ob der Kranke selbst auch glaubte, darüber wird nichts gesagt).[277] Und dann kann es durchaus vorkommen, daß durch den stellvertretenden Glauben an die Kraft und Macht Gottes der Betroffene seinen Glauben wiedergeschenkt bekommt oder in der Lage ist, ihn durch seine todbringende Situation hindurchzuretten und glaubend zu sterben.

Nicht vergessen dürfen wir hier auch die in unserer Landeskirche ganz überwiegend praktizierte Kindertaufe. Bei dieser glauben die Eltern stellvertretend für den sozusagen „mental noch nicht glaubensfähigen" Täufling daran, daß die mit der Taufe angebotene Hineinnahme in Tod und Auferstehung Jesu und in die christliche Gemeinde im weiteren Leben des Kindes dann auch wirksam werden möge. Der Taufakt allein (die Zeremonie als solche) hat noch keine heilskonstituierende Bedeutung.[278] Erst dann, wenn der stellvertretende Glaube der Eltern und die Erziehung des Kindes im Geist Jesu Christi durch den persönlichen Glauben des Heranwachsenden abgelöst (besser: eingelöst) wird, ist der wahre Sinn der Taufe erfüllt. So gesehen ist mit der „Taufzeremonie" ein Auftrag an die Eltern verbunden, den sie an dem Täufling als heranwachsendem Menschen später erfüllen sollten. Wenn dies nicht geschieht, verlieren Taufe und stellvertretender Glaube ihren Sinn. Insofern ist es nicht abwegig, wenn wir von einem Versprechen reden, das von den Eltern vor Jahren stellvertretend gegebenen worden ist und das durch das erwachsen werdende Kind ratifiziert werden muß.

Im Zusammenhang mit dem stellvertretenden Glauben muß allerdings noch ein völlig anderes Problem beim Namen genannt werden, das eine Verwirrung stiftende „theologische Abwegigkeit" darstellt. Auch Schalom Ben-Chorin, der bekannte jüdische Religionswissenschaftler und Theologe weist hierauf ausdrücklich hin. Von der „Theologie nach dem Tode Gottes" (D. Sölle) wird die Meinung vertreten, „daß heute nur via Jesus stellvertretend geglaubt werden kann."[279] Damit möchte die sog. „Theologie nach dem Tode Gottes" wohl zum Ausdruck bringen, daß es unmöglich ist, an die Existenz Gottes direkt zu glauben (da es ihn ja nicht mehr gibt), bzw. daß es vonnöten ist, Jesus jeweils stellvertretend „einspringen" zu lassen. Zwar ist die Stellvertretung Jesu im Blick auf den lebendigen Gott nicht zu bestreiten. Ja, es geht sogar darum, daß der Glaubende persönlich in seiner ganzen Existenz an der Person von Jesus Christus haftet.[280] Aber es würden hier bei einer ausschließlich über Jesus gehenden Kommunikation mit Gott z.B. alle Gebete, die sich direkt an den lebendigen Gott als den Vater wenden, zu „Luftblasen" degradiert.

Hinwiederum sieht Ben-Chorin in der Stellvertretung Jesu – aus seiner Sicht ganz folgerichtig – eine Mittlerrolle Jesu, die er als jüdischer Theologe nicht gelten lassen kann.[281] Für den glaubenden Juden steht das Kommen des Messias ja noch aus, also kann der Messias der Christen für die jüdische Theologie keine Mittlerfunktion – und demzufolge auch keine Stellvertretung – im Glauben vor Gott übernehmen. Dieser Zusammenhang bzw. Unterschied sollte aus Gründen des religionswissenschaftlichen Interesses und des christlich-jüdischen Dialogs hier wenigstens noch kurz erwähnt werden.

Kehren wir zurück zu unseren ursprünglichen Überlegungen. Ich denke, daß wir erst dann von einer letzten (höchsten) sog. teleologisch-finalen Glaubensbewährung sprechen können, wenn der Glaube seine größte und schwerste Prüfung bestanden hat, nämlich die, im Angesicht des Todes nicht zu scheitern. Erst dann hat sich der Glaube letztgültig bewährt und auf höchster Ebene vollendet. Uns allen, die wir diese Zeilen lesen, also noch leben bzw. zum ganz überwiegenden Teil noch nicht Sterbende sind, steht diese Prüfung noch bevor. Was können wir besseres tun, als uns rechtzeitig darauf einzustellen, und zwar so, daß unsere derzeitige Lebensphase nichts an Fröhlichkeit, Heiterkeit und Gelassenheit verliert. Einerseits gerne und mit Lust und Liebe zu leben (T. Giesen) und andererseits um die uns allen bevorstehende „letzte Glaubensprobe" zu wissen, stellt eine Polarität dar. Dazwischen spannt sich das große Ganze eines auf Erfüllung hoffenden und in Gewißheit von Gegenwart zu Gegenwart fortschreitenden glaubenden Lebens aus.

IV Apologetisches Existenzverständnis als Lebensmöglichkeit?

In Teil A habe ich besondere Gedanken zum Thema einer apologetischen Existenz dargelegt. Im letzten Abschnitt dieses Buches soll nun – sozusagen zur Abrundung – noch einmal korrigierend oder ergänzend nachgefragt werden, ob man überhaupt von einem apologetischen Existenzverständnis reden kann. Falls diese Frage positiv zu beantworten sein sollte, ist natürlich nochmals zu untersuchen, ob und wie ein solches Verständnis zum Merkmal eines verantwortungsvollen und befreienden Lebens werden kann.

Wichtig erscheint mir dabei zunächst, noch einmal darauf aufmerksam zu machen, daß unter Apologetik nicht nur Verteidigung, sondern auch Rechenschaftslegung und Verantwortung und im weiteren Sinne auch Rechtfertigung verstanden werden kann. Was gilt es also zu verteidigen, von was gilt es Rechenschaft abzulegen, was gilt es existentiell zu verantworten und zu rechtfertigen? Kurz gesagt: mein Lebensziel und mein Lebensstil sind hier angesprochen, und zwar in der Weise, daß das Lebensziel den Lebensstil beeinflußt. In der Einleitung ist bereits angedeutet worden, die geistigen Reflexionen anstelle einer gedankenlosen, permanent expandierenden Wohllebigkeit die Triebfeder unserer Existenz sein zu lassen, uns der Ungesichertheit unseres Lebens bewußt zu stellen, und – so möchte ich es einmal nennen – im Zusammenhang damit zu einem neuen Verständnis von Bescheidenheit zu gelangen. Wer meint, es sei für uns alle nun in Zukunft vonnöten, in „Sack und Asche" zu gehen, stellt damit nichts als sein völliges Unverständnis unter Beweis.

Es geht hier nicht darum, durch hohen und ehrlichen persönlichen Einsatz erworbene materielle Werte in Bausch und Bogen zu verdammen oder dankbar verantwortete Wohlhabenheit als prinzipiell verwerflich zu verteufeln. Es ist mir vielmehr darum zu tun, von einer Position aus zu urteilen, die uns nicht mit der Totalität unseres Daseins im ausschließlich Materiellen stecken bleiben läßt. Es liegt in der Natur unserer Existenz, trotz allen Wohlstandes mit der Ungesichertheit des Lebens fertig werden zu müssen. Dies gelingt nur in dem Bewußtsein, jederzeit – wenn der Ruf der Solidargemeinschaft oder der letzte Ruf in unserem eigenen Leben uns erreicht – loslassen zu können. Am besten scheint dies immer noch zu gelingen, wenn wir uns mit dem im Verlauf unseres Lebens Erreichten in einer „höheren Verfügung" aufgehoben wissen.[282]

Daß mit dem dehnbaren Begriff der „höheren Verfügung" hier nichts anderes gemeint sein kann als der konkrete Glaube an die Existenz eines höchstpersönlichen, über Raum und Zeit erhabenen Gottes, dürfte mittlerweile außer Frage stehen. Trotzdem ist eine der bisher noch nicht definitiv ausgesprochenen Absichten der hier dargelegten Gedanken, zu einer intensiven Liebe des Lebens aufzufordern und die Schönheiten des Daseins keineswegs zu verachten, sondern sie mit vollem Herzen zu erleben und zu genießen – in dankbarer Verantwortung.

Gerade deshalb aber sollten wir darauf achten, nicht einer gar zu robusten, nicht nach rechts und links schauenden Diesseitigkeit zu verfallen und uns den harten Zwängen einer Zeit zu unterwerfen, in der das Tödlich-Perfekte mehr und mehr das Gewachsene, Geahnte, Geglaubte verdrängt.[283] Was hier gemeint ist, wurde schon in Teil D „Die Struktur des Glaubens" ausgesprochen und der kritischen

Adaptation bzw. dem Panskeptizismus des sog. modernen Menschen zugeschrieben. Diese Eigenschaften verhindern ja in der Regel, daß der Mensch von heute das Gewachsene, Geahnte und vor allem das Geglaubte in sein Leben integriert.

Was gilt es nun, existentiell zu verteidigen? Bei der Beantwortung dieser Frage ist entscheidend mein Lebensziel angesprochen, die Tatsache, warum ich auf dieser Welt bin. Es handelt sich also um ein sinn-, zweck- und zielgerichtetes (teleologisches) Problem. Die Frage, was das Ziel meines Lebens sei, trifft mich sozusagen „nackt", unbekleidet, greift mir direkt an die Haut. Hier ist das unmittelbare Bekenntnis gefordert, hier kann nichts beschönigt werden. Viele Christen würden jetzt sicher antworten, ihr Lebensziel sei, nach Sterben und Tod zur Schar derer zu gehören, die in die Ewigkeit Gottes eingehen. Das ist sicher richtig und als persönliche Glaubensgrundlage kaum zu bestreiten. Ich möchte dieses zielgerichtete Bekenntnis aber erweitern und von einer Teilhabe am Reich Gottes sprechen, das ja hier schon beginnt, den Tod überdauert und in seiner ganzen Fülle mit der Wiederkunft Jesu Christi offenbar wird. Das ist sozusagen der glaubensmäßig vorgegebene Rahmen, in dem mein Dasein unter den Bedingungen einer gebrochenen – schönen wie grausamen – Welt abläuft.

Die Gestaltung meiner Existenz bringt unter der Voraussetzung des christlichen Glaubens theonom (an Gottes Ordnung) orientierte Verhaltensweisen mit sich, die von mir zu verteidigen, zu verantworten und zu rechtfertigen sind. Und dies alles als „Liebhaber des Lebens" und zugleich als Kritiker einer allzu „robusten Diesseitigkeit" (W. Kramp), dies alles als leistungsbereites, vorausschauendes, solidarisches Wesen und zugleich als am Gewachsenen,

Geahnten und Geglaubten (W. Kramp) sich orientierender Mensch. Ich möchte dies als Leben in einer „versöhnten Gegensätzlichkeit", als ein „Noch-auf-dem-Weg-und-doch-schon-zu-Hause-Sein" bezeichnen.

So mag denn durchaus von einem apologetischen Existenzverständnis als bedeutsamem Lebensmerkmal gesprochen werden, das als Ausdruck einer Neuen Ontologie[284] gelten kann. Die unabdingbare Voraussetzung dafür ist, daß der Mensch ein Bewußtsein für seine „originäre Distanz" zu Gott (biblisch: Sünde) entwickelt. Diese Trennung kann nur durch die Akzeptanz des aufopfernden Brückenschlages (Tod und Auferstehung) Jesu Christi überwunden werden. Der Philosoph Martin Heidegger, der sich nicht unbedingt als Christ verstand, hätte dies in seiner unnachahmlichen (komplizierten wie präzisen) Diktion möglicherweise folgendermaßen ausgedrückt: „die originäre Existenz des Menschen ist sein „In-der-Welt-Sein" an sich." Diese originäre (ursprüngliche) Existenz ist widersprüchlich und gespalten und wird zu einer originellen (persönlich geprägten) erst durch die verwandelnde Kraft des Glaubens. Der reflektierende Glaube – religiös wie profan verstanden – prägt unsere Lebensführung, formt unsere Persönlichkeit und festigt unsere Identität.

Aus dieser Quelle speist sich das apologetische Existenzverständnis als lebensbegleitende Möglichkeit. Apologetik – so hatten wir gesagt – kann nie Lebensziel sein. In Verbindung mit einer diakritischen (die Geister unterscheidenden) Haltung und einer kognitiven Konsonanz (glaubwürdigen Anwendung der eigenen Einsichten, K. Motschmann) stellt sie aber durchaus eine wachsame Instanz dar, unser „gelebtes Leben" inhaltlich kritisch zu begleiten. Daß uns mit dieser Tatsache nicht nur in spiritueller, sondern auch in allgemein geistiger Hinsicht eine anregende existentielle Aufgabe gestellt ist, steht außer Zweifel. Nochmals: Apologetik (als Verteidigung der christlichen Wahrheiten) allein kann nicht nur kein Lebensziel, sondern auch kein Lebensinhalt sein. Wenn die Apologetik aber zusammen mit der Diakrisis in einer glaubwürdigen Praktizierung der dadurch gewonnenen Überzeugungen mündet, bzw. sich mit der kognitiven Konsonanz zu einer Triade vereinigt, vermag sie eine befreiende und zugleich verantwortungsvolle existenzbegleitende Möglichkeit zu begründen.

1. Praktische Konsequenzen

Die Konsequenzen – um einige Beispiele anzuführen – werden dann etwa folgende sein können:

1. Analogielosigkeit (Unvergleichbarkeit) und Kontingenz (Unableitbarkeit) in meinem Leben zuzulassen und zwar im Glauben an die wirkliche Auferstehung Jesu, und damit die Zweifel meiner begrenzten Vernunft im Interesse einer höheren Wahrheit zu besiegen.

2. An die Existenz Gottes in der Über-Raum-Zeitlichkeit und in der Raum-Zeitlichkeit gleichermaßen als dimensionales Geschehen von höchstem Wirklichkeitsgrad zu glauben („Überlappung" von Immanenz und Transzendenz).

3. Den Heilsplan Gottes (res salutaris) mit der Welt im ganzen und mit jedem einzelnen Menschen als Angebot zu bezeugen durch eine glaubwürdige zweck- und zielgerichtete, sinnerfüllte Lebensführung nach dem Vorbild Jesu Christi.

4. Die Anpassung biblischer Aussagen an die heutige Zeit nicht um jeden Preis vorzunehmen in der Hoffnung, nur so könne der sog. moderne Mensch noch für den Glauben gewonnen werden (Zeitgeist-Fetischismus). Dies soll nicht heißen, keine neuen Formen oder Strukturen zu finden, mit denen sich der Mensch von heute identifizieren kann.

5. Bei offenkundiger Blasphemie in Wort und Schrift, in Politik, Geschichte, Forschung, Wissenschaft, Wirtschaft und Privatleben auf den Plan zu treten und die Unantastbarkeit der göttlichen Würde zu bezeugen. Dies wird angesichts des permissiven Pluralismus unserer heutigen Zeit keine leichte Aufgabe sein.

6. Dem multikulturellen Religions-Synkretismus entgegenzuwirken (z.b. islamisiertes Christentum bzw. umgekehrt: Christo-Islam), damit die Identität und das Proprium des christlichen Glaubens erhalten bleiben können. Vgl. die Definition des Synkretismus-Begriffs auf S. 46.

7. Mein Leben in einer sog. Neuen Bescheidenheit zu führen im Blick auf Millionen verhungernder Menschen in der Welt und des Entstehens einer Neuen Armut in den begüterten Ländern des Westens.

8. Mein Leben transparent zu gestalten in der Weise, daß mein Lebensweg ehrlich, offen, „unverkrampft" und solidarisch verläuft.[285]

9. Meinen Glauben ungeachtet der Anerkennung oder der Kritik vonseiten meiner Umgebung in Würde zu praktizieren.

220

10. Einen missionarischen Lebensstil zu pflegen, der sich am Leben der Gemeinde als „Leib Christi" orientiert, wo man betet, lobpreist, singt – und nicht zu vergessen: feiert – und am Leben des anderen teilnimmt (gelebte Solidarität).

11. Mein Leben so einzurichten, daß ich jederzeit bereit bin, abzutreten, und in dem Bewußtsein zu leben, daß gerade ich der Vergebung bedarf, wodurch ich meinerseits meinem Nächsten ein verständnisvoller und vergebungsbereiter Mitmensch werde. Dabei möchte ich die Worte „verständnisvoll" und „vergebungsbereit" sowohl säkular als auch religiös verstanden wissen, d. h. unter dem Aspekt loyaler Mitmenschlichkeit wie auch im Sinne des gelebten christlichen Glaubens.

Besonders zu sprechen kommen möchte ich noch einmal auf Punkt 7, in dem von „Neuer Bescheidenheit" die Rede ist. Damit soll nicht gemeint sein – darauf sei noch einmal ausdrücklich hingewiesen – von nun an „in Sack und Asche" zu gehen und auf jeglichen (redlichen) Erwerb materieller Güter oder anderer schöner Dinge gänzlich zu verzichten. Auch gilt es nicht, „eine Aura heiterer Entsagung" (W. Kramp)[286] zu verbreiten, oder den „gelassenen Heroismus" (W. Kramp)[287] einer provozierend demütigen Existenz anhaltend zu demonstrieren.

Das Motto „Neue Bescheidenheit" soll dazu anregen, bescheidene, verantwortbare Lebenskonzepte zu entwickeln, dort, wo Überfluß herrscht, abzugeben oder bewußt den Erwerb von überflüssigem Neuen zu unterlassen. Auch kann die „Neue Bescheidenheit" dazu dienen, unser soziales Verhalten heutzutage stärker zu kontrollieren, und darüber nachzudenken, ob wir nicht wenigstens dort bewußten Verzicht leisten sollten, wo es uns danach verlangt, dem einen Überfluß noch einen neuen hinzuzufügen. Im Kontext der hier angestellten Überlegungen bedeutet „Neue Bescheidenheit" gewiß auch, der geistigen Lebensorientierung vor der materiellen den Vorzug zu geben. Jeglichem Besitz ist (menschlich gesehen) eine gewisse Sozialverpflichtung nicht abzusprechen und (spirituell gesehen) die Einbindung in eine „höhere Verfügung" nicht zu bestreiten. Dieser Sachverhalt relativiert so manches materielle Gut und bewahrt uns davor, unser Herz daran zu ketten und – wie schon einmal gesagt – dann schließlich nicht mehr loslassen zu können, wenn es zu allerletzt und ganz endgültig von uns gefordert wird.

In einem solchen neuen Bescheidenheits-Verständnis hat das „Ich" aufgehört, permanent um sich selbst zu kreisen im Sinne der heute so groß geschriebenen „Selbstverwirklichung". Als Erleuchtete und Wiedergeborene schränken wir unser Ich, das bisher nur auf sich selbst bedacht war, freiwillig in seinen Lebensmöglichkeiten ein, sagt G. Schmid[288] und er fährt fort: „Was braucht dieses Ich noch, um glücklich zu sein? Auf fast alles, was bisher sein Glück ausmachte, kann es verzichten. Und fast alles, was es sich bisher reservierte, kann es mit anderen teilen. Das Ich findet zum Du und zum Wir. Das Ich entrinnt dem Kerker der eigenen Ichverfallenheit. Und das sich selber entronnene Ich beginnt, das Leben und seine Welt zu überdenken und neu zu ordnen, solidarischer, einfühlsamer, zugleich engagierter und gelassener."[289]

Ich möchte das Thema der „Neuen Bescheidenheit" nicht auf die politische Ebene verfrachtet oder als sozial-politisches Dogma verkündet wissen.[290] Denn dann besteht die

Gefahr, daß es sofort parteipolitisch vereinnahmt wird. Das Interesse am Thema der „Neuen Bescheidenheit" möge allein aus dem Bereich der sozial gesinnten Einzelexistenz als ein Resultat horizontal ausgerichteter Glaubensorientierung erwachsen. In diesem Sinne muß es dann wohl heißen, daß nicht nur Eigentum, sondern auch Glaube verpflichtet.

Im Zusammenhang mit dem Glauben geht es im übrigen auch darum, zu einer neuen Wertung von Ruhm und Ehre zu gelangen. Mithin sind bei der Problematik der „Neuen Bescheidenheit" auch die Elemente der herausragenden menschlichen Existenz zu berücksichtigen. Genauer gesagt: es geht keinesfalls darum, Ruhm und Ehre als Attribute verdienstvoller menschlicher Leistungen auf den verschiedensten Gebieten herabzuwürdigen. Es soll hier lediglich daran erinnert werden, unsere Existenz nicht von der Sucht nach derartigen Prädikaten überfrachtet sein zu lassen.[291] Wie wir gelegentlich beobachten können, wird das Verhalten mancher Menschen von einem geradezu zwanghaften Drang nach „Selbstbespiegelung" beherrscht, der auch die Öffentlichkeit und die Medien sich nicht entziehen können. Von einer unter den Augen Gottes und sub spezie aeternitatis (im Angesicht der Ewigkeit) in Demut gelebten Existenz – bei voll erhaltenem natürlichen Selbstbewußtsein – wage ich kaum zu reden. Ich würde von den sog. modernen und aufgeklärten Menschen nur Unverständnis und Spott ernten. Dennoch sei es mit A. Grün gesagt: „Auf der Stufe der Demut erfährt man sein Leben als reines Geschenk, als Gnade. Die Furcht weicht und man spürt in sich eine Liebe, die das Herz weitet, eine Freiheit von allem Druck, Gott etwas vorweisen zu müssen, die Freiheit, vor Gott sein zu dürfen, so wie man ist."[292]

2. Christlicher Humanismus?

Wie weit haben wir uns doch jetzt von einem rein humanistischen Existenzverständnis entfernt! Und wir müssen nun auch einsehen, daß uns die Humanität, für die wir uns in dem Kapitel „Die Bedeutung der Glaubensinhalte" so stark gemacht haben, vielleicht ein kleines Stück, aber nicht wesentlich weiterhilft. Noch einmal: es scheint mir in der Tat so etwas wie ein apologetisches Existenzverständnis zu geben. Wir vermögen seine Bedeutung und Notwendigkeit für ein sinnerfülltes Leben erst dann richtig zu verstehen, wenn wir tief auf den Grund unserer eigenen Seele schauen. Es dürfte kaum einen Menschen geben, der beim Anblick dessen, was er da sieht, sich nicht selbst davonlaufen möchte, wenn er ehrlich ist. „In die Sonne halten" (F. Krenzer)[293] würde seine Seele jedenfalls niemand, es sei denn, um ihr Licht und Wärme zuzuführen. Daß der Mensch in der Paradoxie von Wollen und Vollbringen, von Freiheit und Notwendigkeit existiert, erkannte schon der Apostel Paulus. Er hat bereits in den Jahren 55/56 n. Chr. im Brief an die Römer die tiefgründige Feststellung getroffen:

> „Wollen habe ich wohl, aber das Gute vollbringen kann ich nicht. Denn das Gute, das ich will, das tue ich nicht; sondern das Böse, das ich nicht will, das tue ich."

Mag diese Aussage auch in typisch Paulinischer Manier etwas pointiert und hart anmuten, so ist sie doch wahr und trifft den Kern des Menschen. Und dies trotz aller „Rest-Güte" – wie wir es nannten –, die in fast jedem Menschen schlummert. Aber sie reicht nicht aus, uns von Grund auf gut und vor Gott gerecht dastehen zu lassen. Apologetische Existenz in dem weiten Sinn, in dem sie hier dargelegt wurde, ist darum nicht nur eine lebensbegleitende Möglichkeit, sondern eine echte Lebenshilfe.

Vielleicht hat sie sogar etwas von einer „missionarischen Existenz" an sich, was – wie ausgerechnet der nicht ganz unumstrittene südamerikanische Befreiungstheologe L. Boff richtig sagt[294] – bedeuten würde, im menschlichen Leben die Samenkörner der Auferstehung auszustreuen. „Es ist dasselbe, wie zu sagen: das Reich Gottes anzukündigen, wie Jesus es ankündigte, und versuchen, es keimhaft in unserer Geschichte zu verwirklichen. Das Reich Gottes ist aus Gerechtigkeit, Liebe, Versöhnung und grenzenloser Offenheit für Gott geschaffen. Wenn sich diese Haltungen in uns entwickeln, dann können wir sagen, daß das neue Leben und die Auferstehung keimen".[295] Die von Herzen kommende Einsicht in diesen „Sachverhalt" wirkt für unsere unter den Augen Gottes gelebte Existenz befreiend, ist keine ausschließliche Angelegenheit des Verstandes, sondern ein beherzter Schritt des Glaubens; kein Mensch, der ihn aufrichtig tut, wird ihn bereuen.

Und darum sollten wir nun auch die Frage, mit der der späte Hölderlin sich so sehr abquälte, endgültig beiseite lassen. Es ist die Frage nach der Versöhnung von Dionysos und Christus, nach der Vereinigung des griechischen und christlichen Menschenbildes, die Frage nach der Existenz eines christlichen Humanismus.[296] Humanismus und Glaube sind, wie oben erwähnt, keineswegs Feinde. Wenn auf das Erbe der Tragödie und den Vergöttlichungsgedanken verzichtet wird, so ist nicht zu bestreiten, daß christlicher Glaube und humanistisches Menschenbild gewisse Züge gemeinsam haben. Darum aber gleich von einem christlichen Humanismus zu sprechen, halte ich für übertrieben. Denn dann stünde immer noch allzu sehr die „Ethik" anstatt der „Gnade" im Vordergrund. Die Gnade des „Glaubenkönnens" ist ein Geschenk, das eine „durch den Bezug auf das Wort Gottes extra nos (außerhalb von uns selbst) gestiftete Glaubenserfahrung" darstellt.[297] Sie ist – so gesehen – eine „Erfahrung mit der Erfahrung".

Diese Formulierung – für den humanistischen Menschen nur schwer nachvollziehbar – „besagt, daß mit der menschlichen Erfahrung eben noch einmal eine Erfahrung gemacht werden kann, die ihrerseits nicht aus der menschlichen Erfahrung als solcher herrührt".[298]

Zwar können Humanismus und Glaube hier und da voneinander lernen, aber sie bleiben – ohne zu Feinden werden zu müssen – in angemessener Weise (d.h. durch gegenseitigen Respekt) doch Gegensätze. Zur Wehr setzen möchte ich mich energisch gegen eine fast identifikatorische Anpassung der epikureischen, sokratischen, platonischen und aristotelischen Lehren an das Christentum durch Überhöhung oder Veredlung derselben mit Hilfe der Autorität Jesu Christi, wie Erasmus es versucht hat.

H. Weinstock fragt zu Recht, ob der uns bevorstehende „vierte Mensch"[299] nach dem Ende der bisherigen Geschichte die gottesfürchtige Angst wieder lernen wird, ob also das Heilige, zürnend und liebend, vernichtend und begnadend, erschreckend und bezaubernd, sich ihm zeigen will. Und Weinstock stellt fest, daß Wissenschaft und Philosophie dazu nichts sagen können. „Das ist allein Sache des Glaubens, der sich mit jener Geduld wappnet, die freilich der unerschrockenste Vorkämpfer unseres absolutesten, des faustischen Humanismus ‚vor allen‘ verfluchen mußte.[300]

Der Glaube – das sollte jetzt verständlich geworden sein – gleicht einem Baum, der immer grünt, trotz aller Risse in

Borke und Stamm und obwohl zuweilen ein paar grau und trocken gewordene Äste an ihm hängen. Seine Krone ragt hoch gen Himmel, und seine Wurzeln gründen tief in der Erde. Wenn er in den Stürmen des Lebens ächzt und sich fast bis auf den Boden durchbiegt, so kommt der Gärtner und stützt ihn ab. Und dann sind da noch die anderen Bäume um ihn herum, die sich mit ihm biegen und wieder aufrichten, sobald der Sturm abflaut, und die ihm die im Takt der Jahreszeiten auf ihn losbrausenden Stürme ertragen helfen, damit er nicht gänzlich bricht. Die Stürme, der Regen, aber auch die hellen Stunden im Sonnenlicht lösen Wachstumsschübe des Baumes aus, die dafür sorgen, daß sich die Krone immer höher „gegen den Himmel" schiebt.

Mit dem letzten Absatz dieses Kapitels wollte ich in etwas freierer Form und mit Hilfe eines bildhaften Vergleichs ausdrücken, was H.-J. Eckstein sehr treffend – und vor allem theologisch konkreter gefaßt – folgendermaßen ausdrückt: „Wir sind nicht vorrangig Gottes Kinder und erst in zweiter Linie untereinander Geschwister, sondern als Kinder sind wir Geschwister – das eine gilt nicht weniger oder mittelbarer als das andere. Wir sind als Glieder am Leib Christi nicht nur mit dem Haupt direkt verbunden und erst indirekt mit anderen Gliedern, sondern bilden als die Gesamtheit von Haupt und Gliedern in Christus **einen** Organismus."[301]

3. Letzte Korrektur: Die Authentizität christlicher Existenz

Geistlos und geistverlassen erlebe ich mich bisweilen. Das Leben wird zäh, und sein Lauf scheint zu stocken. Alle Begeisterung, die mich packen kann, bricht in sich zusammen. Wo

227

kann ich da neue Quellen für meinen Alltag er-
schließen? Wo ist der Geist verborgen, der mir
aufhelfen kann? (Xaver Pfister)[302]

Wir haben in diesem Buch über ein fundamentales Existenzverständnis aus Glauben – zuweilen kritisch – nachzudenken versucht. Dabei wurde ein längerer Weg zurück-
gelegt, um die verschiedensten Aspekte zu erörtern, die uns
säkular wie religiös dabei in den Sinn kommen oder auch
tatsächlich begegnen. So wurden z.b. die mannigfachen
persönlichen, globalen oder universalen Polaritäten untersucht. Sie stellen sich dem denkenden Menschen mit Recht
solange als (weiche) Hürden oder (harte) Hindernisse in
den Weg, bis er eingesehen hat, daß sie aus säkularer Perspektive als Konstituenten eines großen Ganzen und aus
christlicher Sicht als Pfeiler dienen, die durch die Brücke
des Glaubens miteinander verbunden sind. Dabei war von
Abstraktionen jenseits unserer Denkmöglichkeiten die Rede, die durch die Erfahrungen des Glaubens ganz konkret
erlebbar werden können. In ähnlicher Weise vermag der
Glaube das zu bewirken, was die Naturwissenschaft nie leisten kann: die a-perspektivische Seite der Weltwirklichkeit
mit der uns zugänglichen perspektivischen Seite zusam-
menzuschauen. Dies wäre ja – wie wir gesagt haben – „Erkenntnis an sich". Die einzige Möglichkeit, die zwischen
Perspektive und A-perspektive vorhandene Kluft zu überbrücken, stellt der Glaube dar.

Obwohl er keinen Ersatz für das Phänomen einer „Erkenntnis an sich" bildet, ist er aber doch – und zwar nicht
nur denk– sondern existentiell erfahrbar – eine Möglichkeit, sich einer Zusammenschau der beiden Seiten der
Weltwirklichkeit auf dimensionalem Wege zu nähern. Die
hochinteressanten, aber für unser Problem im Grunde un-

tauglichen geistigen Höhenflüge Jean Gebsers sind hierbei aus spiritueller Sicht kaum eine Hilfe gewesen, wenngleich sie für das säkulare Verständnis menschlicher Existenz in beachtlicher Weise durchaus neue anthropologische Zugänge eröffnet haben.

Im Kapitel „Praktische Konsequenzen" wurde oben bereits einiges gebündelt, was uns wichtig erschien. Aber ich habe das Gefühl, daß sich das, was unter den Punkten 1 – 11 angeführt wurde, immer noch ein bißchen mehr auf der theoretischen als auf der praktischen Seite bewegt. Darum am Ende eine letzte – nun allerdings ganz praktische – Korrektur bzw. Addition als Beitrag zu dem, was ich am liebsten mit „Authentizität christlicher Existenz" bezeichnen möchte.[303]

Wer als Mensch sein Dasein nicht nur auf eine fundierte säkulare, sondern auch auf eine festgegründete christliche Glaubensbasis stellen möchte,[304] sollte sich von der Lebensform einer neuen Spiritualität anstecken lassen. **Dann wird der Geist, der ihm aufhelfen kann, erkenn- und spürbar.** Im Vordergrund stehen dabei die Eigenschaften eines vertieften Glaubenslebens, in dessen Mittelpunkt sich ganz zweifellos die verbindliche Teilnahme an der sonntäglichen gottesdienstlichen Feier befindet. Denn diese lebt von der Anwesenheit der Gemeinde. Von großer Bedeutung für ein persönliches Wachstum im Glauben ist die tägliche Beschäftigung mit biblischen Texten und ihrer exegetischen Funktion (was wollen sie uns sagen?) sowie das intensive „distanzüberwindende Zwiegespräch" mit dem lebendigen Gott – der sich uns in seinem Sohn Jesus Christus offenbart hat – inform des freien oder textlich gebundenen Gebets. Nach reformatorischer Lehre setzt es sich aus Schriftlesung, Meditation (Reflexion) und dem eigentlichen Gebet zusammen (lectio, meditatio, oratio). Dabei ist folgendes von Bedeutung: die Reflexion des Glaubens sozusagen als theologische Denkarbeit (in der Wissenschaft) und die Frömmigkeit des Glaubens sozusagen als praktische Gestaltwerdung (im persönlichen Leben)[305] müssen nach ihrem Auseinanderfallen im vorigen Jahrhundert wieder verstärkt in eins gesetzt und entsprechend gelebt werden.

Die Spiritualität kann sich auch auf die Persönlichkeit in Form besonderer Verhaltensweisen auswirken, wie z.b. Bescheidenheit, Versöhnungsbereitschaft, verbindliches, zugewandtes Auftreten, Lebenstransparenz und Zeiten der Stille.[306] Zu allem, was hier genannt worden ist, leistet das Leben der Gemeinde seinen speziellen Beitrag. Anstatt des in diesem Buch so oft benutzten Wortes „Solidarität" sollte jetzt besser vom „Miteinanderleben" die Rede sein, wo man sich gegenseitig stützt und auffängt, indem man Freud und Leid miteinander teilt (z.b. Krankenbesuche, Hausbesuche, Hauskreisarbeit). Unabhängig vom sozialen Status des einzelnen ist es typisch für ein lebendiges christliches Gemeindeleben, daß eine Statthalterschaft oder Stellvertretung aus Glauben praktiziert wird, wo man füreinander einsteht, und sich im Glauben stärkt, wenn jemand von Zweifeln beschlichen wird oder spirituelle Durststrecken zu überwinden hat (z.b. Aussprache, seelsorgerliche Zuwendung, Teilnahme an den Sakramenten, Neubelebung der Beichtpraxis auch im protestantischen Raum).

Da Glaube u.a. auch die höchste Form der Abhängigkeit von Gott ist (Peter Strauch)[307], verbindet sich mit dieser Lebenseinstellung eine klare Einladung. Es ist die Einladung, sich bis in die Tiefenschichten der persönlichen Existenz für das Geschenk des Glaubens zu öffnen und so nicht nur jeden Tag, sondern jede Stunde des Tages Gottes inne zu werden. Nehmen wir die Einladung an und machen uns „tatsächlich" auf die Reise in dieses neue Land, anstatt zuhause immer nur „mit dem Finger auf der Landkarte herumzufahren".

Es gibt Worte, es gibt Wahrheiten, es gibt Themen, die sind nachdenkenswert, es lohnt sich, forschend in ihre Tiefen vorzudringen. Gleichzeitig drängen sie danach, Leben zu werden, sonst verfehlen sie ihren Sinn – und alle tiefgreifenden Worte werden zum (vielleicht niveauvollen) Geschwätz.

Propst W. Dornschneider in memoriam

Literaturverzeichnis

1. Adam, K.: Erlaubt ist, was gefällt. Artikel in FAZ Nr. 191, 18. August 1995
2. Adam, K.: Kreuz ohne Tränen. Artikel in FAZ Nr. 188, 15. August 1995
3. Ansohn, E.: Die Wahrheit am Krankenbett. 2. Aufl., Salzburg-München 1969
4. Austeda, F.: Lexikon der Philosophie. Wien 1979
5. Ben-Chorin, S.: Bruder Jesus. 7. Aufl., München 1984
6. Berg, D.: Gastkommentar ohne Titel in „Chefarzt aktuell", Nr. 4/1998
7. Berger, K.: Wie kann Gott Leid und Katastrophen zulassen? 1. Aufl., Stuttgart 1996
8. Boff, L.: Die befreiende Botschaft. 2. Aufl., Freiburg-Basel-Wien 1987
9. Bräumer, Hj: Schatten vor meinem Angesicht.: Kranksein vor dem unbegreiflichen Gott. Neuhausen-Stuttgart 1992
10. Braun, H.: Zukunft, in: H.J. Schultz (Hg.): Theologie für Nichttheologen. 1. Aufl., Stuttgart 1969
11. Bubmann-Tischer (Hg.): Pop und Religion. 1. Aufl. Stuttgart 1992
12. Bubmann, P.: „Urklang und Sphärenharmonie". In: Bubmann-Tischer (Hg.): Pop und Religion. 1. Aufl. Stuttgart 1992
13. Bühne, W.: Wenn Gott wirklich wäre. 3. Aufl., Bielefeld 1995
14. Cochlovius, J.: Glauben – Hoffen – Lieben. Neuhausen-Stuttgart 1994
15. Coenen, L./Beyreuther, E./Bietenhard, H. (Hg.): Theologisches Begriffslexikon zum Neuen Testament. Wuppertal-München-Wien, 1. Sonderausgabe 1993
16. Deichmann, H.H.: Christ und Unternehmer. Essen 1996
17. Dieckmann, F.: Freiwild Hermlin. Artikel in FAZ Nr. 238 vom 12. Oktober 1996
18. Douglass, K.: Glaube hat Gründe. Stuttgart 1994
19. Dornschneider, W.: Verkünde das Wort. Ansprachen und Predigten. Iserlohn 1996.
20. Dröscher, V.B.: Und der Wal schleuderte Jona an Land. München 1996
21. Duvenkamp-Gauger, C.: Auslegung der Tageslosung vom 24.7.97 in: Licht und Kraft Losungskalender, Möckmühl und Lahr, 85. Jg. 1997

22. Eckstein, H.-J.: Erfreuliche Nachricht – Traurige Hörer? 3. Aufl., Neuhausen-Stuttgart 1990
23. Evangelischer Erwachsenenkatechismus. 5. Aufl., Gütersloh 1989
24. Ferber, R.: Philosophische Grundbegriffe. Eine Einführung. München 1994
25. Ferlinghetti, L.: Ein Coney Island des inneren Karussells. Wiesbaden 1962
26. Flasche, R.: Nationalreligiöse Strömungen im Vorfeld des 3. Reiches. Artikel in: „Die Kirchspitze", Folge 114, März 1996
27. Frankl, V.E.: Der leidende Mensch. München 1990
28. Friedlein, C.: Lernbuch und Repetitorium der Geschichte der Philosophie. Hannover 1962
29. Fromm, E.: Psychoanalyse und Ethik. 4. Aufl., München 1992
30. Fromm, E.: Haben oder Sein. Die seelischen Grundlagen einer neuen Gesellschaft. 2. Aufl. München 1979
31. Gassmann, L.: Den Glauben verteidigen. In: Beiheft Nr. 61, 1995, des Monatsblattes der Evangelischen Notgemeinschaft in Deutschland e.V. „Erneuerung und Abwehr"
32. Gebser, J.: Ursprung und Gegenwart. Bd.I, Stuttgart 1949
33. Gebser, J.: Ursprung und Gegenwart. Bd. II., Stuttgart 1953
34. Gerok, W.: Grenzen des Wissens und des Handelns in der Medizin. Dt. Med. Wschr. 28/29, 14. Juli 1995
35. Giesen, T.: Leben mit Lust und Liebe. Stuttgart 1989
36. Giesen, T.: Was tun Christen, wenn sie glauben? Gütersloh 1982
37. Graf, F.W.: Wer redet ist nicht tot. Artikel in FAZ Nr 185, 12. Aug. 1997
38. Grewel, H.: Christentum – was ist das? 1. Aufl., Stuttgart 1980
39. Grün, A. (OSB): Einreden. Münsterschwarzach 1983
40. Guardini, R.: Der Gegensatz. Mainz 1925
41. Guardini, R.: Die letzten Dinge. 1. Taschenbuchauflage, Mainz 1989
42. Guardini, R.: Die Technik und der Mensch. Briefe vom Comer See. 2. Taschenbuchauflage, Mainz 1990
43. Hacker, F.: Freiheit, die sie meinen. Hamburg 1978
44. Haffner, S.: Anmerkungen zu Hitler. 20. Aufl., München 1978
45. Hansen, J.: Auf den Punkt gebracht. Impulse für den Glauben. 2. Aufl., Neukirchen-Vluyn 1994
46. Hartenstein, K.: Der wiederkommende Herr. Eine Auslegung der Offenbarung des Johannes für die Gemeinde. 4. Aufl., Stuttgart 1983

47. Heidegger, M.: Holzwege. Frankfurt/M 1950
48. Hemmerle, K.: Wandern mit deinem Gott. In: R. Mosis und L. Ruppert (Hg.): Der Weg zum Menschen, Freiburg-Basel-Wien 1989
49. Hempelmann, H.: Christlicher Glaube am Horizont der Postmoderne. In: Transparent Nr. 2, Juni 1996, Nachrichten aus der Christlichen Schüler-, Studenten- und Akademikerarbeit SMD
50. Henning, P.: Was Gott ist, bestimme ich! Moderne Herausforderungen an Kirche und Theologie. Bericht über die Bayerische Theologentagung auf der Burg Wernfels vom 19.-21.1. 1996, in: Informationsbiref Nr. 175 der Bekenntnisbewegung „Kein anderes Evangelium", April 1996
51. Hesse, H.: Mit der Reife wird man immer jünger. 1. Aufl., Frankfurt/Main 1990
52. Hofsommer, H.: Bildungspolitische Grundsätze im vereinten Deutschland. In: Monatsblatt Nr. 3/4, 1996 der Evangelischen Notgemeinschaft in Deutschland e.V. „Erneuerung und Abwehr"
53. Holzach, M.: Das vergessene Volk. 2. Aufl, München 1994
54. Hunt, D./MacMahon, T.A.: Die Verführung der Christenheit. Bielefeld 1987
55. Imort, P.: Obertonsingen als Ahnung des Unendlichen? In: Bubmann-Tischer (Hg.): Pop und Religion. 1. Aufl. Stuttgart 1992
56. Jaspers, K.: Der Phiosophische Glaube. Neuausgabe 1974, 9. Aufl., München 1988
57. Jaffin, D.: Die großen Richter. Lahr-Dinglingen 1992
58. Jores, A.: Menschsein als Auftrag. Bern-Stuttgart 1964
59. Kamlah, D.: Ein Gott in allen Religionen? In: „Erneuerung und Abwehr", Nr. 3, März 1998
60. Knöppel, K.H.: Wozu ist Gemeinde gut? Wuppertal-Zürich 1995
61. Koch, K.: Personenbeschreibung. Die Kennzeichen eines Christen heute. Freiburg, Schweiz, 1994
62. Konstanzer Kleines Bibellexikon. 3. Aufl., Konstanz 1964
63. Kramp, W.: Der letzte Feind. Freiburg-Heidelberg 1980
64. Kramp, W.: Herr Adamek und die Kinder der Welt. Freiburg-Basel-Wien 1977
65. Krenzer, F.: Halte deine Seele in die Sonne. 3. Aufl., Mainz 1992
66. Kuitert, H.M.: Ich habe meine Zweifel. Gütersloh 1993

67. Lévi-Strauss, C.: Traurige Tropen. 6. Aufl., Frankfurt 1988
68. Long. J.: Warum schweigt Gott? Moers 1997
69. Malessa, A.: Sympathy for the Devil. In: Bubmann/-Tischer (Hg.): Pop und Religion, 1. Aufl. Stuttgart 1992
70. Meineke, E. A.: Das moderne Weltbild der Physik und der christliche Glaube – Kein Widerspruch, In: „Erneuerung und Abwehr", Nr. 1, Jan. 1998
71. Metz, J.B.: Der unpassende Gott. Artikel in FAZ Nr. 202, 31. August 1995
72. Moltmann, J.: Neuer Lebensstil. München 1977
73. Motschmann, K.: Kontinuität und Wandel ideologisch-politischer Kritik am Christentum. Aufsatz in: Beiheft Nr. 62, 1996, des Monatsblattes der Evangelischen Notgemeinschaft in Deutschland e.V. „Erneuerung und Abwehr"
74. Motschmann, K.: Mißverständnisse und Irrtümer einer Bischöfin. In: Monatsblatt Nr. 7, 1996 der Evangelischen Notgemeinschaft in Deutschland e.V. „Erneuerung und Abwehr"
75. Natzschka, W. (Hg.): Evangelisches Laien-ABC. Hamburg 1955
76. Neumann, E.: Ursprungsgeschichte des Bewußtseins. München 1949
77. N.N.: Der Fall Singer, Artikel in: FAZ Nr. 41, 1996
78. N.N.: Hermlins Wahrheit. Artikel in FAZ Nr. 234, 8. Oktober 1996
79. N.N.: Kosmische Rätsel weiter ungelöst. Artikel in FAZ Nr. 230, 2. Oktober 1996
80. N.N.: Was aber ist die Zeit? Artikel in FAZ Nr 224 vom 25. September 1996
81. Nørretranders, T.: Spüre die Welt – Die Wissenschaft des Bewußtseins. 1. Aufl. Hamburg 1994
82. Pannenberg, W.: Das Glaubensbekenntnis. 4. Aufl., Gütersloh 1982
83. Pfister, X.: Einfach zu glauben: Ein Credo für Zweifler. Freiburg/Schweiz 1994
84. Reiter-Theil, S.: Grenzen der Verständigung zwischen Arzt und Patient. In: Der Krankenhausarzt Nr. 6/7, 70. Jg. 1997
85. Ried, G.: Wesen und Werden der Deutschen Dichtung. Von den Anfängen bis zur Gegenwart. München 1954
86. Rohrbach, H.: Naturwissenschaft, Weltbild, Glaube. 11. Aufl., Wuppertal 1981

87. Rojahn, S.G.: Rede auf Wartburgfest 1995. In: Wingolfsblätter Nr. 3, 1995
88. Roß, J.: Das Recht, ein Ketzer zu sein. Artikel in FAZ Nr. 17, 20. Januar 1996
89. Rüther, O.: Allmächtiger Mensch? Artikel in: Helfende Hände. Zeitschrift des Diakonischen Werkes Westfalen Nr. 3, 1996
90. Schauder, K.: Manfred Hausmann, Weg und Werk. 2. Aufl., NeukirchenVluyn 1979
91. Scheunemann, K.S.: Kirche für Distanzierte. Wuppertal-Zürich 1995
92. Schmid, G.: Plädoyer für ein anderes Christentum. Zürich, 1998
93. Schmidt, G.R.: Catalogus gravaminum. In: Informationsbrief Nr. 174, Feb. 1996, der Bekenntnisbewegung „Kein anderes Evangelium".
94. Schniewind, J.: Das Evangelium nach Markus. 12. Aufl., Göttingen 1977
95. Schroeter, K.U.: Ist Krankheit von Gott?. Eine biblisch-seelsorgerliche Antwort aus dem Erbe J. Chr. Blumhardts. 3. Aufl. Walsrode 1996
96. Schweitzer, A.: Aus meinem Leben, Vortrag auf Kassette. Dt. Albert-Schweitzer-Archiv und Zentrum, Frankfurt
97. Seaver, G.: Albert Schweitzer als Mensch und als Denker. 8.Aufl. Göttingen 1956
98. Seibt, G.: Das Neue stürzt vorwärts. Artikel zum 80. Geburtstag von Stephan Hermlin, in FAZ Nr. 88, 1995
99. Siegmund, G.: Der kranke Mensch (Sonderdruck aus „Amt und Sendung"). Freiburg 1950
100. Soosten, J. von: Die Sozialität der Kirche. Theologie und Theorie der Kirche in Dietrich Bonhoeffers Sanctorum Communio. München 1992
101. Sorg, M.: Kirche als Kommunikationsgemeinschaft. In: Nachrichten des Evangelischen Pfarrvereins in Westfalen. April-Juni 2/96
102. Stegemann, H.: Die Essener, Qumran, Johannes der Täufer und Jesus. 3. Aufl., Freiburg-Basel-Wien 1994
103. Stegmüller, W.: Hauptströmungen der Gegenwartsphilosophie. Bd. I, 6. Aufl., Stuttgart 1978
104. Stein, H.W.: Sehnsucht nach einer neuen Spiritualität. In: Aufatmen Nr. 2, 1997

105. Steinke-Heyn, Chr.: Tagebuch meiner zweiten Reise nach Schachty. Selbstverlag Kirche Im Osten e.V., Iserlohn 1996
106. Stern, A.: Geschichtsphilosophie und Wertproblem. München-Basel 1967
107. Störig, H.J.: Kleine Weltgeschichte der Philosophie. 9. Aufl., Stuttgart 1965
108. Strauch, P.: Wenn das Feuer zu verlöschen droht. In: Aufatmen Nr. 2, 1997
109. Stricker, H.-H.: Krankheit und Heilung, Anthropologie als medizinisch-theologische Synopse. Neuhausen/Stuttgart 1994
110. Stricker, J.: Reisetagebuch Nowotscherkassk. Selbstverlag Kirche Im Osten e.V., Iserlohn 1995
111. Theologisches Begriffslexikon zum Neuen Testament. Hg. v. Lothar Coenen, Erich Beyreuther und Hans Bietenhard. 1. Sonderausgabe 1993. 9. Aufl. der Gesamtausgabe.
112. Thielicke, H,: Theol. Ethik. Bd. II,1, Tübingen 1955
113. Thielicke, H.: Der Glaube der Christenheit. 2. Aufl., 1949
114. Thielicke, H.: Theol. Ethik. Bd. I,2, 3. Aufl., Tübingen 1958
115. Thrändorf und Meltzer: Kirchengeschichtliches Quellenlesebuch (kleine Ausgabe B), 5. Aufl., Meißen 1921
116. Tournier, P.: Geborgenheit – Sehnsucht des Menschen. 12. Aufl, Bern, o.J.
117. Volkmann, B.: Christlicher Glaube und objektives Denken. In: B. Volkmann und I.Woyke: Der Anruf des Evangeliums an den modernen Menschen. 2. Aufl., Bad Liebenzell 1977
118. Vollmer, G.: Was können wir wissen? Bd. 1: Die Natur der Erkenntnis. 2. Aufl., Stuttgart 1988
119. Wanner, W.: Jugendpsychologie. Gießen 1975
120. Wasserzieher, E.: Woher? Ableitendes Wörterbuch der deutschen Sprache. Bonn 1974
121. Weinstock, H.: Die Tragödie des Humanismus. Heidelberg 1954
122. Wiese, B. von: Die Deutsche Tragödie von Lessing bis Hebbel. 3. Aufl., Hamburg 1955
123. Woronowicz, U.: Grundregeln für alle kirchlichen Mandatsträger. In: Informationsbrief Nr. 173 der Bekenntnisbewegung „Kein anderes Evangelium"
124. Zahrnt, H.: Glaubst du, so hast du. Art. in FAZ Nr. 41, 1996
125. Zahrnt, H.: Wie kann Gott das zulassen. 2. Aufl., München – Zürich 1985
126. Zahrnt, H.: Das Leben Gottes. München 1997

Anmerkungen:

1 Bubmann – Tischer, „Pop und Religion".
2 Vgl. auch die Definition von Hj. Bräumer im Kapitel „Nachgedanken" unter b) Solidarität und Identität.
3 Tournier, P.: „Geborgenheit – Sehnsucht des Menschen", S. 11 ff
4 a.a.O., S. 41
5 Das eigentliche Wort des Textes ist ein viel übleres, aber ich möchte es hier nicht gebrauchen.
6 A. Malessa: „Sympathy for the Devil", S. 101
7 P. Imort, „Obertonsingen als Ahnung des Unendlichen?", S. 77/78. vgl. auch P. Bubmann, „Urklang und Sphärenharmonie", S. 70: „Der Klang bzw. die Struktur des Tones mit seinen Obertönen symbolisiert oder repräsentiert realnaturwissenschaftlich die Einheit des Kosmos und den Ursprung allen Seins als Urklang (oder musikalischer Archetyp). Ethisch wird daraus die Folgerung gezogen, daß die Rückbindung an diesen Klang den Menschen in seiner Entwicklung hin zum neuen, besseren Menschen voranbringt. Schlagwortartig zusammengefaßt: Transzendierung, also Überwindung der gegenwärtigen defizitären Wirklichkeit durch Rückkehr in den Urklang. Als Komponisten oder Interpreten kontemplativer bzw. „kosmischer", teils auch nur entspannender Musik werden ohne Wertung z.B. Kitaro, Sri Chinmoy, Chris Hinze, Karl-Heinz Stockhausen, Peter Michael Hamel, Michael Klostermann, Terry Riley, Don Slepian u.a. von Bubmann angeführt.
8 Mantras sind Hymnen bzw. Gebetsformeln, die sich in den Handbüchern der alten indischen Priester finden, in denen diese das für die religiösen Opferhand-lungen notwendige Material an Sprüchen, Formeln usw. aufbewahrten.
9 Unter Charismatik (vgl. Konstanzer kleines Bibellexikon, S. 75) versteht man die Praktizierung der neutestamentlichen Charismata (griech. Gnadengaben) wie z.B. Zungenreden, Prophetie usw., die als Zeichen der aktuellen Wirkung des Geistes Gottes gelten. Ich unterscheide für unsere heutige Zeit zwei Formen von Charismatik, und zwar: 1. Die „harte Charismatik", bei der es kaum eine religiöse Zusammenkunft (Gottesdienst usw.) gibt, in der die Teilnehmer nicht regelmäßig umfallen, lallen, Zungenrede praktizieren, eine wirre Körpermotorik zeigen und manchmal sogar – an-

238

geblich vom heiligen Geist bewirkt – wie von Sinnen sind (wie Besessene wirken). 2. Die „weiche oder maßvolle Charismatik", die nicht den Eindruck einer besonderen Form von pervertierter Religiosität oder Besessenheit erweckt, sondern ein stilles, in sich ruhendes Durchdrungensein vom Geist Gottes ist.

10 „Wirklich" soll hier heißen: bis an die Grenzen des Seins stoßend; gemeint ist also eine Existenz, die bis an die Grenzen des Seins tragfähig bleibt oder besser: sich gehalten weiß.

11 G. Seibt: „Das Neue stürzt vorwärts. Einer bleibt sich selber treu: Stephan Hermlin zum achtzigsten Geburtstag". Artikel in FAZ Nr. 88, 1995.

12 Während der Fertigstellung dieses Buches (1996) wird in den Medien zunehmend Kritik an den Äußerungen Hermlins in Bezug auf sein Leben laut. Insbesondere durch die Recherchen Karl Corinos ist ein Streit über die Selbstaussagen Hermlins entbrannt. Dabei soll Hermlin auch im Hinblick auf die großbürgerlichen Umstände seiner Herkunft übertrieben haben. Fest scheint zu stehen, daß Hermlin eine heikle Rolle als oppositioneller Staatsdichter in der ehemaligen DDR spielte. Er hat falsche Darstellungen in seiner Biographie zugegeben, was die Ehre eines Mannes wiederherstellte, „der jahrzehntelang einen festen Ort im zerklüfteten Gelände der Epoche suchte und sich am Ende als bürgerlicher Subjektivist erwiesen hat." (Vgl. „Hermlins Wahrheit", Artikel in FAZ Nr. 234 v. 8.10.96). Es ist wohl kaum zu bezweifeln, daß Hermlin die oben zitierten Sätze geschrieben hat. Mit seiner Aufforderung, sich zu bewähren und sich mit der Ungesichertheit des Lebens vor allem inform von geistigen Kämpfen auseinanderzusetzen, ist er zweifellos im Recht. Kritisch zu Corino äußert sich wiederum F. Dieckmann („Freiwild Hermlin", Artikel in FAZ Nr. 238, 12. Oktober 1996). Zum Thema „Hermlin" vgl. auch den sehr aktuellen und kritischen Artikel von L. Rathenow: „Abschied von den Autoritäten", in: „Mut", Nr. 358, Juni 1997.

13 „Der leidende Mensch", S. 35 ff

14 Douglass, K.: „Glaube hat Gründe", S. 166/167

15 „Was tun Christen, wenn sie glauben?", S. 16/17

16 So z.B. W. Gerok in seinem sehr lesenswerten Aufsatz „Grenzen des Wissens und Handelns in der Medizin", S. 1015.

17 „Plädoyer für ein anderes Christentum", vgl. insbesondere S. 195 ff.

18 Glissando ist ein Begriff aus der Musik und bedeutet die Erzielung einer schnellen Tonfolge durch Gleiten, z.B. mit dem Daumennagel über die Tasten eines Klaviers aus einer höheren Oktave in eine tiefere. Glissando heißt also Gleiten. Bei Blasinstrumenten erzielt man ein Glissando durch „Schleifen" eines Tones.

19 Woronowicz, U.: Grundregeln für alle kirchlichen Mandatsträger. In: Informationsbrief „Kein anderes Evangelium" Nr. 173, S. 17.

20 „Erlaubt ist, was gefällt." Artikel in FAZ Nr, 191, 1995.

21 Ich unterscheide im folgenden zwischen Existieren (Herausstehen) als umfassendem echtem Leben und dem oberflächlichen Dahinvegetieren als bloßem „Vor-sich-hinleben".

22 „Der Philosophische Glaube". 9. Aufl. 1988.

23 Im Blick auf die vielen Menschen, die der Esoterik, Magie und Wahrsagerei anhängen, sollte man meinen, unsere heutige Zeit sei reich an Glauben. Dies ist jedoch keineswegs der Fall. Denn der mirakulösdunkle und esoterische „Glaube" ist erstens kein echter Glaube und zweitens sehr diffus, bzw. hat einen magisch-dämonologischen Charakter. Ein solcher Glaube ist hier ganz entschieden nicht gemeint.

24 Wasserzieher, E.: „Woher", S. 212

25 Langenscheidts Taschenwörterbuch der lateinischen und der deutschen Sprache

26 Stichwort „Glaube" in H.J. Schultz: „Theologie für Nichttheologen", S. 9

27 Nach O. Michel, Stichwort „Glauben" in: „Theologisches Begriffslexikon zum Neuen Testament", S. 566

28 Diese Darstellung richtet sich weitgehend nach den von O. Michel im Abschnitt „Glauben" gegebenen Definition, a.a.O. S. 565–567

29 Fromm, E.: „Psychoanalyse und Ethik", S. 154

30 ebda.

31 a.a.O. S. 160

32 a.a.O. S. 155-161

33 C.H. Ratschow, zitiert nach A. Grewel: „Christentum – was ist das?", S. 146

34 Fromm, a.a.O., S. 54. Wenn wir die angeborenen und erworbenen Eigenschaften des Fühlens und Wollens als den wesentlichen Teil der menschlichen Energie ansehen, dann entspricht die Definition Fromms genau den Lehren der heutigen wissen-

schaftlichen Psychologie. Typisch für eine derartige Interpretation ist, daß sie einen überwiegend gesellschaftlichen Bezug hat.

35 T. Giesen: „Leben mit Lust und Liebe", S. 16

36 Ich bin mir durchaus der Tatsache bewußt, daß Apologetik heute von vielen Menschen – insbesondere Theologen – kritisch gesehen wird. Ich denke bei diesem Begriff auch weniger an die Apologeten aus den ersten Jahrhunderten der christlichen Kirche, allerdings schon eher an die Verteidigung der christlichen Wahrheit gegenüber nichtchristlichen Weltanschauungen. Meine weiteren Vorstellungen sind im Text dieses Kapitels in der Weise dargelegt, daß sie sich eng mit dem Begriff der die Geister unterscheidenden „Diakrisis" verbinden.

37 Siehe auch Anmerkung Nr. 21 und Nr. 40

38 S. 222

39 Zitiert nach W. Stegmüller: „Hauptströmungen der Gegenwartsphilosophie", Bd. I, S. 201-202

40 E. Fromm: „Psychoanalyse und Ethik", S. 161

41 K. Jaspers: „Der philosophische Glaube", S. 59

42 a.a.O. S. 20

43 J. Moltmann: „Neuer Lebensstil", S. 32

44 a.a.O., S. 154

45 So hält etwa die Evangelische Kirche im Rheinland in ihrer neuen Handreichung den Partnerwechsel Jugendlicher „in hohem Maße" für einen Ausdruck des hohen Anspruchs an die Qualität der Partnerschaft – so die entscheidende Formulierung im sexualpädagogischen Teil „Sexualität und Lebensformen/Trauung und Segnung", die von der Landessynode am 10.1.96 bei nur 16 Gegenstimmen! verabschiedet worden ist. Zugleich schlägt die Kirche vor, beim Partnerwechsel nicht von Promiskuität, sondern von „Partnermobilität" zu sprechen. Diese und der Wunsch nach Treue stünden nicht im Widerspruch zueinander. Weiter wird gefordert, die traditionelle Vorstellung einer Integration der Sexualität in die eigene Persönlichkeit aufzugeben; sexuelle Sinnlichkeit solle nicht unter der Vorstellung leiden, daß sie gebändigt werden müsse. Überhaupt sei Sexualität ein „Zugang zur Lebensenergie" und „Vorgeschmack auf das Reich Gottes"... Zitiert nach „Pressemitteilung des Ev. Aufbruchs Mittelrhein" vom 24.1.96. Angesichts solch hane-

241

büchenen Unsinns ist es kein Wunder, wenn die Kirchenaustritte weiter zunehmen. Erst recht werden mit solchen dialektisch-abstrusen und zeitgewendeten Aussagen die Bastionen biblisch-religiös fundierter Ethik und Moral bald sturmreif geschossen sein.

46 Vgl. hierzu G.R. Schmidt: „Catalogus gravaminum" in „Informationsbrief" Nr. 174, Febr. 1996 der Bekenntnisbewegung „Kein anderes Evangelium", S. 16ff

47 In Anlehnung an K. Motschmann, "Kontinuität und Wandel ideologisch-politischer Kritik am Christentum", S. 27

48 In Abweichung vom philosophisch-kritischen Begriff der Modalität (Möglichkeit, Dasein, Notwendigkeit), der bei Kant wie Qualität, Quantität und Relation zur Tafel der Kategorien gehört.

49 Vgl. zu diesem Themenkomplex auch L. Gassmann: „Den Glauben verteidigen" in Beiheft Nr. 61 des Monatsblattes der Evangelischen Notgemeinschaft in Deutschland „Erneuerung und Abwehr", S. 3ff.

50 „Der Glaube der Christenheit", S. 471/472

51 Siehe oben. Hier würde jeder prinzipielle Vertrauensvorschuß als Einübung in die „passive Diakrisis" ad absurdum geführt.

52 K. Schauder: „Manfred Hausmann", S. 159

53 Ebda.

54 „Ein Coney Island des inneren Karussells", S. 12-15

55 Die Verse sind direkt eine Verhöhnung der Person und des Leidens Christi und damit indirekt auch eine Verballhornung christlicher Glaubensinhalte. In seinem Gedicht „Christ stieg herab", a.a.O. S. 87 ff, ist hingegen keine Blasphemie erkennbar, sondern eher eine Anprangerung des kommerziell ausgeschlachteten Weihnachtsfestes.

56 Diesen Terminus habe ich von K. Motschmann übernommen, den er in einem Kommentar in „Erneuerung und Abwehr", Nr. 7, S. 29 benutzt. Wörtlich übersetzt bedeutet dieser Ausdruck „überzeugende Vertretung der eigenen Wertvorstellungen in der Wirklichkeit des Lebens".

57 „Christlicher Glaube im Horizont der Postmoderne" in „Transparent" Nr. 2, Juni 1996, S. 6

58 „Ein Gott in allen Religionen?" In: „Erneuerung und Abwehr", Nr. 3, März 1998, S. 7

59 Zitiert nach K.H. Knöppel: „Wozu ist Gemeinde gut?", S. 21

60 Dieser Ausdruck stammt von Peter Henning. Unter polyvalenter Identität versteht er die Übereinstimmung mit sich selbst durch Kombination verschiedener Werte und Normen, je nach Bedürfnislage. Im Vorwort wurde gesagt, Identität sei die in sich und in der Zeit als beständig erlebte Kontinuität und Gleichheit des Ich. Demnach werden bei einer mehrwertigen (= polyvalenten) Identität Kontinuität und Gleichheit des Ich zerstört. Die Persönlichkeit „zerbröselt".

61 Vgl. D. Berg, „Gastkommentar" in: „Chefarzt aktuell", Nr. 4, 1998, S. 1 ff

62 Allein auf diese bewußt vorgenommene Überspitzung ist es zurückzuführen, daß ich mich z. B. von den treffenden Ausführungen H. J. Ecksteins („Erfreuliche Nachricht − traurige Hörer?", S. 37 ff) unterscheide. Im Grunde kann ich seiner Auslegung des Themas „Sicherheit − Gewißheit" nur voll zustimmen, auch wenn er einige Akzente etwas anders setzt.

63 Modalität heißt nach Kant „Art und Weise der Gültigkeit einer Beziehung".

64 Es gibt in Deutschland einige Versicherungsunternehmen, in deren Firmennamen sich das Wort „Securitas, Securität, Securanz" findet. Auch der des öfteren auftretende Begriff „Assekuranz" hängt hiermit zusammen.

65 Von der Erfahrung, daß Versicherungen gelegentlich mit allen Mitteln versuchen, sich einer Zahlung zu entziehen und die Fußangeln oft ins Kleingedruckte setzen, sei hier abgesehen.

66 In Anlehnung an C. Duvenkamp-Gauger, S. 217

67 Einen moderaten Standpunkt bezüglich dieser Problematik vertritt auch der Zoologe, Verhaltensforscher und Wissenschaftsautor Vitus B. Dröscher. Er bezeichnet die fortdauernde Schöpfung als „creatio continua", die durchaus mit dem Wort Gottes vereinbar sei. „Die Evolution ist der Schöpfungsprozeß". V.B. Dröscher: „Und der Wal schleuderte Jona an Land", S. 145

68 „Menschsein als Auftrag", S. 19

69 Es sei noch einmal betont, daß die wachsende Esoterikwelle und der zunehmende Glaube an so manchen haarsträubenden Hokuspokus hier nicht gemeint ist.

70 „Ursprung und Gegenwart", Bd. I und II

71 Die Unterscheidung zwischen persönlichem, familiärem, kollektivem und kosmischem Unbewußten übergehe ich hier der Einfachheit halber. Gedacht ist jedoch bei der Benutzung von

Begriffen wie Tiefenpsychologie oder Unbewußtes in erster Linie an das „kollektive Unbewußte". Dieses stellt vom Volumen her die zweitumfangreichste Schicht des Unbewußten dar und liegt im „Bergwerk Mensch" auf einer recht tiefen Sohle. Seit C. G. Jung versteht man darunter in der Tiefe „verschüttete" Erfahrungen der gesamten Menschheit in ihrer vorgeschichtlichen und geschichtlichen Entwicklung. Diese Erfahrungen haben aber ihre alte Symbolkraft behalten und strahlen weiterhin „nach oben" aus. Solche Archetypen sind die seelisch wirksamen Gestalten und Kräfte, wie sie z. B. im Bild der Ur-Mutter, des Drachen, des Helden, der Stammesehre, der Fahne, aber auch in Mythen nachempfunden werden können. Vgl. hierzu das interessante Buch von W. Wanner: „Jugendpsychologie", S. 61–64, aus dem einige dieser Gedanken entnommen sind.

72 Mit dem Begriff „ungerichtet" meine ich einen Glauben, der sich im Numinosen (Schauer Erweckenden) verliert.

73 „Ursprungsgeschichte des Bewußtseins", S. 18ff.

74 „Ursprung und Gegenwart", Bd. I, S. 174

75 Nach A. Jores, a.a.O. S. 58

76 „Ursprung und Gegenwart", Bd. I, S. 174

77 Nach A. Jores, a.a.O. S. 58

78 „Ursprung und Gegenwart", Bd. I, S. 174

79 Nach H.J. Störig, a.a.O. S. 79

80 H. J. Störig, ebda.

81 Nach A. Jores, a.a.O. S. 59

82 Nach A. Jores, ebda.

83 „Ursprung und Gegenwart", Bd. I, S. 174

84 A. Jores, a.a.O., S. 60

85 ebda.

86 Gebser, „Ursprung und Gegenwart", Bd. I, S. 172/173

87 „Der philosophische Glaube", S. 118

88 Der lateinische Begriff informatio ist hier zwar etwas weniger treffend, da er eher mit Belehrung als mit Mitteilung zu übersetzen wäre. Aber das möge um der Klarheit der Darstellung willen übersehen werden.

89 „Wesen und Werden der deutschen Dichtung", S. 3

90 Der Begriff stammt von J. Gebser, „Ursprung und Gegenwart", Bd. I, S. 173

91 Zitiert nach Friedlein, „Philosophie", S. 374

92 „Ursprung und Gegenwart", Bd. I, S. 435

93   Die nervösen Störungen werden sich im Computerzeitalter und in der Ära des „Herumsurfens im Internet" mit ziemlicher Wahrscheinlichkeit mehren.

94   Gebser: „Ursprung und Gegenwart", Bd. I, S. 188 und Jores: „Menschsein als Auftrag", S. 57–63

95   „Mit der Reife wird man immer jünger", S. 169

96   R. Ferber, „Philosophische Grundbegriffe", S. 74

97   Safranski, R.: „Wieviel Wahrheit braucht der Mensch", zitiert nach Rojahn, Wingolfsblätter,S. 115

98   Wasserzieher: „Woher?", S. 435

99   „Die Wahrheit am Krankenbett", S. 57 bis 76

100 Ansohn, a.a.O., S. 58

101 Bultmann, R.: „Theologisches Wörterbuch zum NT", S. 239ff

102 Ansohn, a.a.O., S. 58/59

103 H. Thielicke, „Theologische Ethik", Bd. II, I, S. 113

104 Nach Ansohn, a.a.O., S. 59

105 Ansohn, a.a.O., S. 60

106 Von Balthasar, zitiert nach Ansohn, a.a.O., S. 66

107 a.a.O., S. 65/66

108 a.a.O., S. 68

109 ebda.

110 Nach H. Thielicke: „Theologische Ethik", Bd. II, 1, S. 183

111 ders.: „Theologische Ethik", Bd. I, 2, S. 446

112 H. Thielicke, zitiert nach Ansohn, a.a.O., S. 70

113 Ich bin durchaus der Meinung, daß man das Phänomen Zeit unter dem Aspekt der Quantität und der Qualität betrachten kann.

114 „Menschsein als Auftrag", S. 19/20

115 Nach A. Jores, a.a.O., S. 20

116 Zitiert nach A. Jores, ebda.

117 Formuliert nach A. Jores, ebda.

118 „Menschsein als Auftrag", S. 25

119 Vgl. H. Stricker: „Krankheit und Heilung", S. 22

120 In Anlehnung an W. Wanner, „Jugendpsychologie", S. 117–119

121 „Freiheit, die sie meinen", S. 95

122 Nach S. Reiter – Theil (in Anlehnung an Popper), „Grenzen der Verständigung zwischen Arzt und Patient", S. 231

123 Dies ist natürlich ein „überzeichnendes" Beispiel für den „dativischen" Glauben in Bezug auf Gott. Die Theologie wird

hier mit Recht Bedenken anmelden. Gott ist viel zu mächtig und universal, es besteht eine viel zu große Diastase (Auseinanderstehen, Abstand nach K. Barth) zwischen Gott und Mensch, als daß der Mensch Gott in seiner Totalität begreifen könnte. Hingegen kann – was viel bedeutsamer ist – der Mensch total in Gott ruhen bzw. gegründet sein. Von Totalität kann man eher in der Beziehung Gott – Mensch als in der Relation Mensch – Gott reden.

124 „Hauptströmungen der Gegenwartsphilosophie", Bd. I, S. 614

125 J. Locke, zitiert nach Vollmer, „Was können wir wissen?", Bd. 1, „Die Natur der Erkenntnis", S. 15

126 „Was können wir wissen?", Bd. 1, S. 17

127 G. Vollmer, a.a.O., S. 58

128 ebda.

129 ebda.

130 Der Begriff Perspektive wird hier in etwas anderer Weise verwandt als bei J. Gebser, „Ursprung und Gegenwart", Bd. I.

131 nach G. Vollmer, a.a.O., S. 59

132 Heidegger, „Holzwege", S.300ff

133 „Das moderne Weltbild der Physik und der christliche Glaube – kein Widerspruch". In: „Erneuerung und Abwehr", Nr. 1, Januar 1998, S. 29

134 „Ursprung und Gegenwart", Bd. II, S. 33

135 Der Begriff „Relation" im Hinblick auf Wirkung, Wirksamkeit – allerdings auch in der Bedeutung von Raum und Zeit – taucht ja schon bei John Locke (1632-1704) auf, dem (englischen) „Vater der modernen Erkenntniskritik" (H.J. Störig).

136 zitiert nach W. Stegmüller, „Hauptströmungen der Gegenwartsphilosophie", Bd. I, S. 288

137 W. Stegmüller, ebda.

138 zitiert nach W. Stegmüller, a.a.O., S. 290

139 Nach F. Austeda, „Lexikon der Philosophie", S. 335

140 Die Unendlichkeit des Universums ist hier nur als Beispiel verstanden. Über die astro-physikalische Richtigkeit dieses Beispiels siehe später.

141 Wir werden später sehen, daß nach dem neuen Naturbild der Physik die Unendlichkeit des Raumes nur noch dazu dient, die unbegreifliche Weite des Universums metaphorisch darzustellen. In der physikalischen Wirklichkeit ist der Raum endlich, gekrümmt, aber unbegrenzt.

142 „Holzwege", S. 300ff

143 „Ich habe meine Zweifel", S. 182/183

144 Vgl. hierzu: Dave Hunt/T.A. McMahon: „Die Verführung der Christenheit", S. 80

145 Näheres hierzu ist von dem bekannten Marburger Religionswissenschaftler und –philosophen R. Flasche veröffentlicht worden. Ich beziehe mich hier vor allem auf einen Vortrag von R. Flasche „Nationalreligiöse Strömungen im Vorfeld des 3. Reiches", abgedruckt in: „Die Kirchspitze", März 1996, Folge 114, S. 8ff.

146 Für den religiösen Bereich hat J. B. Metz hier Entscheidendes gesagt. Er warnt vor einer opportunistischen Modernisierung des Christentums und bezeichnet das Kirchenvolksbegehren der deutschen Katholiken in Fragen des Zölibats und der Sexualmoral weniger als Ausdruck einer Kirchenkrise als vielmehr als Ausdruck einer Gotteskrise. „Der unpassende Gott", S. 27

147 S. 15

148 ebda.

149 Nach Friedlein, „Lernbuch und Repetitorium der Geschichte der Philosophie", S. 322. Vgl. auch R. Guardini, „Die Technik und der Mensch", S. 108. Guardini spricht hier von der Comte'schen Formel.

150 Dies wird später noch intensiver zu erörtern sein.

151 S. Haffner, „Anmerkungen zu Hitler", S. 162

152 ebda.

153 F.W. Graf, „Wer redet ist nicht tot", S. 33

154 „Kleine Weltgeschichte der Philosophie", S. 434

155 ebda.

156 ebda

157 Vgl. z.B. das Buch „Haben oder Sein"

158 Zitiert in Anlehnung an M. Holzach, „Das vergessene Volk", S. 38

159 M. Holzach, a.a.O., S. 39

160 a.a.O., S. 226

161 „Reisetagebuch Nowotscherkassk", Selbstverlag Kirche Im Osten, 1995

162 „Tagebuch meiner zweiten Reise nach Schachty", Selbstverlag Kirche Im Osten, 1995

163 „Schatten vor meinem Gesicht", S. 29/30

164 Henning, P., Zitat aus einem Bericht über die Bayerische Theologentagung auf der Burg Wernfels vom 19.–21. 1. 1996: „Was Gott ist, bestimme ich! Moderne Herausforderungen an Kirche und Theologie".

165 R. Tölle, „Persönlichkeitsvervielfältigung?", S 1510

166 In Anlehnung an H. Weinstock, „Die Tragödie des Humanismus", S. 7

167 Zitiert nach G. Siegmund: „Der kranke Mensch", S. 301

168 Nach H. J. Störig, „Kleine Weltgeschichte der Philosophie", S. 88

169 „Der Gegensatz".

170 a.a.O., S. 72

171 Die sicherlich interessante Erörterung der Beziehung zwischen Polarität und Konsequenz kann hier aus Gründen der inhaltlichen Beschränkung nicht erfolgen.

172 Zitiert nach A. Schweitzer in: George Seaver, „Albert Schweitzer als Mensch und als Denker", S. 329

173 Unter dem Aspekt, daß der einzelne er selbst und zugleich sein Geschlecht, er selbst und zugleich das Ganze ist, liegt für K. Hemmerle zwischen „Persönlichkeit sein" und „Kollektiv sein" kein so starker Gegensatz („Wandern mit deinem Gott", S. 247)

174 Das Gegenteil von Arbeit ist nicht etwa Ruhe, sondern Spiel.

175 „Die Verführung der Christenheit", S. 192

176 Nach R. Guardini: „Der Gegensatz", S. 98

177 ebda.

178 Siehe auch Schluß des Kapitels „Erkenntnis und Glaube".

179 Formuliert in Anlehnung an K. Jaspers, „Der philosophische Glaube", S. 118/119.

180 „Psychoanalyse und Ethik", S. 84

181 Ob Schweitzer mit der Formel „Mehr Denken ----> mehr Liebe" durch die Zukunft recht bekommen wird, möchte ich dahingestellt sein lassen. Es hat den Anschein, daß Schweitzer hier vielleicht etwas zu viel Idealismus im Menschen voraussetzt.

182 A. Schweitzer, „Aus meinem Leben", Vortrag auf Kassette.

183 „Psychoanalyse und Ethik", S 92

184 a.a.O., S. 21

185 Zum Begriff „Urerlebnis" s. Kapitel „Perspektive-Dimension-Glaube", dort Robert Reiningers Definition

186 Dieser Gedanke, hier etwas abgewandelt, stammt von C.Lévi-Strauss, „Traurige Tropen", S. 40
187 Im Gegensatz zu A. Stern: „Geschichtsphilosophie und Wertproblem", S. 34, für den die res privata nicht Gegenstand der Geschichte ist, bin ich der Ansicht, daß dies sehr wohl der Fall sein kann. Und zwar dann, wenn die Lebensgeschichte des einzelnen „monumentalisch" wird und somit die res publica beeinflußt.
188 Berufsfindung = 1. Ebene; Partnerfindung = 2. Ebene; Ruhestandsgestaltung als sog. 2. Leben = 3. Ebene.
189 Vgl. hierzu auch „Persönliche Lebensgeschichte als existentielles Ur-Phänomen" in H. Stricker: „Krankheit und Heilung", S. 44
190 „Geschichtsphilosophie und Wertproblem", S. 62
191 ebda.
192 „Die Tragödie des Humanismus", S. 52ff
193 a.a.O., S. 51
194 A. Stern, a.a.O., S. 30
195 „Personenbeschreibung". Die Kennzeichen eines Christen heute", S. 37/38
196 a.a.O., S. 99/100. Welch ein Unsinn Hitlers. Sind doch nicht einmal in der kleinsten Einheit einer Gemeinschaft, der Familie, alle Glieder physisch und vor allem seelisch gleichartig strukturiert. Für Hitler war Politik ein Geschehen, das sich zwischen einer Führerpersönlichkeit, für die er sich fälschlicherweise hielt, und einem ihn umjubelnden Volk unter Berücksichtigung rassischer und expansionistischer Elemente abspielte.
197 Nach S. Haffner, a.a.O., S. 202. Vgl. auch D. Jaffin, „Die großen Richter", S. 64: „Hitler behauptete sogar zum Schluß, daß das deutsche Volk nicht gut genug für ihn gewesen sei".
198 a.a.O., S. 26
199 Das lat. Adjektiv salutaris wird hier verstanden in der Bedeutung „Erlösung bringend", „gnadenreich", „heilsam". Vielleicht sollte man besser von via salutis sprechen.
200 „Wie kann Gott Leid und Katastrophen zulassen?", S. 134
201 Vgl. Stern, a.a.O., S. 76 ff.
202 Evangelischer Erwachsenenkatechismus, S. 211
203 „Wenn Gott wirklich wäre", S. 28

204 Daß im Grunde Gott (in Christus) mein Leben lenkt, befreit mich nicht von der Entwicklung einer „sich letztlich gehalten wissenden" Eigeninitiative.

205 „Gottes unbürokratische Maßnahmen", in: „Mit der Bibel durch das Jahr, 1995", S. 348.

206 Den Gegenspieler des göttlichen Heilsplanes in Christus, den sozial-hedonistischen Heilsgedanken, daß die Weltgeschichte sich in einem glücklichen Endstadium der sozial rundumversorgten Gleichheit aller vollende, halte ich für nicht diskussionswürdig.

207 H. J. Störig, a.a.O., S. 280/281

208 H. Zahrnt, „Das Leben Gottes", S. 146

209 „Glaube hat Gründe", S. 71ff

210 Douglass, a.a.O., S. 71

211 Douglass, a.a.O., S. 71, 72, 73

212 „Wie kann Gott Leid und Katastrophen zulassen?", S. 205

213 Vgl. hierzu H. Zahrnt, „Wie kann Gott das zulassen?", S. 59/60

214 Zur Frage der Rechtfertigung Gottes in Verbindung mit Krankheit vgl. die ausgezeichnete Schrift von K.U. Schroeter: „Ist Krankheit von Gott?"

215 Im Grunde ist es natürlich vermessen und typisch für die menschliche Hybris, von Gott eine wie auch immer geartete Rechtfertigung zu verlangen.

216 Diese sind eher in der dunklen Es-Schicht des Menschen angesiedelt (nach dem psychoanalytischen Persönlichkeitsmodell).

217 Diese sind eher der hellen, bewußten Ich-Schicht des Menschen zugehörig (psychoanalytisches Persönlichkeitsmodell).

218 a.a.O., S. 107

219 Es gibt sie in der Tat noch, aber sicherlich nicht mehr allgemein, sondern punktuell bzw. auf lokaler Ebene. Der Verf. lebt in einer solchen Geborgenheit bietenden Kirche, besser: Gemeinde. Hiermit möchte er alle Kritiker der ohne Zweifel zerbröckelnden Volkskirche ermuntern, sich nach entsprechenden Gemeinden bzw. kirchlichen Kreisen umzuschauen. Im Zeitalter der Mobilität dürfte es nicht schwer sein, hierbei auch gewisse Entfernungen in Kauf zu nehmen. Wir haben uns ja von der parochialen (wörtlich: zur Pfarrei gehörenden) Gemeinde-Struktur längst verabschiedet.

220 Zu diesem Gedanken haben mich die treffenden Worte von Präses M. Sorg angeregt; „Ich wünsche mir eine lebendige, dynamische Kirche, eine Kirche auf dem Weg, unterwegs, die weiß, daß sie hier ,keine bleibende Stadt' hat und doch Heimat bietet". Aus: „Kirche als Kommunikationsgemeinschaft", in: „Nachrichten des Evangelischen Pfarrvereins in Westfalen", S. 5.

221 H. Braun: „Zukunft", S. 126

222 a.a.O., S. 125

223 FAZ Nr. 17, 20. Januar 1996, (Beilage „Bilder und Zeiten")

224 J. Ross, a.a.O., ohne Seitenangabe.

225 Stichwort „Kulturprotestantismus" in: Ev. Laien-ABC, S. 116

226 H. Stegemann: „Die Essener, Qumran, Johannes der Täufer und Jesus", S. 323

227 Stegemann, a.a.O., S. 323

228 „Krankheit und Heilung", S. 95

229 „Das Leben Gottes", S. 82/83

230 Nach dem revidierten Luthertext von 1956, von Canstein'-sche Bibelanstalt Witten, 3. Aufl., 1969

231 Selbst wenn die Geschichte nur erfunden wäre, so trifft sie doch den Nagel auf den Kopf. Im übrigen haben wir hier wieder ein praktisches Beispiel für den Unterschied zwischen Richtigkeit und Wahrheit. Inhaltlich ist vielleicht nicht alles richtig (z.B. den Begriff ,Religion' mit dem Prädikat Exaktheit zu assoziieren), aber dennoch sind die Aussagen der Geschichte und ihr grundsätzliches Anliegen wahr, eröffnen Perspektiven, erschließen Sinn, sind zielgeprägt und „entbergen", worauf man beim Lesen achten möge.

232 In Anlehnung an H. Rohrbach, „Naturwissenschaft, Weltbild, Glaube", S. 14

233 H. Rohrbach, a.a.O., S. 14

234 Vgl. hierzu „Was aber ist die Zeit?" Artikel in FAZ Nr. 224/39 vom 25.9.96 (Beilage „Natur und Wissenschaft"). Bei der Altersschätzung des Universums spielt die Hubble-Konstante eine Rolle (eine komplizierte mathematische und astrophysikalische Berechnung bzw. Formel).

235 Nach dem amerikanischen Astronomen benannter Bestandteil einer Formel, nach der die radiale Fluchtbewegung der Sternensysteme berechnet wird. Die Formel hat Bedeutung bei der gleichmäßigen Ausdehnung des Systems der Galaxien.

236 Vgl. „Kosmische Rätsel weiter ungelöst", Artikel in FAZ Nr. 230 (Beilage Natur und Wissenschaft) v. 2.10.1996

237 Vgl. H. Stricker, „Krankheit und Heilung", S. 203

238 W. Pannenberg, „Das Glaubensbekenntnis", S. 182

239 „Die letzten Dinge", S. 114

240 H. Rohrbach, a.a.O., S. 16

241 Die letzten Sätze beziehen sich auf H. Rohrbach, a.a.O., S. 16/17

242 „Allmächtiger Mensch?" Artikel in: Helfende Hände (Zeitschrift des Diakonischen Werkes Westfalen), Nr. 3, 1996, S. 2

243 a.a.O., S. 17

244 H. Rohrbach, a.a.O., S. 22

245 Vgl. hierzu J. Hansen, „Auf den Punkt gebracht". Impulse für den Glauben. S. 26 + 46

246 B. Volkmann, „Christlicher Glaube und objektives Denken", in: B. Volkmann und I. Woyke, „Der Anruf des Evangeliums an den modernen Menschen", S. 27/28

247 „Ich habe meine Zweifel", S. 253/254

248 a.a.O., S. 255

249 Theologisches Begriffslexikon zum NT, S. 423

250 „Erfreuliche Nachricht – traurige Hörer?", S.78

251 a.a.O., S. 71

252 a.a.O., S. 72

253 Nach der Offenbarung des Johannes soll die „Herrschaft des Lammes" (also das universale Regiment des auferstandenen Christus) nach diversen apokalyptischen Ereignissen und Bedrängungen beginnen. Auf jeden Fall wird sich die Geschichte der Einzelexistenz wie der gesamten Welt im Heilsplan Gottes vollenden. Wer dies als „lustigen Schwank", Unsinn oder spekulatives Experimentieren abtut, läuft Gefahr, entgegen dem Willen Gottes nicht zu den Erretteten zu gehören. „Entgegen dem Willen Gottes" soll heißen, daß das Angebot Gottes allen gilt.

254 Nach H. Weinstock: „Die Tragödie des Humanismus", S. 198

255 ders., a.a.O., S. 199

256 ebda.

257 ders., a.a.O., S. 198

258 ebda.

259 a.a.O., S. 198

260 Nach B. von Wiese: „Die deutsche Tragödie von Lessing bis Hebbel", S. 143

261 Nach H. Weinstock, a.a.O., S. 195

262 Thrändorf – Meltzer, „Kirchengeschichtliches Quellenlesebuch", S. 76

263 Friedlein, „Lernbuch und Repetitorium der Geschichte der Philosophie", S. 33

264 Wittenberg, bereits 1180 erstmals genannt, erhielt 1502 eine durch Friedrich den Weisen gegründete Universität und wurde zunächst durch Luther und Melanchthon bekannt.

265 Nicht zu verwechseln mit dem Begriff „Existenz" (Heraustehen). Gemeint ist hier das Heraustreten unter naturwissenschaftlich-experimentellen Bedingungen.

266 Dieses ist u.a. eines meiner wichtigsten Argumente gegen die Todesstrafe.

267 Vgl. H. Stricker, „Krankheit und Heilung", S. 264

268 Bezüglich des Begriffes „frei" vgl. 2. Korinther 3, 17: Der Herr ist der Geist und wo der Geist des Herrn wirkt, da ist Freiheit".

269 G. Schmid, a.a.O., S. 207/208

270 Zu dieser Problematik vgl. u.a. K. Hartenstein: „Der wiederkommende Herr". Eine Auslegung der Offenbarung des Johannes für die Gemeinde. 4. Aufl. Stuttgart 1983.

271 Vgl. die z. Zt. (Juni/Juli 1998) in Gang befindliche Diskussion in den Medien und im privaten Bereich über den unvorstellbaren Sumpf des Kindesmißbrauchs in Belgien, den Niederlanden, Deutschland und anderen Ländern, z. T. sogar in Verbindung mit dem Internet. „Dieser Sumpf muß trockengelegt werden" (Bemerkung von Gerhard Fuchs in der WDR-Sendung „Presseclub" am Sonntag, dem 26.7.1998).

272 „Der letzte Feind", S. 191

273 Luther drückte diesen Gedanken aus, indem er schrieb: „Ein Christ lebt immer im Werden". Trotzdem ist es notwendig, einmal im Leben – und dies so früh wie möglich – eine definitive Entscheidung für Jesus Christus (also für eine Existenz in der Umkehr) zu fällen.

274 Hier sei noch einmal betont, daß die vielen esoterischen, fernöstlichen und sektiererischen Glaubensformen (Sonnentempler usw.), die heutzutage wie Pilze aus dem Boden schießen, in diesem Buche nicht gemeint sind. Ihnen fehlt die

auch für den christlichen Glauben zu fordernde Nüchternheit. Zudem ist ihnen ein eklatanter Realitätsverlust zu eigen. Wegen der vielen abartigen Sekten und der Esoterik müßte unsere heutige Zeit eigentlich als ausgesprochen unaufgeklärt gelten.

275 Als Klinikarzt sehe ich so manche Bürger unserer Region, die ich seit vielen Jahren kenne, als Patienten wieder. In gesunden Tagen waren ihnen Fragen nach Gott und Lebenssinn – so hatte man den Eindruck – stets etwas lästig. Nach einer Bypass-Operation des Herzens, einem überstandenen Infarkt oder einer im freien Intervall befindlichen Krebserkrankung traf man sie als in dieser Hinsicht nachdenklich Gewordene wieder, teils in der Klinik, teils bei anderen Gelegenheiten.

276 Ein glaubensloser Mensch bzw. ein Agnostiker befindet sich hier in einer völlig anderen Situation, denn er hat ja gar keinen Glauben (an Gott), den er bewahren oder bewähren müßte.

277 Vgl. J. Schniewind, „Das Evangelium nach Markus", S. 39/40

278 In anderen ethnischen Traditionen (u.a. auch Primitivkulturen) spricht man in diesem Zusammenhang von „Initiationsritus" (kultische Aktion, durch die etwas ingang gesetzt werden soll, Aufnahme in eine Gemeinschaft). Bei der christlichen Taufe greift dieser Terminus jedoch eindeutig zu kurz und würde einen fast blasphemisch anmuten.

279 S. Ben-Chorin, „Bruder Jesus", S. 12

280 W. Künneth, zitiert nach J. Cochlovius, „Glauben – Hoffen – Lieben", S. 70

281 ebda.

282 Zu diesem ganzen Fragenkomplex vgl. die kleine Schrift von H.H. Deichmann, „Christ und Unternehmer", die trotz ihrer Kürze und Schlichtheit inhaltlich sehr beeindruckt.

283 Formuliert nach dem Klappentext des Buches von W. Kramp: „Herr Adamek und die Kinder der Welt".

284 vgl. H. Stricker, a.a.O., S. 91 ff

285 Solidarisch heißt für mich, aus einer natürlichen, glaubensgeprägten, sozialen Einstellung für den anderen einzustehen. Der Begriff entbehrt hier jeder klassenkämpferischen Gesinnung und möge freigehalten werden von politisch-ideologischen Tendenzen.

286 „Der letzte Feind", S. 47

287 ebda.
288 a.a.O. , S. 175
289 ebda.
290 Die Politisierung aller menschlichen Lebensinhalte hat – so
    überdenkenswert dies sein mag – den Nachteil, alles und je-
    des in ein „solidarisch erzwungenes" Korsett zu pressen und
    jede natürliche, ideologiefreie – gleichwohl nicht weniger en-
    gagierte – Solidarität im Keime zu ersticken. Hierin erblicke
    ich einen wesentlichen Unterschied zwischen christlich-so-
    zialem „Agieren" und politisch-sozialem „Aktionismus".
291 Vgl. hierzu auch A. Grün (OSB), „Einreden", S. 24, der sich
    seinerseits wieder auf Evagirus Ponticus „Antirrheticon" (Hg.
    W. Frankenberg: Evagirus Ponticus, Berlin 1912) bezieht.
292 a.a.O., S. 38. In diesem Zusammenhang sei – auch aus evan-
    gelischer Sicht – auf die lesenswerten sog. Kleinschriften aus
    der Abtei Münsterschwarzach hingewiesen, aus denen die Zi-
    tate von Grün stammen. Bei vielen religiösen wie säkularen
    Problemen können sie hilfreich sein und teilweise sehr inter-
    essante Perspektiven eröffnen.
293 „Halte deine Seele in die Sonne", Titel eines Buches von F.
    Krenzer
294 „Die befreiende Botschaft", S. 88
295 ebda.
296 Vgl. H. Weinstock, a.a.O., S. 353
297 J. von Soosten, „Die Sozialität der Kirche. Theologie und
    Theorie der Kirche in Dietrich Bonhoeffers Sanctorum Com-
    munio", S. 179
298 ders. (Unter Berufung auf E.Jüngel, „Gott als Geheimnis der
    Welt. Zur Begründung der Theologie des Gekreuzigten im
    Streit zwischen Theismus und Atheismus". 4. Aufl., Tübin-
    gen 1982), a.a.O., S. 179.
299 Möglicherweise ist der erste Mensch für Weinstock der des
    klassischen Altertums, der zweite Mensch der des christlichen
    Mittelalters, und der dritte Mensch der der Neuzeit. Aber dies
    kann nur eine Vermutung sein, da Weinstock an keiner Stelle
    seines Buches eine derartige (oder eine andere) Einteilung be-
    wußt vornimmt.
300 a.a.O., S. 253.
301 „Erfreuliche Nachricht – traurige Hörer", S. 80
302 „Einfach zu glauben: Ein Credo für Zweifler", S. 74

303 Der Begriff Authentizität ist abgeleitet vom griechischen authentes = Urheber und wird im Deutschen am besten mit Echtheit oder Zuverlässigkeit übersetzt.

304 Hier muß allerdings nochmals auf den Geschenkcharakter des Glaubens hingewiesen werden, zu dem der Mensch – außer daß er sich öffnet – nur wenig beitragen kann.

305 Nach G. Ruhbach, zitiert bei H.W. Stein, „Sehnsucht nach einer neuen Spiritualität", S. 32

306 In evangelischen oder katholischen Klöstern, Tagungsstätten oder ähnlichen Einrichtungen werden dem Interessierten heutzutage viele Möglichkeiten dazu angeboten. Aus ihnen kehrt man – nach zwei oder drei Tagen oder einer ganzen Woche – an Leib und Seele erneuert zurück. Vgl. hierzu auch J. Long: „Warum schweigt Gott?", z.B. S. 29 und S. 158

307 „Wenn das Feuer zu verlöschen droht", S. 72

Lebenslauf

Dr. med. Hans-Heinrich Stricker (geb. 1938), verheiratet, ist von Beruf Internist und Chefarzt im Kollegialsystem an der Medizinischen Klinik des Bethanien-Krankenhauses Iserlohn, seit kurzem mit Schwerpunkt Gerontologie.

Autor des Buches „Krankheit und Heilung – Anthropologie als medizinisch-theologische Synopse (Hänssler-Verlag), Beiträge über Ethik bei Thilo Koch und im „Handbuch für Gerontotechnik".

Außerberufliche Interessengebiete: Medizinische und Theologische Anthropologie, Philosophie, Lyrik (bisher unveröffentlicht). Liebt Barockmusik und spielt in seiner Freizeit Querflöte und Klavier.

Mitarbeit auf kirchlicher Ebene. Vortragstätigkeit in den verschiedensten Gruppen und Institutionen regional und überregional.